논고들
(Traktate)

마이스터 에크하르트의 중세 고지高地 독일어 작품집 V

M. 에크하르트 지음
이부현 역주 / 부산가톨릭대학교 부설 인문학연구소편

메타노이아

Meister Eckhart, Deutsche Werke Band 5 (isbn: 3170710753)
Copyright © 1963 W. Kohlhammer GmbH, Stuttgart

All rights reserved. No part of this book may be used or reproduced in any manner whatever without written permission except in the case of brief quotations embodied in critical articles or reviews.

Korean Translation Copyright © 202* by METANOIA
Korean edition is published by arrangement with W. Kohlhammer GmbH
through BC Agency, Seoul

이 책의 한국어판 저작권은 BC에이전시를 통해
저작권사와 독점 계약한 '메타노이아'에 있습니다.
저작권법에 의해 보호를 받는 저작물이므로 무단 전재와 복제를 금합니다.

MEISTER ECKHART

Die deutschen und lateinischen Werke

Herausgegeben im Auftrage der Deutschen Forschungsgemeinschaft

Die deutschen Werke

Herausgegeben und übersetzt von

JOSEF QUINT

Fünfter Band

*

Traktate

W. KOHLHAMMER VERLAG

MEISTER ECKHARTS TRAKTATE

Herausgegeben und übersetzt

von

JOSEF QUINT

*

W. KOHLHAMMER VERLAG

- 일러두기 -

* 번역문 사이사이에 등장하는 ( ) 안의 숫자는 번역본의 원전 Meister Eckhart, Deutschen Werke, Meister Eckharts Traktate, hrsg. und von übersetzt von Josef Quint, Bd. Ⅴ, Stutt-gart·Berlin: Verlag von W. Kohlhammer, 1963.-unveränderter Nachdruck, 1987.(이하에서는 DW Ⅴ로 줄임)의 쪽수임을 밝힌다.

* (-역자), 또는 (-퀸트)라는 표시는 역자 또는 이 책을 편집자이면서도, 중세독일어를 현대독일어로 번역한 퀸트가 임의로 삽입한 문구를 말한다.

* 각주에 역주라고 표시되지 않는 각주는 퀸트의 주이다.

* 설교 중에 나오는 성경 인용은 에크하르트가 사용하고 있는 불가타판 70인역을 사용했다. 반면에 각주나 역주에 나오는 성경 인용은 https://www.catholic.or.kr/에서 끌고 왔다.

* 그 이외 인용 문헌의 줄임표는 책 끝머리를 참조하기 바란다.

- 인사말 -

본 연구소는 인문학의 지속적 발전을 위해 철학, 역사, 문학 전공자 중심으로 2002년에 설립되었다. 본 연구소는 정기 간행물 발간, 월례 집담회, 고전 독해, 각종 연구 프로그램 참여, 일반 시민 강좌, 동·서양 고전 번역 등의 주요 사업을 목표로 하여 연구 활동을 해왔다. 대부분의 사업이 성공적으로 수행되었으나, 동·서양 고전 번역 사업은 그동안 몇 권의 단행본을 출판하는 데 그쳤다.

동·서양 고전 번역 사업을 2021년부터 다시 논의하여 M. 에크하르트의 『중세 고지 독일어 작품』 1-5권과 『라틴어 작품』 1-5권을 향후 10년간 연구번역 출판하기로 기획했다. 그 기획의 일환으로 우선 2026년도까지 『중세 고지 독일어 작품』 1-5권을 번역 출판하기로 했다.[1] 1권은 『M. 에크하르트의 설교 1-24』, 2권은 『M. 에크하르트의 설교 25-59』, 3권은 『M. 에크하르트의 설교 60-86』(이상은 J. 퀸트Quint가 편집하고 현대독

---

1) 서지 사항은 다음과 같다.
Meister Eckhart, Die deutschen und lateinische Werke, Herausgegeben im Auftrage der Deutschen Forschungsgemeinschaft, Stuttgart·Berlin: Verlag von W. Kohlhammer, 1936ff.
Abteilung Ⅰ: Die deutschen Werke,
Bd. 1: Meister Eckharts Predigten(1-24) hrsg. von übersetzt von Josef Quint, 1958.
Bd. Ⅱ): Meister Eckharts Predigten(25-59) hrsg. von übersetzt von Josef Quint, 1971 - unveränderter Nachdruck, 1988.
Bd. Ⅲ: Meister Eckharts Predigten(60-86) hrsg. von übersetzt von Josef Quint, 1976.
Bd. Ⅳ-1: Meister Eckharts Predigten(87-105), hrsg. von übersetzt von G. Steert, 2002.
Bd. Ⅳ-2: Meister Eckharts Predigten(106-117), hrsg. von übersetzt von G. Steert, 2018.
Bd. Ⅴ: Meister Eckharts Traktate, hrsg. von übersetzt von Josef Quint, 1963. - unveränderter Nachdruck, 1987.

일어로 번역), 4-1권은 『M. 에크하르트의 설교 87-105』, 4-2권은 『M. 에크하르트의 설교 106-117』(이상 G. 슈티어Steer가 편집하고 현대독일어로 번역), 5권은 J. 퀸트가 편집하고 현대독일어로 번역한 『마이스터 에크하르트의 논고』이다.

올해 출판되는 두 권의 번역물은 『M. 에크하르트의 설교 1-24』와 『M. 에크하르트의 논고』이다. 『M. 에크하르트의 설교 1-24』은 이미 10월에 출간되었다(메타노이아 출판사). 『M. 에크하르트의 논고』는 12월 중으로 출간될 것이다(메타노이아 출판사).

그리고 2권(『M. 에크하르트의 설교 25-59』)은 2024년에, 3권(『M. 에크하르트의 설교 60-86』)은 2025, 4-1권(『M. 에크하르트의 설교 87-105』)과 4-2권(『M. 에크하르트의 설교 106-117』)은 한 권으로 묶어 2026년에 번역 출판할 계획이다. 『라틴어 작품』 1-5권의 번역 출판은 그 이후에 진행할 것이다.

M. 에크하르트의 연구번역 작업을 수행하고 있는 이부현교수께 감사드린다. 부디 계속 건강했으면 한다. 할 수 있는 만큼의 연구 지원을 다 할 것이다. 이 번역 출판 기획이 제대로 진행되기를 하느님께 기도하겠다.

2023년 12월 1일
부산가톨릭대학교 부설 인문학연구소장

염 철 호 신부

- 머리글 -

이 책은 Meister Eckharts Traktate, hrsg. von übersetzt von Josef Quint, 1963. – unveränderter Nachdruck, 1987. Bd. V. im die deutschen und lateinische Werke, herausgegeben im Auftrage der Deutschen Forschungsgemeinschaft, Stuttgart·Berlin: Verlag von W. Kohlhammer, 1936ff.(이하에서는 DW V로 줄임)에 나오는 중세 고지(高地) 독일어 논고들 원문과 각주의 주요 부분을 참조하여 역주를 붙인 책이다. 이 논고들은 3편으로 이루어져 있다.

중세 고지 독일어 번역이 가능했던 것은 순전히 J. 퀸트의 현대독일어 번역 덕분이다. 특히 본인이 2011년에 번역 출간한 J. 퀸트의 에크하르트의 선집에 나오는 『마이스터 에크하르트 독일어 논고』(누멘)의 덕택이다. 퀸트의 현대독일어본과 대조해가면서, 중세 고지 독일어 원문을 틈틈이 읽은 지는 벌써 27년이 넘었다. 하지만 언제나 늘 제 자리에 서 있는 느낌이다. 번역을 정확하고 꼼꼼하게 하려고 노력하기보다는, 편안하고 즐거운 마음으로 하려고 했다. 그것이 에크하르트의 뜻이라고 생각했기 때문이다. 앞으로 또 다른 번역자가 나와 완성도를 높여가기를 기대한다.

에크하르트의 『중세 고지 독일어 작품집 5권/ 논고들』에 나오는 《논고들》은 다음과 같다.

* 논고 Ⅰ : 복된 책(Liber "Benedictus")
  1. 신적 위로의 책(Daz buoch der goetlîchen troestunge)
  2. 고귀한 사람(Von dem edeln menschen)

* 논고 Ⅱ : 영적 강화(Die rede der underscheidunge)

* 논고 Ⅲ : 버리고 떠나 있음에 관하여(Von abegescheidenheit)

토마스(1224/25~1274)는 죽기 3개월 전에 『신학대전』의 완성을 포기했다. 완성을 독촉하는 비서 신부에게 그는 "나는 할 수 없네(non possum)."(Fontes vitae sancti Thomae Aquinatis, ed. D. Prümer, 377)라고 답했다. 그가 이때까지의 개념과 판단과 추론에 바탕을 두는 체계적 학문, 특히 존재론적·신론적·논리적(onto-theo-logic)인 이론 체계가 자신에게 지푸라기처럼 느껴진다고 말했다. 그는 신과 신비적 일치(unio mystica)를 경험했던 것이다. 그는 인간의 논증적 이성을 통해서는 '스스로 존재하는 존재 자체'(ipsum esse subsistens per se)의 직관, 곧 봄에 도달할 수 없다는 것을 뼈저리게 느꼈던 것 같다. 이런 점에서 토마스에서 우리는 이미 자신의 형이상학적 논의의 해체를 엿볼 수 있다.

에크하르트(1260-1328)는 이단 심문 과정의 최후의 진술에서 토마스를 벗어난 적이 없다고 말했다. 그는 토마스를 잇고자 했다. 그는 젊은 시절에 토마스에 정통해 있었을 것이고, 토마스의 말년의 진술인 "나는 할 수 없네."를 둘러싼 이야기도 잘 알고 있었을 것이다. 어쩌면 그의 출발점은 애당초 토마스에서 비롯된 존재론적·신론적·논리적인 이론 체계의 해체일 것이다. 그리고 어떤 의미에서는 토마스에서 비롯된 그런 이론 체계의 해체를 완성 시켰다고도 할 수 있을 것이다.

에크하르트는 논증적 이성의 사유 프레임을 통해서는 결코 '신의 품' 안에 안길 수 없다고 확신했다. 자신의 가장 초기 작품 《영적 강화》(1294-1298)에서 에크하르트는 "사람들은 생각된 신(gedâhten gote)을 가져서도, 그러한 신에 만족해서도 안 된다."라고 한다. 그 까닭은 생각이 사라지면, 신도 사라질 것이기 때문이다. "우리는 오히려 인간의 사유 … 너머 아득히 높이 계시는, 참으로 존재하는 그대로의 신(gewesenden got)을 가져야 한다."(DW V. 205)고 한다. 그는 《영적 강화》에서 그의 전 작품의 주제가 되는 '자기 뜻에서 벗어나 있음', '그냥 놓아두고 있음'(Gelassenheit), '버리고 떠나 있음'(Abgeschiedenheit), '신적 의지와 인간의 의지', '내적 인간과 외적 인간', '이성' 등에 관해 이미 말하고 있다. 이런 생각은 평생 지속하는 그의 사유의 근본 자리이다. 이러한 그의 사유는 논증적 이성을 아득히 넘어서 있다.

토마스는 신의 존재는 존재론적으로 가장 우선적이고 자명한 것이지만, 인식론적으로는 가장 최후의 것이라고 한다. "인간의 모든 인식은 감각에서부터 비롯한다."라는 것이 그의 기본 입장이니까, 그럴 수밖에 없다. 토마스는 어떤 면에서는 서양 전통적 학문(scientia)을 종합·완성한 철저한 철학자·신학자이다. 반면에 에크하르트는 감각상(相)(감각적 표상)이나 이성상(相)(개념)을 깡그리 벗어나야 한다고 한다. 그때 내가 신과 하나라는 것을 느낄 수 있다는 입장을 견지한다. 인간이 여러 과정을 거쳐 "신과 하나 된다."는 것이 아니라, 이미 인간이 "신과 하나이다."라는 자신의 근본 경험을 그는 말하고 싶어 한다. 이런 의미에서 그는 동방 교회의 전통(특히 오리게네스와 위-디오니시우스)과 아우구스티누스를 잇는 그리스도교적 신비주의자이다.

신을 직관하고 본다는 것이 그리스도교 전통 속에 편입되어 중세 스콜라 철학에서 이미 널리 회자되고 있는 용어이지만, 원래는 본다는 것은 그리스어 theoria(봄)에서 파생된 말이다. 신 직관이라는 말을 토마스도 에크하르트도 다 같이 사용하고 있지만, 에크하르트는 직관이라는 말 이외에도, 자주 "아버지의 품에 안긴다."는 말을 그의 『요한복음 주해서』를 비롯한 자신의 작품들에서 많이 사용하고 있다. 그가 직관이라는 말이 주체와 대상의 구분을 전제한 말이라고 생각해서 그렇게 했을 것이다. 이런 맥락은 그가 '하나됨'이라는 말보다 '하나', '하나임'이라는 말을 사용하고 있는 것과도 흐름을 같이 한다.

존재의 문제를 철학사 속에서 최초로 거론한 사람은 토마스이다. 플라톤이나 아리스토텔레스의 철학은 기본적으로 본질 철학이다. 곧, '그것이 무엇인가'에 대한 논의이다. 그런데 그것이 '어떻게 존재하는가'의 문제를 최초의 제기한 존재 철학은 토마스에서 비롯된다. 그래서 그의 철학의 근본 물음은 현실적으로 존재하는 것들을 존재하게 하는 가장 근원적 현실인 '스스로 존재하는 존재 자체'에 대한 물음이다. 이 지점에서 말년의 그는 좌절하게 된다. 왜냐하면, '스스로 존재하는 존재 자체'는 언어나 문법이나 논리를 아득히 넘어서 있기 때문이다.

동시에 이 지점이 에크하르트의 출발점이다. 에크하르트는 토마스의 '신은 스스로 존재하는 존재 자체'라는 표현보다도 더 과격하게 "존재는 신이다."(Esse est Deus)라고 표현하고 있다. 이 점에서 그도 철저하게 존재 철학자이다. 그가 "신은 이성이다."라고 주장했던 40대와 50대 초반의 시기를 제외한 전 시기에 "존재는 신이다"라는 명제를 전제로 하고 있지만, 존재를 단 한 번도 제대로 정의하고 있지 않다. 그 까닭은 존재는 어떠한 진술도, 언어도, 문법도, 논리도 넘어서 있기 때문이다. 그는 존재에 대한 그 나름대로 근본 경험을 바탕으로 하여 저술하고 설교했을 따름이라고 추정된다. 이 지점은 열린 터(Lichtung)에 다양한 방식으로 존재가 자신을 드러내기도 하고 감추기도 한다는 존재 사유의 길을 걸어간 후기 하이데거의 근본적 존재 경험과 맞닿아 있다.

논고 3개를 관통하는 근본 주제는 다음과 같이 정리할 수 있을 것 같다.

'버리고 떠나 있음'(abegescheidenheit),
'그냥 놓아두고 있음'(gelâzenheit)

언어나 문법이나 논리적 진술 등을 통해서는 신에 결코 접근할 수 없다. 그래서 그는 신을 '감추어진 신성의 어두움' '고요한 사막' '이름도 방식도 없음' '이것도 저것도 아님' '무'라고 칭한다. 하지만 감각, 표상, 개념, 판단, 추론에 바탕을 두는 논증적 이성을 깡그리 벗어나면, 있는 그대로의 신이 나타난다고 한다. 하이데거의 말로 하면 열린 터에 존재가 드러난다고 한다. 물론 '버리고 떠나 있음'이나 '그냥 놓아두고 있음'은 이론적 의미에서만 아니라, '자기 뜻에서 벗어남' '시간적인 것과 공간적인 것' '피조물적인 것에서 벗어남'이라는 실천적 의미로도 통용된다. 이런 입장은 초기 《영적 강화》로부터 전 저작을 통해 일관된 입장이다.

귀속적(歸屬的) 유비(analogia attributiva)와 동명동의적 일의성
(同名同義的 一義性) (아버지-신과 아들-신은 똑 같다.)

귀속적 유비는 토마스에 따르면 원래 analogia attributionis extrinsecae(외적인 속성의 유비)이다. 외적 속성의 유비는 여러 개의 것이 하나와 관계를 맺을 때, 그 여러 개의 것이 하나를 지시한다는 의미에서 여러 개의 것이 그 하나와 유사하다고 말하는 경우이다. 곧, 음식, 안색,

소변 등은 건강의 원인, 건강의 증세, 건강의 결과로서 건강이라는 개념을 지시할 뿐, 원래 건강과는 전혀 관계없다. 에크하르트의 말로 하면, 술집 앞의 월계수는 술을 지시하지만, 술과는 전혀 관계가 없다. 이런 의미에서 피조물은 신을 지시하고 있지만, 신과는 전혀 관계가 없다는 것이다. 존재, 선, 참, 진리라는 중세 시대의 초월 개념은 전적으로 신에만 귀속될 뿐, 피조물은 그런 초월 개념을 지시할 뿐이다. 그 까닭에 피조물 그 자체는 존재, 선, 참, 진리와 전혀 관계없는 무(無)일 따름이다. 따라서 인간은 피조물인 자신과 세상의 것을 완전히 벗어날 때, 신으로부터 신의 것이 온전히 주어지는 것이다. 그래서 신과 인간은 하나이게 되는 것이다.

　동명동의적 일의성은 아버지–신과 아들–신의 관계에서 성립하는 일의성이다. 이러한 일의성이 〈신적 위로의 책〉 앞부분에 나온다. "선은 선한 사람 안에 자신을 낳고, 선인 모든 것을 낳는다. 곧, 선은 존재, 지식, 사랑과 선한 행실 등을 항상 선한 사람 안에 쏟아붓는다. 그리고 선한 사람은 선의 가장 깊은 내면으로부터, 그리고 오로지 선에 의해서만 자신의 전적인 존재, 지식, 사랑과 좋은 행실 등을 받아들인다. 따라서 선한 사람과 선은 하나의 선 이외 다름 아니다."(DW Ⅴ. 9) 여기서 선은 아버지–신이며, 선한 사람은 아들–신이다. 아들–신은 자기의 것을 전혀 갖고 있지 않기 때문에, 아버지–신을 있는 그대로 받아들인다. 이런 의미에서 아버지–신과 아들–신은 온전히 하나일 따름이다. 그래서 에크하르트는 아들을 아버지의 상(相)이라 일컫는다. 이런 논의가 에크하르트의 삼위일체론에 대한 근본 경험이다. 만약 인간도 원래 그 자체로 무에 지나지 않는 자신으로부터 온전히 벗어나면, 아들-신처럼 아버지-신과 온전히 하나이게 된다. 에크하르트에서 귀속적 유비와 일의성은 서로 맞물려 있다.

어떠한 차이도 허용하지 않는 하나

전통적으로 그리스교의 삼위일체론적 신은 3개의 위격(tria persona)이면서도 동시에 하나의 실체(una substantia)이다. 에크하르트의 삼위일체론 해석에 따르면, 성부는 '하나'(ein)이다. 성자는 아버지의 '하나'를 온전히 있는 그대로 받아들여 아버지와 똑같은 '하나임'(eincheit)이다. 성령은 '하나'와 '하나임'과의 일치(einigunge) 가운데 솟아나는 신적 의지이며, 신적 사랑이다. 그래서 셋은 셋이면서 동시에 하나이다. 그는 신의 위격적 속성을 인정하지만, 동시에 신은 철저하게 하나이기 때문에, 위격적 속성마저도 뛰어넘는다. 그는 위격적 속성을 넘어서 있는 신을 신성(gotheit)라 부른다. 그는 자신 안에 어떠한 차이도 결코 허용하지 않는 '하나'를 신성이라 부른다. 에크하르트의 이런 논의는 위-디오니시우스의 "모든 것의 원인인 신은, … 영성(靈性)도 아니다. 자성(子性)도 아니다. 부성(父性)도 아니다. 그에 대한 말도 없다 이름도 없다."(Dionysius Areopagita, im K. Ruh, Geschichte der abendländischen Mystik, C. H.

Beck'sche Verlagbuchhandlung, München, 1999. 51-52)라는 부정신학적 전통으로부터 비롯된다. 더 거슬러 올라가면, 플로티노스의 일자 형이상학(Einheitmetaphysik)과도 맞닿아 있다.

내적 인간과 외적 인간

외적 인간은 낮은 단계의 영혼, 곧 감각, 표상, 표상으로부터 비롯하는 개념 그리고 판단과 추론 등과 결부되어 있어 인간을 뜻한다. 그래서 에크하르트는 "외적 인간은 육신에 둘러싸여 있고 육신과 섞여 있다."라고 한다. 한 마디로 외적 인간은 신체와 상호 작용하는 인간이다. 성경은 외적 인간은 옛 인간, 지상의 인간, 적대적 인간, 예속적 인간이라고 부른다. 외적 인간은 외적 행위와 외적 사물에 둘러싸여 있어, 그로부터 영향을 받는 수동적이고 자유롭지 못한 인간이다.

반면에 내적 인간과 새로운 인간은 이런 외적 인간을 온전히 넘어서 있는 인간을 뜻한다. 에크하르트는 인간의 근저 없는 내면 가운데 신성의 씨앗이 뿌려져 있다고 한다. 외적 인간을 완전히 벗어나면, 내 안의 신성의 씨앗이 그 모습을 드러내고 자라고 꽃피운다. 그래서 그가 이전의 자신을 벗어나서 신의 영원성에 의해 새롭게 꼴이 바뀐다. 한마디로 그는 신의 아들이 된다. 거기에 영원한 안식과 지복이 있다. 내적 인간은 순수 능동성에 따라 살아가는 전적으로 자유로운 인간이다.

이런 외적 인간과 내적 인간에 대한 논의는 바오로에서 비롯되어 아우구스티누스에 의해 심화 된다. 하지만 에크하르트의 이 논의는 인간의 이성은 "모든 것을 사유하기 위해 단순하며, 물질적인 것에 영향을 받지 않으며, 어떤 것과도 섞여 있어서도 안 되며, 모든 것에서 벗어나 있어야 한다."(De Anima, Ⅲ, 4, 429a-b)라고 말하는 아리스토텔레스 사상에 기반을 두고 있다. 곧 그는 이성은 시각이 신체 기관인 눈을 갖고 있는 것과 달리, 어떠한 신체 기관도 갖고 있지 않다고 말한다. 이러한 그의 생각은 토마스의 분리된 영혼(anima separata)이란 개념으로 그 모습을 드러낸다. 그에 따르면, 분리된 영혼은 신, 천사, 인간의 이성적 영혼의 경우에 해당한다. 물론 인간의 영혼은 신체와 복합물이지만, 그런데도 인간의 이성적 영혼은 신체와 분리될 수 있다고 본 것이다. 이러한 토마스 사유로부터 에크하르트는 신체를 넘어서는 분리된 이성 개념을 수용했을 것이다. 이러한 이성 개념은 오늘날의 말로 하면, 무한히 자신을 초월하는 이성으로 해석할 수 있을 것이다.

이성

에크하르트가 말하는 이성 개념은 데카르트 이후의 널리 통용되는 감각적 경험과 전혀 무관한 순수 논리적인 논증적 이성이나 칸트의 선험적 이성과 거리가 멀다. 그가 말하는 이성 개념은 피조물적인 것, 시간적인 것, 공간적인 것, 그리고 나의 아집으로부터 깡그리 벗어날 때, 비로소 모습을 드러내는 이성이다. 그는 이성을 '신체적이지 않은 능력', '신이 이러한 능력 안에서 온갖 기쁨과 온갖 영광으로 싹을 틔우고 꽃을 피우는 장소'(DW Ⅰ. 32), '영혼의 수호자', '영혼의 빛', '영혼의 작은 불꽃', '이것도 저것도 아닌 것', '어떤 것', '완전히 하나이고 단순한 것'(DW Ⅰ. 39-40) 등으로 표현하고 있다.

이러한 이성 개념으로부터 '버리고 떠나 있음', '그냥 두고 있음'이란 말마디가 제대로 이해될 수 있다. '그냥 두고 있음'은 영어로는 letting it be로 번역할 수 있다. 그냥 그렇게 있도록 놓아두라는 말이다. letting it be는 "자신을 있는 그대로 그냥 놓아두고 있어라."는 말일 뿐 아니라, "신도 있는 그대로 그냥 놓아두고 있어라."는 뜻이다. 우리의 특정 사유 프레임이나 자기 뜻 또는 세상에 대한 집착으로부터 풀려나 "나도, 신도 그냥 놓아두고 있어라."는 뜻이다. 그때, 나도 신도 있는 그대로의 모습으로 드러날 것이다.

마음이 텅 비어 있다면, 이성은 '신이 나이고 내가 신'인 열린 터이게 될 것이다. 하이데거의 말로 하면, 이성은 사유와 존재의 상호 공속성(共屬性)의 영역이다. 이런 의미에서 에크하르트의 이성은 이러저러한 존재자에 대한 생각에서 존재의 소리를 듣기 위해, 존재의 소리에만 귀 기울이는 하이데거의 존재 사유(Seinsdenken)와 닮아있다.

우리는 이 작품 속에 나오는 논고들을 통해, 특히 《복된 책》 안의 〈신적 위로의 책》과 《영적 강화》 가운데서 에크하르트가 가르치는 스승(Lehrmeister)일 뿐만 아니라, 삶의 스승(Lebensmeister)임을 뼈저리게 느낄 것이다. 그는 이론의 대가일 뿐만 아니라, 삶의 대가이기도 하다. 그의 사상은 항상 삶과 맞물려 있다. 그런 까닭에 그는 자신의 생각을 삶에 적용시켜 강화(講話)하고 설교할 수 있었을 것이다. 실로 그는 52세에서 53세까지 쓴 것으로 추정되는 라틴어 작품집들(『라틴어 설교집』은 예외)을 제외하고는 그의 글은 읽는 설교든, 말하는 설교든 모두 삶과 관련된 설교들이다.

오늘날은 물리학을 중심으로 한 과학 기술의 시대이다. 감각 경험적 데이터를 위주로 하는 학문이 대세이다. 철학계에서도 이런 추세에 발맞추어, 생물학에 바탕을 두는 사회 생물학, 대뇌 생리학 또는 인공 지능에 바탕을 두는 인간에 대한 논의 등이 널리 만연해 있다. 그 대신 감각 경험적 데이터가 주어지지 않는 인간 정신세계에 대한 근본 경험은 깡그리 망각되고 있다.

칸트는 보편타당한 '인식'(Erkenntnis)을 확보하기 위해, 인간의 선험적 이성 영역을 감각적 현상 세계를 질서 짓는 12개의 범주로 제한하였다. 그리고 그는 보편타당한 '인식'과 관계없는 영역을 '사유'(Denken)라고 이름했다. 그가 말하는 '사유'는 적어도 『순수이성비판』에 따르면, 추론적 사유를 말한다. 이러한 추론적 '사유'와 감각 경험적 데이터에 바탕을 둔 '인식'을 갖고 우리가 이미 몸담고 사는 세계와 각자의 삶과 각자의 내면적 경험을 어떻게 이해할 수 있을까.

오히려 우리가 이미 그 속에 살고 있는 세계에 대한 사전(事前) 이해, 내 나름대로 살아감(Entwurf), 각자 나름의 정신적 경험은 칸트가 말하는 '인식'과 추론적 '사유' 영역을 아득히 넘어서고 있다. 그는 개신교의 신앙에 자리를 마련하기 위해 이성 사용을 제한한 것이지만, 인간의 주체적인 삶의 영역을 이해하기 위한 선험적인 정신적 영역을 깡그리 도려내는 결과를 가져왔다. 그렇다면 차라리 삶을 이해하고 해석하면서 그 나름의 삶을 살기 위해, '엄밀한 학문'이라는 근대의 정신적 전통에서 벗어날 필요가 있다. 하이데거는 엄밀한 학문으로서의 철학의 종말을 선언하고, 명상적 사유로 다시 전향했다.

에크하르트가 겪은 정신적 경험은 그 끝을 알 수 없는 선험적 이성 영역을 전제로 하고 있다. 그는 중세 사람들이 신에만 귀속된다고 생각했던 존재, 하나, 참, 선 등 초월 개념을 사유하고 있다. 실로 인간의 모든 정신적 사유에 앞서 이러한 초월 개념은 이미 전제되어 있다. 이런 초월 개념을 전제하지 않고서, 인간은 도대체 무엇을 사유할 수 있을까. 무엇을 행할 수 있을까.

이는 초월 개념이 인간의 모든 사유에 앞서 이미 전제되어 있는 선험적 이성의 영역이기 때문이다. 이런 선험적 이성 영역을 통해, 인간은 자신을 무한히 초월할 수 있고, 그에 따라 근저를 알 수 없는 정신적 경험에 다다를 수도 있다. 이런 무한한 선험적 이성의 영역에서 펼쳐지는 도대체 근저를 알 수 없는 인간의 정신적 경험을 우리는 에크하르트에서 맛볼 수 있다.

에크하르트가 말하는 지복, 안식에 대한 논의는 인간의 절대 자유와 관계된다. 나는 그의 지복과 안식에 대한 논의를 읽을 때, 절대 경지의 자유를 논하는 장자가 떠오른다. 이 책을 단순히 이론서가 아니라, 정신적 자유의 극점에 도달한 인간이 누리는 안식, 곧 절대 소요유(逍遙遊)의 경지도 생각하면서 읽기 바란다. 자유와 행복이 물질적인 것에 결코 있지 않음을 생각하고 읽기 바란다.

물심양면으로 이 번역 사업에 도움을 주신 인문학 연구소장 염철호 신부께 감사드린다. 그리고 어려운 상황에서 이 책의 출판을 흔쾌히 맡아주신 메타노이아 출판사의 정현정 사장님과 권서용 선생님께 감사드린다. 또한, 공부만 할 수 있도록, 평생 나에게 세심하게 마음을 써준 아내에게 고마운 마음 전하고 싶다.

2023년 12월 1일
부산가톨릭대학교 인문학 연구소에서

역자 이 부 현

05　일러두기
06　인사말
08　머리글

논고 I (TRAKTAT I)
복된 책(LIBER "BENEDICTUS")

26　1. 신적 위로의 책
　　　(DAS BUOCH DER GOETLîCHEN TROESTUNGE)

98　2. 고귀한 사람
　　　(VON DEM EDELN MENSCHEN)

논고 II (TRAKTAT II)

118 영적 강화
     (Die REDE DER UNDERSCHEIDUNGE)

논고 III (TRAKTAT III)

206 버리고 떠나 있음에 관하여
     (VON ABEGESCHEIDENHEIT)

230 역자 후기
252 [참고] 인용 문헌 줄임표

논고 I (TRAKTAT I)[1)]

복된 책(LIBER "BENEDICTUS")

1. 신적 위로의 책(DAS BUOCH DER GOETLiCHEN TROESTUNGE)
2. 고귀한 사람(VON DEM EDELN MENSCHEN)

1) (Pf. Nr V, 419-448쪽)

1. 신적 위로의 책
(daz Buch der goetlichen Troestunge)[2]

우리 주 예수 그리스도의 아버지이신, 신은 찬미 받으소서(Benedictus deus et pater domini nostri Jesu Christi etc.)

―2코린토 1, 3 이하

(8) "모든 고통 가운데서 우리를 위로하시는 모든 위로의 신이며, 우리를 (따뜻하게 헤아리시는―역자) 자비의 아버지이시며, 우리 주 예수 그리스도의 아버지이신, 신은 찬미 받으소서."라고 고귀한 사도 성 바오

●●●

[2] 이 수고의 현대 독일어 번역은 1952년 베를린에서 출간된 나의 『강의와 연습을 위한 작은 텍스트 (Kleine Texte für Vorlesungen u. Übungen』, hrg, von Kurt Aland, H. 55)와 또한 수고의 전승에 대한 충분한 자료와 그리고 여태까지의 판본들에 힘입고 있다. 에크하르트 전집(Kohlhammer판) 5권에 나오는 《복된 책》(BgT/daz Buch der goetlichen Troestunge의 약자)과 《고귀한 사람》(VeM/ Von dem edeln menschen의 약자)의 편집을 위해 텍스트 변경이 다소 있었음을 알려준다.
BgT와 VeM의 진정성은 〈변론서(Rechtfertigungsschrift)/약자는 RS.〉, 〈신학자들의 견해 (Gutachten)〉와 교황청의 〈단죄 칙서(Bulle)〉 등을 통해 확증된다. 변론서는 "이 항목들은 마이스터 에크하르트가 토이토니아에서 집필하여 헝가리 왕후에게 보낸 책으로부터 발췌한 항목들이다. 이 책은 다음과 같이 시작한다. 우리 주 예수 그리스도의 아버지이신 하느님은 찬미받으소서"(Isti sunt articuli extrati de libello quem misit magister Ekardus Regine Ungarie scriptum in Teutonico. Qui libellus sic incipit; Benedictus Deus et pater domini nostri Jesu Christi)라는 표제 아래 전개되는 2장 1절(§Ⅱ I)에 BgT에서 발췌해 단죄한 13항목, 그리고 직접 이어서 VeM에서 발췌해, 단죄한 2항목을 제시하고 있다.
그밖에 하이델베르크의 신학 교수 요한네스 벵크(Johnnes Wenck)는 BgT를 에크하르트가 썼다는 것을 다음과 같이 증언하고 있다. 즉, 그는 니콜라우스 쿠자누스(Nikolaus v. Cues)에 반대하는 『알려지

로가 말하였다. 이러한 불행 가운데서 인간을 괴롭히고 억압하는 세 가지 종류의 고통이 있다. 하나는 외적 재산의 손실에서, 또 다른 하나는 자신의 친척들과 친구들에게 닥치는 불행에서, 그리고 세 번째 고통은 멸시, 역경, 신체적 고통과 정신적 고통에서 자신에게 닥쳐오는 불행에서 비롯된다.

나는 이러한 문제들에 관하여 이 책에서 몇 가지 가르침을 적고자 한다. 이 가르침으로 사람들은 자신의 모든 역경, 슬픔과 고통 가운데서 자신을 위로할 수 있을 것이다. 이 책은 세 부분으로 이루어져 있다. 제1부에서는 우리는 이러저러한 진리들을 논할 것이다. 이 진리들에 의해, 그리고 이 진리들로부터 온갖 고통을 겪고 있는 사람을 적절하고도 전적으로 위로할 수 있고 위로할 수 있게 할 방법들이 얻어질 것이다. 그리고 제

• • •

지 않은 문헌에 대하여(De ignota Litteratura)』라는 자신의 저서에서 RS. 2장 1절에 나오는 라틴어로 번역되어 있는 5개의 단죄된 항목들을 인용하고, 그에 대한 각주를 다음과 같이 달고 있다. "'우리 주 예수 그리스도의 아버지이신 하느님은 찬미받으소서'라고 말하면서 시작하는, 헝가리 왕후를 위로하기 위해, 저술한 에크하르트의 독일어책에서 그는 이러한 결론에 대해 말하고 있다."라고.

RS와 벤크의 진술에서 에크하르트가 1308년에 죽은 합스부르크 왕가의 알브레히트 1세의 딸인 헝가리의 왕후 아녜스(1280년경~1364년)를 위해, 〈위로의 책〉을 썼다는 것을 우리는 알 수 있다. G. 티어리(Théry)가 착수한 최종적 연대에 따르면, 1308년 황후의 아버지가 죽었을 것이다. 이때 그 당시 관구장 대리로서 뵈멘 관구를 이끌었던 에크하르트에게 그녀를 만나는 기회가 주어졌을 것이다. 이와 달리 함머리히(Hammerich)와 루스(Roos)에 따르면, BgT와 VeM은 1314에 최초로 성립했다. 내 생각에 따르면, 연대에 대한 문제는 여전히 심도깊은 해명을 요구하고 있다.

BgT는 보에시우스(Boetius)의 6세기 초의 『철학의 위안(Consolatio philosophiae』의 위대한 전형에 따른 〈위로의 책〉의 전통에 속한다. 도미니코회 수사 담바흐의 요한네스(Johannes von Dambach 1288/89~1372)는 에크하르트의 BgT에서 다소 자유롭게 각주를 단 일련의 발췌문을 자신의 『신학의 위안(Consolatio theologiae)』에 라틴어로 번역해 삽입했다.

BgT의 도입부는 대단히 사변적이어서 이해하기 힘들다. 도입부는 고도의 스콜라 신비주의적 사상을 담고 있다. 대단히 오류가 많은 수고 Ba2가 여태까지의 번역, 특히 파이퍼(Pfeiffer)와 스트라우흐(Strauch)의 번역판의 근저에 놓여 있다. *. 퀸트의 역주. *. 이하에서 역주에 대한 표기 사항이 없을 경우는 퀸트의 역주임을 밝혀둠.

1. 신적 위로의 책(daz Buch der goetlichen Troestunge)

2부에서는 우리는 서른 가지 가르침을 얻을 수 있을 것이다. 그 각각의 가르침에서 우리는 바르고도 전적으로 위안을 얻을 수 있을 것이다. 그리고 이어서 제3부에서는 (9) 지혜로운 사람들이 고통 가운데 있었을 때, 그들이 한 행위들과 말들에서 모범을 발견하게 될 것이다.

- 제 I 부 -

우리는 무엇보다도 지혜로운 사람(der wîse)과 지혜(wîsheit), 참된 사람(wâre)과 참(wâhrheit), 의로운 사람(gerechte)과 의로움(gerech-ticheit), 선한 사람(goute)과 선(güete)이 서로 얽혀 있으며, 서로 연결되어 관계를 맺고 있음을 알아야 한다. 곧, 선은 창조된 것도 만들어진 것도 아니고, 낳아진 것(geboren)도 아니다. 오히려 선은 낳으면서 선한 사람을 낳는다(gebirt).[3] 그리고 선한 사람도, 그가 선한 사람인 한에서, 만들어진 것도 창조된 것도 아니다. 그는 선으로부터 낳아진 아이이며, 선

---

[3] RS. § II I art. I (Théry 157쪽) : Proc. Col. I n. 2. 시작부터 거론되고 있는 에크하르트의 난해한 사변적 논의는 소위 존재, 하나, 참, 선, 지혜, 의로움 등의 보편적인 완전성(perfectones generales) 또는 정신적 용어들(termini spirituales)과 이러한 완전성을 받아들이는 피조물적 수용자, 곧 좋은 사람, 의로운 사람, 지혜로운 사람, 참된 사람과의 관계를 주제로 하고 있다. 이러한 주제는 독일어 작품과 라틴어 작품에 널리 거론되고 있는 그의 근본 주제이다. 보편적 완전성, 또는 초월적 개념들, 또는 정신적 용어들은 오직 신에만 귀속되는 개념들이다. 여기서 신은 주는 자로, 아들은 받는 자로 등장한다. 자신을 온전히 비운 아들은 아버지로부터 아버지의 것을 오로지 다 받는다. 그래서 주는 자인 아버지와 받는 자인 아들은 낳는 자, 낳아진 자라는 차이 이외에, 어떤 차이도 없는 온전한 하나이며, 하나의 존재이며, 하나의 지식이며, 하나의 사랑이며, 하나의 행위이다. 초월적 개념을 바탕으로 하는 주는 자와 받는 자의 이러한 관계는 아버지와 아들 사이의 내재적 삼위일체론적 관계를 일차적으로 뜻한다. 아버지와 아

의 아들이다.[4] 선은 선한 사람 안에 자신을 낳고, 선인 모든 것을 낳는다. 곧, 선은 존재, 지식, 사랑과 선한 행실 등을 항상 선한 사람 안에 쏟아붓는다. 그리고 선한 사람은 선의 가장 깊은 내면으로부터, 그리고 오로지 선에 의해서만 자신의 전적인 존재, 지식, 사랑과 좋은 행실 등을 받아들인다. 따라서 선한 사람과 선은 하나의 선 이외 다름 아니다.[5] 곧, 한편에서 낳는 것(gebern) 그리고 다른 한편에서는 낳아지게 된 것(geboren-werden)이라는 사실을 제외한다면, 선한 사람과 선은 모든 점에 있어서 완전히 하나이다. 그런 한에, 선이 낳는 것과 선한 사람들 가운데 낳아지게 된 것은 완전한 하나의 존재, 하나의 생명이다. 선한 사람은 선한 것에 속하는 모든 것을 선 안에서 그리고 선으로부터 넘겨받았다. 선한 사람은 거기(선-역자)에 존재하고 살며, 거기에 거주한다. 선한 사람은 거기서 자기 자신을 인식하며, 거기서 그가 인식하는 모든 것을 인식한다. 그

∴

들은 이러한 의미에서 동명동의(同名同義)적인 일의적 관계이다. 따라서 여기서 거론되고 있는 사변은 아버지와 아들 관계에 일차적으로 적용되는 사변이다. 에크하르트는 이러한 아버지와 아들의 일의적 관계를 아버지와 인간 관계에도 그대로 적용 시킨다. 아버지와 인간의 경우, 인간이 완전히 버리고 떠나 있게 되면, 인간은 아들처럼 아버지의 것을 온전히 다 받을 수 있게 된다. 따라서 인간은 아버지가 낳은 유일한 아들과 같은 아들일 수 있게 된다. 따라서 에크하르트는 우리에게 나와 물질적인 것에서 벗어나 온전히 신께만 향하라고 한다. 그럴 때, 나는 아버지의 것을 다 받게 된다. 그럴 때, 무슨 고통이 있겠느냐고 반문하다. 한 마디로 인간이 고통을 받는 것은 자기나 자기 것에 매달려 있기 때문이다. 이에서부터 벗어난다면, 인간은 절대 고통스러울 수 없다는 것이 〈신적 위로의 책〉의 기본 논조이다. 이러한 기본 논조는 이단 혐의가 있는 명제로 처음부터 고발되고 있다. 이는 토마스가 존재라는 측면에서 신과 인간(또는 피조물)이 서로 닮아있다는 존재 유비에 주로 바탕을 두고 있다면, 에크하르트는 신과 인간(또는 피조물)은 서로 전적으로 다르다는 귀속적 유비에 바탕을 두고 있기 때문이다. 신에만 귀속되는 초월 개념을 인간(또는 피조물)이 일방적으로 신으로부터 받아들임으로써, 신과 닮을 수 있다는 것이 귀속적 유비의 기본 입장이다. 귀속적 유비에 대해서는 이부현, 『M.에크하르트의 중세 고지高地 독일어 작품집Ⅰ』(메타노이아, 2023)(이하에서는 『M.에크하르트의 독일어 작품집Ⅰ』로 줄임). 각주 4 참조 요망. 역자 후기 321쪽 이하 역주.

4) RS. § Ⅱ l art. 2(Théry 158쪽) : Proc. Col. l n. 3.
5) RS. § Ⅱ l art. 3(Théry 158쪽) : Proc. Col. l n. 4.

리고 거기서 그는 자신이 사랑하는 모든 것을 사랑한다. 그리고 그는 거기서 선 속에 있는 선을 갖고서 활동한다. 그리하여 "아버지께서 내 안에 머물러 살면서 일하고 계십니다."(요한 14, 10)라고 한 아들의 말씀대로 선은 선한 사람을 갖고서, 그리고 선한 사람 안에서 자신의 모든 일을 하고 있다.[6] "내 아버지께서 여태까지 일하고 계시니, 나도 일하는 것입니다."(요한 5, 17).[7] (10) "나의 것은 모두 아버지의 것이며, 아버지의 것은 모두 나의 것입니다. 곧, 아버지의 것은 베푸는 것이며, 나의 것은 받은 것입니다"(요한 17,10).[8]

• • •

[6] 참조. "내가 아버지 안에 있고 아버지께서 내 안에 계시다는 것을 너는 믿지 않느냐? 내가 너희에게 하는 말은 나 스스로 하는 말이 아니다. 내 안에 머무르시는 아버지께서 당신의 일을 하시는 것이다." 요한 14, 10. 역주.

[7] 참조. "그러나 예수님께서는 그들에게, '내 아버지께서 여태 일하고 계시니 나도 일하는 것이다.'하고 말씀하셨다." 요한 5, 17. 역주.

[8] 참조. "저의 것은 다 아버지의 것이고 아버지의 것은 제 것입니다. 이 사람들을 통하여 제가 영광스럽게 되었습니다." 요한 17, 10. 역주. : LW. Ⅲ, n. 18~19. "더 나아가서 열 번째, 의로운 사람으로서 의로운 사람은, 그가 그인 바 전체와 그가 그인바 모든 것을 갖고, 의로움 자체 가운데, 곧 시원인 의로움 가운데 존재한다는 것이다. 이것이 '시원 가운데 말씀이 있었다.'라는 의미이다.

또한, 의로운 사람은, 그가 의로운 사람인 한, 의로움 자체 가운데 있는 것을 제외하고는 어떤 것도 인식하지 않으며, 의로운 사람인 자신도 인식하지 못한다. 의로운 사람이 의로움 자체의 바깥에서 어떻게 의로운 사람 자체를 인식할 수 있겠는가? 의로움은 참으로 의로운 사람의 시원이다. 그 시원에 있어서 사물을 인식하는 것이 인간과 이성(rationis)의 고유성이다.

또한, 다시 열한 번째, 의로움은 자신의 낳아진 의로움(justitia genita)(인 말씀-역자)을 매개해서 자신의 모든 일(omne opus suum)을 행한다는 것이 확증된다. 왜냐하면, 어떠한 의로운 것도 의로움 없이는 낳아질 수 없는 것과 마찬가지로 낳아진 의로운 것은 낳아진 의로움(말씀-역자) 없이는 있을 수 없기 때문이다. 참으로 낳아진 의로움 자체는 자신의 시원 곧, 낳는 의로움 가운데 있는 의로움의 말씀이다. 이것이 바로 여기서 '모든 것은 말씀을 통해 만들어졌다. 말씀 없이 만들어진 것은 아무것도 없다.'라는 구절의 의미이다."

더 나아가서 열두 번째, 의로움 자체 가운데 있는 의로운 사람은 이제 낳아지지 않았으며, 낳아진 의로움이 아니라, 낳아지지 않은 의로움 자체이다. 이것이 바로 '만들어진 것', 곧 어떠한 방식으로든 산출된 것의 산출물은 '말씀 가운데서는' 생명, 곧 '시원 없는 시원'(sine principium sine principio)이라는 것을 뜻한다. 왜냐하면, 시원 없이 있는 것이 고유한 의미에서 살아 있는 것이기 때문이다. 왜냐하면, 자신의 작용의 시원(principium operationis)을 다른 것으로서의 다른 것에 의해 갖는 것은 고유한 의미에서 살아 있는 것이 아니기 때문이다.

만약 우리가 '선한 사람'에 관하여 말할 때, 그 이름이나 그 말은 더도 말고 덜도 말고 벌거벗고 있는 순수한 선(blôze und lûter güete) 이외에 그 어떤 것을 나타내지도, 포함하고 있지도 않음을 우리는 알아야만 한다. 하지만 선은 자신을 베풀어준다. 그리하여 우리가 만약에 '선한 사람'에 관하여 말할 때, 선한 사람의 선함이 낳아지지 않은 선에 의해 선한 사람에게 베풀어지고, 그에게로 흘러 들어가고, 그리고 낳아지지 않은 선이 선한 사람에게로 낳아졌음을 이해해야 한다. 그리하여 복음서는 다음과 같이 말한다. "아버지께서 생명을 자기 자신 속에 가지고 계시듯이, 아들도 생명을 자기 자신 속에(in im selbst) 가지도록 해주셨다."(요한 5, 26)라고.[9] 복음사가는 '자기 자신으로부터(von im selbst)'라고 하지 않고, '자기 자신 속에(in im selbst)'라고 말하고 있다. 왜냐하면, 아버지께서 생명을 아들에게 주셨기 때문이다.

내가 이제까지 선한 사람과 선에 관해 말한 모든 것은 참된 사람과 참에도, 의로운 사람과 의로움에도, 지혜로운 사람과 지혜에도, 아들-신과 아버지-신에게도, 그리고 신으로부터 태어나서 이 세상에서는 결코 어떤 아버지도 갖지 않는 모든 것에도 동시에 적용되는 이야기이다. 창조된 것, 곧 신이 아닌 모든 것은 신에서부터 낳아져, 이 세상에 어떤 아버지도 갖지 않는 것을 결코 낳을 수 없다. 신으로부터 태어나 이 세상에 아버지를 갖지 않는 것에는 벌거벗고 있는 순수한 신(got blôz lûter) 이외에, 그 어떤 상(bilde)도 없다. (거기에는 벌거벗고 있는 순수하고 신의 상만이 있을 따름이다.-역자) 그래서 복음사가가 성 요한이 자신의 복음에서

•••
9) 참조. "아버지께서 당신 안에 생명을 가지고 계신 것처럼, 아들도 그 안에 생명을 가지게 해 주셨기 때문이다." 요한 5, 26. 역주.

다음과 같이 말한다. 곧, "피나, 육신의 의지(vleisches willen)나 남자의 의지(mannes willen)에 의해서가 아니라, 신에 의해서만, 그리고 신으로부터만 낳아진 모든 사람에게 신의 아들이 될 수 있는 힘과 능력이 주어졌다."(요한 1, 12 이하)라고.[10]

요한은 '피'라는 말을 인간의 의지에 종속되지 않는 모든 것으로 이해하고 있다. (11) 그리고 '육신의 의지'라는 말은 인간에 있어 실로 인간 자신의 의지에 예속되지만, 동시에 여전히 의지에 저항하고 반항하는 모든 것으로 이해하고 있다. 이러한 육신의 의지는 육체적 욕망(vleisches begerunge)에 기울어져 있으며, 영혼과 신체에 동시에 속하는 것이다. 그러므로 고유한 의미에서 영혼 속에서만 존립하는 그러한 것은 아니다. 따라서 이러한 영혼의 능력들은 지치고 허약해지며, 늙어 가는 것이다.[11] 성 요한은 '남자의 의지'라는 말을 영혼의 최상위의 능력으로 이해하고 있다. 이러한 영혼의 최상위의 능력의 본성과 작용은 육체적인 것과 뒤섞여 있지 않다. 그리고 이러한 영혼의 최상위의 능력은 영혼의 순수함(sêle lûterkeit) 가운데 있으며, 시간과 공간으로부터 그리고 시간과 공간에 따라 쳐다보거나 냄새 맡거나 하는 모든 것과 구분되기 때문에, 어떠한 것과도 공통점이 없는 그러한 것이다.[12] 이러한 영혼의 최상위의 능력 안에서 인간은 신의 모습을 따라 꼴이 바뀌며(gebildet), 그럼으로써 인간은

---

10) 참조. "그분께서는 당신을 받아들이는 이들, 당신의 이름을 믿는 모든 이에게 하느님의 자녀가 되는 권한을 주셨다. 이들은 혈통이나 육욕이나 남자의 욕망에서 난 것이 아니라 하느님에게서 난 사람들이다." 역주.
11) 참조. 지치고 허약해지며, 늙어 가는 영혼의 능력들은 신체 기관과 밀접하게 결합 되어 있는 낮은 능력들(특히 감각적 능력)을 뜻한다.
12) 참조. 영혼의 최상위의 능력(의지와 이성)에 대한 논의이다. 역주.

신의 친족이 되며, 신의 혈족이 되는 것이다. 그런데 영혼의 최상위의 능력이 신 자신은 아니며, 영혼 속에 그리고 영혼과 함께 창조된 것이므로, 영혼의 최상위의 능력은 자기 자신을 '벗어나(entbildet)', 오직 신 가운데로 넘어가 (새롭게-역자) '꼴이 바뀌어야 하며(überbildet)', 오직 신만이 아버지일 수 있기 위해, 또한 이 최상위의 능력이 신의 아들이고 신으로부터 낳아진 아들이게끔, 신 안에서 그리고 신으로부터 태어나야 한다.

왜냐하면, 나를 그의 아들이게끔 하시는 그분은 자신의 모습 따라 그리고 자신 안에서 나를 자신과 같은 것으로 꼴을 바꾸시고 낳으시기 때문이다. 선의 아들로서 선한 사람, 의로움의 아들로서 의로운 사람 곧, 신의 아들인 그런 사람은 오직 의로움의 아들이다. 이런 사람은 낳아지지 않으면서-낳는 의로움으로부터 낳아진 아들이기 때문에, 의로움이 갖고 있는 존재, 그리고 의로움인 존재와 동일한 하나의 존재를 갖는다. 그리하여 낳아진 아들은 의로움과 참에 고유한 것인 모든 것을 소유하게 된다.[13]

성경에 쓰여있고, 이성을 부여받은 영혼의 자연적 빛(아리스토텔레스의 이성 철학-역주) 가운데 확실하게 인식되는 이러한 모든 가르침에서

• • ◦

13) 본문 각주 4 이하부터 이곳까지 RS. § Ⅱ ㅣart. 4(Théry, 158~159쪽) : Proc. Col. Ⅰ n. 5쪽 이하. 이 문단의 요지는 인간은 피로부터도, 육신의 의지로부터도, 남자의 의지로부터도 아니라, 오직 참, 선, 존재, 의로움 자체인 신으로부터 다시 낳아져야 한다는 것이다. 그때, 아버지-신과 아들-신의 경우처럼, 인간도 전적으로 아버지-신과 같아진다는 것이다. 의로운 사람은 의로움과 똑같아진다는 것이다. 이때 피는 이성에 의해 제어되지 않는 식물적인 것을 뜻한다면, 육신의 의지는 비이성적이어서 이성에 저항하면서도, 복종하기도 하는 감각적인 것(욕망appetitus, 욕동concupiscentia, 분노irascibilia *. 아리스토텔레스는「니코마코스 윤리학」Ⅰ에서 이를 '분유를 통한 이성'이라 부르고 있다)이다. 반면에 여자의 의지가 아닌 남자의 의지는 영혼 속에 깃들어 있는 이성이다. 이 이성은 어떠한 것과 공유하지 않는 순수 수동 이성을 뜻한다. 흔히 에크하르트는 이 순수 수동 이성을 〈파리 토론집〉Ⅰ(LW. Ⅴ, n. 4, 40쪽)에서 신적 이성 또는 신적 정신이라고 부르고 있다. 그리고 독일어 설교집 1의 설교 2(DW. Ⅰ, 32~35쪽)에서는 인간이 신의 아들일 수 있게끔, 이성 속에서 신이 자기 아들을 낳는다고 한다. 이 이

인간은 온갖 고통에 대한 참된 위로를 발견할 것이다.

성 아우구스티누스는 다음과 같이 말한다. "신에게는 (공간적으로-역자) 멀고, (시간적으로-역자) 긴 어떤 것도 존재하지 않는다. (12) 그리하여 만약 그대에게도 멀고 긴 어떤 것도 없기를 원한다면, 자신을 신께 맡겨라. 왜냐하면, 거기서는 천년도 하루 같기 때문이라고 말한다.[14] 그런

⋯

성은 최상위의 순수하고 벌거벗고 있는 이성이다. 하지만, 이 최상위의 이성을 독일어 설교집 1의 설교 2(앞의 책, 42쪽 이하)에서 동시에 넘어서야 한다고 한다. 그래서 이 이성이라는 말 대신에, '이것도 저것도 아닌 어떤 것'이라는 말을 사용한다. 이성이라고 말하든, '이것도 저것도 아닌 어떤 것'이라고 말하든, 긍정적인 언어를 부정하고, 부정적인 언어도 부정하는 위-디오니시우스의 부정 신학의 전통 속에 있는 에크하르트에게 당연한 문제라고 역자는 생각한다. 그런데 이 문단에서는 이 이성조차도 넘어서야 한다고 한다. 왜냐하면, 이성은 영혼과 함께 창조되었기 때문이라고 한다. 하지만 에크하르트는 때로는 최상위의 이성, 영혼, 영혼의 근저, 영혼의 중심부, '어떤 것' 등은 창조되지 않은 것이라고 말하기도 한다(DW. I, 설교 22, 380쪽). 또 독일어 설교집 5b(DW. I, 90쪽)에서는 '신의 근저는 나의 근저이고 나의 근저는 신의 근저'라고 말하고 있기도 하다. 그는 제1차 파리 대학 체류(1302-1303) 기간부터 제2차 파리 대학 체류 기간(1311-1313) 이전까지 철저하게 신은 존재가 아니라, 이성(또는 정신)이라고 주장하고 있다. 이는 그가 그 당시 아리스토텔레스의 『영혼론』에 영향을 철저히 받고 있었다는 것을 드러낸다. 그리고 제2차 파리 대학 체류 기간에도 이런 입장이 그의 사상에서 사라지지 않고 지속하고 있다. 라틴어 작품집 곳곳에서 이런 입장이 지속적으로 확인되고 있다(그의 라틴어 작품은 주로 제2 파리 체류 기간에 쓰였다). 하지만 분명 그의 입장은 슈트라스부르크(1314-1322)와 쾰른(1323-1328)에서 행한 독일어 설교들에서는 아리스토텔레스 입장보다는 위-디오니시우스의 부정 신학의 입장이 훨씬 더 두드러진다. 그래서 벌고벗고 있는 순수한 이성이라는 표현보다는 영혼의 근저, 영혼의 중심, '어떤 것'이라는 표현이 더 자주 쓰인다. 어쨌든 역자가 보기에 벌거벗고 있는 순수 최상위의 이성, 영혼의 근저, 영혼의 중심, '어떤 것'이라는 에크하르트 표현은 주체 자체인 신과 인간의 주체가 소통할 수 있는 또는 하나 될 수 있는 가장 넓은 인간 주체의 사유 지평 또는 결코 대상화(사물화/Dinglichung) 될 수 없는(이 까닭에 에크하르트는 계속 대상적인 것을 버리고 떠나 있어야 한다고 말하고 있다), 무한히 초월 가능한 인간 주체의 사유 지평을 뜻한다고 생각된다. 이런 의미에서 순수 이성, 영혼의 근저 등은 하이데거가 말하는 '존재'(Sein)에 거주하는 인간의 현(現)-존재(Da-sein)가 상응한다고 생각된다. 그런데 여기서는 벌거벗고 순수 이성조차도 넘어서, 신의 꼴로 바꿔야 한다고 말하고 있다. 이는 요한복음 1장 12절에 나오는 "피나, 육신의 의지(vleisches willen)나 남자의 의지(mannes willen)에 의해서가 아니라, 신에 의해서만, 그리고 신으로부터만 낳아진 모든 사람에게 신의 아들이 될 수 있는 힘과 능력이 주어졌다."(요한 1, 12 이하)를 주해하기 위해, 피, 육신적 의지, 그리고 마지막의 벌거벗고 순수 이성까지도 벗어나, 신의 꼴로 바꿔야 한다고 말하고 있는 것으로 추정한다. 참고로 이 〈신적 위로 책〉은 제2 파리 체류 기간 직후인 1314년(54세)에 쓰였을 것으로 추정된다. 역주.

14) 참조. Augustinus, En. in Ps. 36/ Sermo I n 3(PL 36, 357). 또한, DW. V, 77쪽 18행 이하.

데 나는 신 가운데는 슬픔도 고통도, 그리고 어려움도 없다."고 말한다. 그리하여 만약 그대가 모든 어려움과 고통에서 벗어나고자 한다면, 순수하게 오직 그대 자신을 신께로 방향 전환하라. 모든 고통의 원천은 분명히 그대 자신이 오로지 신 가운데서만 있지 않고, 그리고 신께로 방향을 돌리지 않았다는 사실에서만 유래하는 것이다. 만약 그대가 철저하게 의로움 가운데서 꼴이 바뀌어, 거기서(의로움에서-역자) (다시-역자) 낳아진다면, 참으로 의로움이 신 자신을 고통에 몰아넣을 수 없듯이, 어떤 것도 그대를 고통 속으로 데려가지 못할 것이다. "그를 거역할 수 있는 어떤 것도 의로운 사람(gerehten)을 괴롭힐 수 없다."(잠언 12, 21)라고 솔로몬은 말하고 있다.[15] 그는 (이러 저러한-역자) '의로운 사람(gerehten menschen)'이나 (이러 저러한-역자) '의로운 천사' 또는 이러저러한 (의로운-역자) 것 등을 말하고 있지는 않다. 오히려 그는 '의로운 사람'(gerehten)에 대해 말하고 있다. 그런데 (의로움과 무관하게-역자) 이러 저러한 의로운 것에 속하는 것, 자신의 의로움을 자신의 것으로 여겨 의롭게 되는 자는 이 세상에서의 아들이며, 이 세상에서 아버지를 갖는 것이며, 피조물이며, 만들어지고 창조된 것이다. 그의 아버지가 피조물이자 만들어졌고, 창조된 것이기 때문이다. 그러나 순수하게 의로운 것(gereht lûter)은 만들어지거나 창조된 아버지를 절대 갖지 않으며, 신, 곧 의로움과 완전히 하나 되며, 의로움만이 그의 아버지이기 때문에, 마치 신이 고통이나 어려움에 빠질 수 없는 것처럼, 의로운 사람은 결코 고통과 어려움에 빠질 수 없다. 의로움은 그에게 어떤 고통도 가할 수 없다.

• • •

15) 참조. "의인은 아무런 환난도 당하지 않지만, 악인은 불행으로 가득하게 된다." 잠언 12, 21. 역주.

1. 신적 위로의 책(daz Buch der goetlichen Troestunge)

왜냐하면, 의로움은 바로 다름 아닌 기쁨이자 즐거움이며 환희이기 때문이다. 더 나아가서 만약 의로움이 의로운 사람에게 고통을 준다면, 의로움이 자기 자신에게도 그러한 고통을 줄 것이기 때문이다. (의로움과—역자) 똑같지 않은 것, 그리고 의롭지 않은 것 또한 어떤 것이든 만들어지거나 창조된 것 등은 의로운 사람을 결코 고통으로 몰아넣을 수 없다. 왜냐하면, 창조된 모든 것은 마치 신의 한참 아래에 있는 것과 같이, 의로운 사람의 한참 아래에 있기 때문이다. 그리하여 창조된 모든 것은 의로운 사람에게 결코 어떠한 영향력이나 압력을 행사하지 못하며, 창조된 모든 것은 오직 신만이 (자신의 –역자) 아버지인 의로운 사람 가운데로 결코 자신을 낳을 수 없다. 그러므로 인간은 자기 자신과 모든 피조물을 벗어나기로(entbilde), (13) 그리고 오로지 신 이외에, 어떤 누구도 아버지로 인식하지 않기로 대단히 열심히 노력해야 한다. 그럴 때, 어떤 것도, 곧 신이든, 피조물이든, 창조된 것이든, 창조되지 않은 것이든 인간을 고통에 처하게 하거나, 고통으로 몰아넣지 못할 것이다. 그리고 의로운 사람의 전 존재, 생명, 인식, 지식 그리고 사랑 등이 신으로부터 그리고 신 안에 존재하게 된다. 곧, 그의 전 존재, 생명, 인식, 지식 그리고 사랑이 신 자신이게 될 것이다.[16]

더 나아가 우리는 온갖 어려움에 부닥친 인간을 위로하는 두 번째의 것을 알아야 한다. 곧, 두 번째의 것은 의롭고 좋은 사람은, 그 자신이나 최고의 천사가 자신의 자연적 존재나 생명에서 환희와 기쁨을 갖는 것보

---

16) RS § II Ⅰ art. 5(Théry 161쪽) : Proc. Col. Ⅰ n. 10. 요한네스 벵크(각주 1 참조)는 『알려지지 않은 문헌에 대하여(De ignota Litteratura)』(ed. E Vansteenberghe, Beitr. z. Gesch. d. Phil d. Mittelters, Bd. 8, H. 6, Minster 1910, 24쪽 이하)에서 이 부분을 인용하고 있다.

다, 더욱 비할 데 없이 이루 말로 형용할 수 없을 정도로 의로움의 작용(werke der gerehticheit)에 확신을 갖고 기뻐해야 한다는 것이다. 그러므로 성인들은 기꺼이 의로움을 위해 자신의 삶을 바쳤다.

이제 나는 다음과 같이 말한다. 만약 선하고 의로운 사람에게 외적인 손실이 닥쳐왔음에도, 그가 흔들리지 않는 마음과 평화스러운 마음 가운데서 꿈쩍도 하지 않는다면, 내가 이미 말했던 것처럼, 그를 거스르는 어떤 것도 그를 괴롭히지는 못할 것이라는 말은 참이다.[17] 그러나 이와 반대로 그가 외적 손실로 인해 괴로움을 당한다면, 사소한 것들이 그를 괴롭힐 수 있는 데도, 의로운 사람이고자 하고 또 자신이 의롭다고 망상하는 사람에게 손실을 당하도록 신이 허용하실 수밖에 없는 것은 참으로 당연하고도 마땅한 일이다.[18] 그리하여 만약 신의 의로움(reht)이 있다면, 우리는 신의 의로움 때문에 괴로워해서는 안 되며, 오히려 우리 자신의 고유한 생명보다도 신의 의로움에 더욱 기뻐해야만 한다. 왜냐하면, 모든 사람이 전 세계보다도 자신의 생명을 더 기꺼워하기 때문이다. 자신의 생명이 전 세계보다도 더 가치 있는 것이기 때문이다. (14) 만약 우리가 살고 있지 않다면, 이 세계 전체가 인간에게 무슨 쓸모가 있다는 말인가?[19]

우리가 알 수 있고 알아야만 하는 세 번째 이야기는 다음과 같다. 곧, 신만이 자연적 진리에 맞게 모든 선, 참으로 존재하는 진리(wesender wahrheit) 그리고 위로의 유일한 샘이며, 원천이라는 것이다. 그리고 신

---

17) 참조. DW Ⅰ, 103쪽 8행 이하.
18) 참조. DW Ⅰ, 186쪽 9행 이하.
19) 참조. DW Ⅰ, 105쪽 4행 이하.

이 아닌 모든 것은 자기 자신으로부터 자연적인 쓰라림, 슬픔, 고통을 가지며, 신으로부터 유래하는 선 그리고 신인 선에 어떤 것도 첨가하지 않으며, 오히려 쓰라림은 신이 부여하는 달콤함, 환희, 그리고 위안 등을 감소시키고 은폐하고 감춘다는 것이다.

이제 더 나아가서 자신이 손해를 보았다는 것에 대한 집착에서 온갖 고통이 온다고 나는 말한다. 만약 외적 사물을 잃은 손해가 나에게 고통을 준다면, 이는 내가 외적 사물을 사랑함과 함께 진정으로 고통과 슬픔도 사랑하고 있다는 사실에 대한 참된 징표가 아니겠는가. 만약 내가 고통과 슬픔을 사랑하고 추구한다면, 이럴 때 내가 고통에 빠져든다는 것이 뭐가 그리 놀랄 일이겠는가? 만약 나의 심정과 나의 사랑이 단순한 신의 소유물에 지나지 않는 피조물의 좋음(güete)을 나의 것으로 삼고자 한다면,[20] 그리고 거기서 당연히 슬픔이 오게 마련인 피조물로 내가 향한다면, 그리고 거기서는 모든 위로가 나오게 마련인 신으로부터 등을 돌려버린다면, 그럴 때 내가 고통에 빠져 슬퍼하게 되리라는 것이 뭐가 그리 놀랄 일이겠는가? (15) 피조물 가운데서 위로를 찾는 사람은 신과 이 세상 어디에서도 참된 위로를 얻을 수 없을 것이다. 그러나 피조물 가운데서도 신을 사랑하는 사람이라면, 그리고 신 안에서도 피조물을 사랑하는 사람이라면, 온갖 고통 속에서도 참되고 올바르고 똑같은 위로를 어느 곳에서도 (항상-역자) 발견할 수 있을 것이다. 이러한 이야기가 이 책의 제Ⅰ부에서 충분히 이루어졌으리라.

---

20) RS의 § Ⅱ Ⅰ art. 6(Théry 161쪽) : Proc. Col. Ⅰ n. 11.

- 제Ⅱ부 -

이제 제Ⅱ부에서 30개의 항목이 뒤따른다. 이 30개의 항목[21]의 각각은 고통을 겪고 있는 이성적인 사람(redelîchen menschen)을 적절하게 위로할 것이다.

첫 번째 항목은 어떠한 고통과 손실에도 결코 즐거움이 없는 것이 아니며, 어떠한 손실도 단순한 손실이 아니라는 것이다.[22] 따라서 성 바오로는 신의 신실하심과 선하심은 어떠한 시련이나 슬픔을 이겨내지 못할 정도로 고통을 주시지는 않고, 우리가 그를 갖고 자신을 도울 수 있는 위로 거리를 만들어 항상 우리에게 제공하신다고 말한다.[23] 그 까닭에 성인들과 이교도 스승들은 신과 자연이란 순수한 악이나 고통이 존재할 수 있게 내버려 두지 않는다고 말한다.[24]

이제 하나의 사례를 들어보자. 한 사람이 100마르크를 가지고 있었는데, 그중 40마르크를 분실하고 60마르크를 지니고 있다. 그런데 그 사람은 잃어버린 40마르크에 계속 집착하고 있기에, (16) 위로받지 못하고 괴로워한다. 손실에 집착하여 고통받고 있는 사람이 어떻게 위로받아 고통을 면할 수 있겠는가? 그는 고통을 자신 속으로 그리고 자신을 고통 속으로 새겨 넣는다. 그는 고통을 직시하고, 고통도 그를 마주하고 바라본

---

21) 에크하르트는 BgT에서 큰 부분을 차지하는 2부에서 실제로 약 30개 가량의 위로의 근거를 제공하고 있다.
22) 참조. LW V(Sermones), 설교 21, n. 201(186쪽 9행 이하).: LW Ⅲ(In Joh.) n. 75(63쪽, 11행).
23) 참조. "여러분에게 닥친 시련은 인간으로서 이겨내지 못할 시련이 아닙니다. 하느님은 성실하십니다. 그분께서는 여러분에게 능력 이상으로 시련을 겪게 하지 않으십니다. 그리고 시련과 함께 그것을 벗어날 길도 마련해주십니다." 1고린토 10, 13.역주.
24) 참조. Augustinus, Confess. Ⅶ c. 12 n. 18(PL 32, 743) : Aristoteles, Eth. Nic. Ⅳ c. 12(△ c. 11, 1126a 12).

다. 그는 자신의 고통에 대해 수다를 떨면서 말하고 다닌다. 고통도 다시 그와 함께 수다를 떤다. 잃어버린 사람과 손실 양자는 얼굴을 맞대고 서로를 쳐다보고 있지 않은가? 그런데 만약 그 사람이 잃어버린 40마르크에 등을 돌리고, 여전히 갖고 있는 60마르크를 집중하면서, 얼굴을 얼굴에 맞대고 그것을 바라보면서, 그것을 갖고 좋아서 수다를 떤다면, 그 사람은 확실히 위로받을 것이다. 어떤 것이 (여전히 남아-역자) 있고, 또 그것이 좋은 것이라면, 그 어떤 것은 우리를 위로할 수 있을 것이다. 반면에 있지도 않고 좋지도 않은 것, 나의 것이 아닌 것, 내가 잃어버린 것은 반드시 불쾌감과 고통과 슬픔을 제공할 수밖에 없을 것이다. 그 때문에 솔로몬은 이렇게 말한다. "고통의 날들 가운데서도 좋은 날을 잊지 말라."(집회서 11, 27)[25] 이 말은 만약 당신이 고통과 괴로움 속에 있더라도, 아직 갖고 있는 좋은 것과 즐거운 것을 생각하라는 것을 뜻한다. 그대들이 아직 갖고 있는 60마르크를 소유하고, 자신들을 대단한 신사 숙녀로 여기고 자신들을 대단히 부유하다고 생각하고, 마음으로부터 기뻐할 수 천의 사람들이 살고 있다는 것을 생각한다면, 이것 또한 다시 그를 위로해줄 것이다.[26]

(17) 인간을 위로해주는 또 다른 이야기가 있다. 만약 어떤 사람이 몸이 아파서 큰 고통을 겪고 있지만, 기거할 곳과 먹고 마실 게 있고, 의사의 조언과 시중드는 시종이 있으며, 친구들이 돌봐주고 있어 아무런 불편이 없다면, 그 사람은 거기서 과연 그때 어떻게 처신해야 할 것인가? 위의 사람과 똑같은 고통을, 아니 더 큰 병과 어려움을 참아 내야만 하며, 자신

---

25) 참조. "순간의 불행은 영화를 잊게 하고, 인간의 죽음은 그의 일들을 드러낸다." 집회서 11, 27. 역주.
26) 참조. LW V(Sermones), 설교 27, 4(185쪽 8행 이하).

에게 냉수 한 그릇 떠다 줄 사람도 없는 가난한 사람은 어떻게 살아가야 한단 말인가? 이들은 비가 오나 눈이 오나, 살을 에는 혹한에도, 이집 저집 딱딱한 빵을 구걸하러 다녀야 할 것이다. 그러므로 그대가 위로받으려면 그대보다 형편이 나은 사람을 생각하지 말고, 보다 형편이 못한 사람들을 생각하라.

나는 계속 말한다. 모든 고통은 사랑과 애착 때문에 생긴다. 그러므로 나는 덧없는 사물들 때문에 고통받는다. 나와 나의 마음은 덧없는 사물들을 여전히 사랑하고 집착한다. 그리고 나는 신을 온 마음으로 사랑하지 않고, 신이 자신과 함께 나에 의해 사랑받았으면 하는 것을 염두에 두지도 않는다. 이럴 때 내가 당연하게도 손실과 고통을 겪도록 하느님이 내버려두신다고 하더라도 뭐가 그렇게 놀랄 일이겠는가?

그리하여 성 아우구스티누스는 말한다. "주여, 저는 당신을 결코 잃어버리고자 하지 않았나이다. 그러나 저는 저의 욕망 때문에 당신과 함께 피조물을 소유하고자 하였나이다. (18) 그리고 그 때문에 저는 당신을 잃어버리고 말았나이다. 왜냐하면, 오류투성이이며, 기만 덩어리인 피조물과 함께 진리이신 당신을 소유하고자 하는 것은 당신을 거역하는 것이기 때문이었나이다."[27] 또한, 그는 다른 곳에서 "너무 탐욕스러운 사람은 신으로만 만족하지 않는다."라고 말한다. 그리고 그는 또 다른 곳에서 "신 자체로 만족하지 못하는 사람이 어떻게 피조물 속에 있는 신의 선물들에 만족하는 일이 있을 수 있겠는가?"라고 말한다.[28] 신과 낯설고, 신과 같

---

27) 참조. Augustinus, Confess. X c. 41 n. 66(ed. Skutella 260쪽 7-12행 이하).
28) Augustinus, En. in Ps. 30, Sermo 3 n. 4(PL. 36, 250), Augustinus Sermo 53 n. 6, 6(PL 38 366), Augustinus, Sermo 105 n. 3, 4(PL 38, 620).

지 않고, 철저하게 신 자신이 아닌 모든 것은 좋은 사람에게 위안이 아니라, 고통만을 줄 수밖에 없다. 아우구스티누스는 항상 아래와 같이 말할 수밖에 없을 것이다. "주 하느님, 그리고 나의 위로여! 만약 당신이 당신으로부터 어떤 다른 것으로 변하여 나에게 나타나신다면, 제가 당신으로부터 당신으로 나아가게끔 저에게 다른 당신을 주소서. 이는 내가 당신 이외 아무것도 원하지 않기 때문입니다."라고.[29] 우리 주님께서 모세에게 모든 좋은 것을 약속하시고, 하늘나라를 뜻하는 거룩한 땅으로 그를 보내셨을 때, 모세는 이렇게 말하였다. "주여 나를 그 어디로도 보내지 마소서, 당신 스스로 (저와—역자) 더불어 있기를 원하셨나이다."(참조. 탈출기 33, 15)라고.[30]

모든 경향성, 쾌락 그리고 사랑은 유사한 것들 사이에서 일어난다. 왜냐하면, 모든 사물은 그것들과 같은 것으로 기울어지고, 같은 것을 사랑하기 때문이다. 순수한 사람은 모든 순수성을 사랑한다. 의로운 사람은 의로움을 사랑하고 의로움으로 기울어진다. 인간의 입은 내면 안에 살고 있는 것으로부터 말한다. 이는 "입은 충만한 마음으로부터 말한다."(루카 6, 45)라고 우리 주님께서 말씀하신 것과 같다.[31] (19) 그리고 이는 "인간의 모든 수고로움은 자신의 입에 있다."(집회서 6, 7)라고 솔로몬이 말한 것과 같다. 그러므로 만약 인간이 여전히 바깥으로 기울어지고 바깥에서 위로를 찾는다면, 이는 신이 아니라, 피조물이 인간의 마음 가운데에 거

---

29) 참조. Augustinus, Confess. 13 c. 8(de. Skutella 334쪽, 11행 이하).
30) 참조. "모세가 주님께 아뢰었다. 당신께서 몸소 함께 가시지 않으려거든, 저희도 이곳을 떠나 올라가지 않게 해주십시오." 탈출기 33,15. 역주.
31) 참조. "선한 사람은 마음의 선한 곳간에서 선한 것을 내놓고, 악한 자는 악한 곳간에서 악한 것을 내놓는다. 마음에서 넘치는 것을 입으로 말하는 법이다." 루카 6, 45. 역주.

주하고 있는 것에 대한 참된 징표가 아닐 수 없다.

그러므로 선한 사람은, 그가 만약 신이 그 자신 안에 있지 않거나 아버지인 신이 그 자신 안에서 살고 작용하시지 않고, 오히려 살아 있는 피조물이 자신 안에 살고 자신의 경향성을 규정하고 자신 안에 작용하고 있다면, 신과 자신의 앞에서 자신을 대단히 부끄럽게 여겨야 할 것이다. 그러므로 "사람들이 당신의 신이 어디 있는가? 라고 여전히 말할 수 있는 한, 눈물이 밤낮으로 나의 위로였나이다."(시편 41, 4)라고 다윗 왕이 시편 가운데서 탄식하면서 말했다.[32] 그러므로 외적인 것으로 기울어지고, 위로를 줄 수 없는 것에서 위로를 찾고, 거기에(위로를 줄 수 없는 외적인 것-역자) 관해 열을 내서 즐겨 자주 말하는 것은 신이 나 가운데서는 나타나시지 않는다는 것, 내 가운데서는 깨어있지 않는다는 것 그리고 내 가운데 작용하시지 않는다는 것을 말해주는 참된 징표이다. 그리고 더 나가서 선한 사람은 선한 사람들이 자신이 그러하다는 것을 알아차리지 않을까? 하고, 그들 앞에서 부끄럽게 생각해야만 할 것이다. 선한 사람은 결코 손실과 고통에 대해 탄식하지 말아야 한다. 그는 자신이 탄식하고 있다는 것을 오히려 탄식해야 한다. 그리고 그가 탄식과 고통을 자신 가운데 지각하고 있다는 것을 오히려 탄식해야 할 따름이다.

스승들이 말하기를, 하늘 바로 아래 뜨거운 불길이 널리 퍼져 있지만, (20) 하늘은 그 불에 전혀 영향을 받지 않는다고 한다.[33] 그리고 어떤 책에는 영혼의 가장 낮은 부분이라도, 하늘의 가장 높은 것보다도 더 고귀

• • •

32) 참조. "사람들이 제게 온종일 '네 하느님은 어디 계시느냐?' 빈정거리니 낮에도 밤에도 제 눈물이 저의 음식이 됩니다." 시편 42, 4. 에크하르트가 인용한 시편은 41,4가 아니라, 42, 4이다. 역주.
33) 참조. 하늘은 불이 있는 장소이다. Aristoteles, Phys. △ c. l 208a 27쪽 이하와 b 8행 이하.

1. 신적 위로의 책(daz Buch der goetlichen Troestunge)

하다고 씌어 있다.[34] 그러나 인간이 하찮은 일 때문에 슬픔과 고통에 빠지다면, 자신이 천상적 인간이며, 자신의 마음이 하늘에 있다고 어떻게 말할 수 있겠는가?

이제 나는 다른 어떤 것에 관해 말한다. 선한 사람은 신이 특이한 것을 원하신다고 생각해서 그것을 원하지 않는 사람일 수 없다. 왜냐하면, 신이 선한 것 말고 다른 어떤 것을 원하신다는 것은 불가능하기 때문이다. 바로 신이 그것을 원하신다는 점에서, 그리고 그 점을 통해서만 그것은 필연적으로 선한 것이 되는 동시에 최상의 것이 되는 것이다. 바로 그 때문에, 우리가 "신의 뜻대로 이루어지소서."(마태오 6, 10)라고 날마다 기도하라고 우리의 주님께서 사도들을 가르치시고, 그리고 그들을 통해 우리를 가르치신 것이다. 그러나 우리는 신의 뜻이 (이 땅에—역자) 도래하고 이루어져도 불평을 해대기 일쑤다.

이교도 스승 세네카가 "고통과 불행 가운데서 최선의 위로는 무엇인가?"를 묻고 다음과 같이 답한다. "우리는 모든 것을 마치 우리가 원해서 청한 것처럼, 그렇게 모든 것을 받아들여야 한다. 왜냐하면, 만약 그대가 모든 것이 신의 의지로부터, 신의 의지와 함께 그리고 신의 의지에서 생겨나는 것이라고 알고 있었다면, 그대도 실로 그것을 원했을 것이기 때문이다."[35] 이교도 스승은 말한다. "높은 하늘에 계신 나의 지도자시고 최고의 아버지이시며, 주인이시여, 당신이 원하시는 모든 것을 할 준비가 되어 있나이다. 당신의 의지에 따라 원할 의지를 나에게 주소서."[36]

∙∙∘
34) 참조. Augustinus, De quant. an. c. 5 n. 9(PL 32, 1040).
35) 참조. L. Annaeus Seneca, Nat. quaest. Ⅲ praef. n. 12.
36) 참조. 아우구스티누스는 신국론 Ⅴ. c. 8(CSEL ⅩⅩⅩⅩ, 221쪽 24행 이하)에서 세네카의 원래 글과 다소 다른 형태로 세네카의 아래 곳을 인용하고 있다. L. Annaeus Seneca, Ep. (ad Lucilium) 107쪽, 11행(ed. Hense Teubn. 1898, 499쪽 4행 이하).

신은 인간에게 더 큰 고통을 막아 주거나, 인간을 이 세상에서 더 강하게 위로하거나, 또는 (고통을 도구 삼아-역자) 더 좋은 것을 부여하거나 한다. 그렇게 하지 않고 인간이 어떠한 고통이나 불행에 빠지게 내 버려 두는 것은 신에게도, 그의 선하심에도, 그리고 그의 사랑에서도 불가능하다. (21) 그 가운데 신의 영광이 더 넓게 그리고 더 강하게 드러난다. 선한 사람은 이런 점에서 신을 신뢰하고 믿고 따르며, 신을 확신하고 신의 말뜻을 제대로 잘 알아들어야 한다. 어떤 일이 일어났다면 그것은 신의 의지에 따른 것이기 때문에, 비록 그 일이 자신에게 손해와 저주를 안겨 주었다 하더라도, 인간은 신과 함께 같은 것을 원해야 한다.[37] 그리고 그럴 수 있도록, 선한 사람의 의지는 신의 의지와 전적으로 하나로 하나 되어야 한다. 그러므로 바오로는 신과 신의 의지, 그리고 신의 영광을 위해서라면, 신에게서 떨어져 나가기를 바랐던 것이다(참조 로마 9, 3).[38] 그러므로 의롭고 완전한 사람은 자기 자신을 죽이는 데 익숙해지고, 신 가운데 (낡은-역자) 자신을 벗어버리고 신의 의지로 다시 꼴이 바뀌는 데에 익숙해져야 한다. 그리하여 자기 자신과 그 밖의 모든 것에 관하여 아무것도 모르고, 오직 신만을 아는 것, 그리고 신의 의지 이외에 어떤 것도 바라지 않고 어떤 의지도 인식하지 않는 것, 그리고 성 바오로의 말처럼 신이 나를 인식하듯이, 신을 인식하고자 하는 데에 나의 모든 지복이 있도록 해야 한다(참조. 1고린토 13, 12).[39] 신은 자기 자신과 자기 자신의

---

37) 참조. RS. Ⅱ art. 37(Théry 241쪽) : Proc. Col. Ⅱ n. 94.
38) 참조. "사실 육으로는 내 혈족인 동포들을 위해서라면, 나 자신이 저주를 받아 그리스도에게서 떨어져 나가기라도 했으면 하는 심정입니다." 로마 9, 3. 에크하르트는 이곳의 글을 자주 인용하고 있다. DW Ⅰ, 201쪽. 14행 이하.
39) 참조. "우리가 지금은 거울에 비친 모습처럼 어렴풋이 보지만, 그때에는 얼굴과 얼굴을 마주 볼 것입니다. 내가 지금은 부분적으로 알지만, 그때에는 하느님께서 나를 온전히 아시듯 나도 온전히 알게 될 것입니다." 1코린토 13, 12. 역주.

의지에서, 자신이 인식하고 사랑하는 것 모두를 인식하시고, 자신이 사랑하고 원하는 것 모두를 원하신다. 우리 주님께서 스스로 말씀하신다. "신만을 인식하는 것이 영원한 생명이니라."(요한 17, 3)라고.[40]

이 때문에 스승들은 말한다. 하늘나라에서 지복을 누리는 사람들은 피조물의 온갖 상들(aller bilde)로 피조물을 인식하기보다는, 오히려 신인 하나의 상(einem bilde), 그 가운데서 신이 자기 자신과 모든 사물을 아시고 사랑하시고 원하시는 그러한 하나의 상 가운데서 피조물을 인식한다.[41] 그리하여 신 스스로 다음과 같이 기도하고 청하라고 가르치셨다. '우리 아버지', '당신의 이름이 거룩하게 빛나시고'라고. 이는 곧 오직 당신만을 전적으로 인식하라는 가르침이다(참조, 요한 17, 3). (22) 그리고 '당신의 나라가 임하시고'라고. 이는 내가 풍요롭다고 여기는 것을 절대 갖지 말고, 당신을 오직 풍요로운 자로 여길 수 있도록 하라는 가르침이다. 그리하여 복음은 다음과 같이 말한다. "정신이 가난한 사람은 복되다."(마태오 5, 3)라고.[42] 이는 곧, "의지(wille)가 가난한 사람은 복되다."라는 말과 같은 의미이다. 그리고 우리는 신께 청한다. "이 땅에서도 당신의 뜻이 이루어지게 하시고"라고. 그런데 바로 '이 땅에서'라는 말은 '신 자신에게서'를 의미하는 '하늘에서와 같이,' '우리 가운데서도'라는 의미이다. 이러한 사람은 신과 한마음이기 때문에, 신이 원하시는 모든 것을 신이 원하시는 방식대로 원한다. 신께서는 내가 또한 죄를 범했기를 어떤

---

40) 참조. "영원한 생명이란 홀로 참 하느님이신 아버지를 알고 아버지께서 보내신 예수 그리스도를 아는 것입니다." 요한 17, 3. 역주.
41) 참조. Thomas, S. theol. I q. 12 a. 9. 이 말은 위-디오니시우스의 『신비 신학』 2에서 나오는 말이다. 이 같은 이야기들은 에크하르트의 『요한복음 주해서』, (LW Ⅲ, 503쪽)에서도 찾아볼 수 있다.
42) 참조. "행복하여라, 마음이 가난한 사람들! 하늘나라가 그들의 것이다." 마태오 5, 3. 역주.

식으로든 원하기 때문에, 내가 죄를 범하지 말았더라면 하고 원하지 말아야 한다. 그럴 때, 하느님의 뜻이 의로운 행위 속에 있는 '하늘에서와 같이', 악행 가운데 있는 '땅에서도' 이루어지는 것이다. 이러한 식으로 인간은 신을 위해 신을 버리고자 하며, 신을 위해 신에게서 떠나고자 하는 것이다. 이것이야말로 오직 나의 죄를 위한 올바른 참회일 따름이다. 그리하여 죄는, 마치 신이 모든 악 때문에 고통 없이 고통당하시는 것처럼, 나에게 고통 없이 고통스러운 (leit âne leit) 것이게 된다.[43] 나는 죄 때문에 고통당한다. 나는 죄 때문에 가장 큰 고통을 받는다. 왜냐하면, 비록 영원 속에 수천 개의 세계가 존립할 수 있다 하더라도, 창조된 모든 것과 창조 가능한 모든 것을 위해, 나는 어떤 죄를 짓고자 하지 않기 때문이다. 하지만 어떠한 고통 없이(âne leit) 그렇게 한다. 그리고 나는 고통을 신의 의지로부터, 그리고 신의 의지 안에서 취하고 끌어낸다. 이러한 고통만이 오로지 완전한 고통이다. 왜냐하면, 이러한 고통은 가장 순수한 신의 선과 기쁨에 대한 순수한 사랑으로부터 도래하고 솟아 나오기 때문이다. 내가 이 작은 책에서 말한 것 즉, 선한 사람이 선한 사람인 한에서, 자기 자신에 있어 신인 선 자체로 전적으로 들어서게 된다는 사실은 참이며, 사람들은 이를 잘 알아들어야 한다.[44]

그런데 이런 사람이 그 얼마나 놀랍고도 기쁨에 찬 삶을 '하늘에서와 같이', '땅에서도' 신 자신 속에서 누리고 있는가를 주목하라! (23) 그에게는 불행이 행복처럼, 고통이 마치 사랑처럼 느껴진다. 그리고 여기서 바

• • •

43) RS의 § Ⅱ Ⅰ art. 7(Théry 162쪽) : Proc. Col. Ⅰ n. 12 : ≪Gutachten≫ art. 27(Pelster 1123쪽 27-31행), Bulle art. 14(Arch. Ⅱ 638쪽).
44) 참조. RS. § Ⅱ Ⅰ art. 9(Théry 162쪽) : Proc. Col. Ⅰ n. 14.

로 그 속에 있는 어떤 특별한 위로에 또한 주목하라. 만약 방금 말한 은총과 선을 내가 가진다면, 나는 어느 때나 어떤 경우에나 완전히 위로받고 기뻐할 것이다. 그러나 만약 내가 이러한 것(특별한 위로-역자)을 하나도 갖고 있지 못하다면, 나는 신을 위해, 신의 뜻 속에서 그것 없이도 잘 지낼 것이다. 내가 바라는 것을 만약 신께서 주기를 원하신다면, 나는 그것을 받고 기뻐할 것이다. 그러나 이와 반대로 내가 바라는 것을 신께서 주고자 하지 않으신다면, 나는 이를 똑같이 신의 뜻이라고 생각하고, 그것 없이 지낼 것을 받아들일 것이다. 왜냐하면, 그것은 신께서 원하시는 일이 아니기 때문이다. 그리하여 나는 그것 없이 지내고 그것을 받지 않기로 한다. 그렇다면 나에게 부족한 것이 대체 무엇이란 말인가? 우리는 (내가 바라는 것을-역자) 받는 것을 통해서보다도, 없이 지내는 것을 통해서 더 고유한 의미에서 신을 받아들인다. 왜냐하면, 만약 (내가 바라는 것을-역자) 우리가 받는다면, 그 선물은 인간이 기뻐하고 위로받는 이유를 자체 내에 갖고 있는 데 반해, 만약 (내가 바라는 것을-역자) 우리가 받지 못한다면, 우리는 신과 신의 뜻만을 제외하고는 기뻐할 수 있는 어떤 것에 대해 결코 알지도, 발견하지도 못했기 때문이다.[45]

또 다른 위로가 있다. 만약 어떤 사람이 물질적 재산, 동무나 친척, 눈이나 손, 또는 그 밖의 어떤 것을 잃어버렸다고 하자. 그런데 만약 그가 신의 뜻을 위해 그 고통을 참고 받아들인다면, 그는 자신이 (세속적-역자) 보상을 준다고 해도 감수하고자 원하지 않았을, 그 손실의 (완전한 보상-역자)을 적어도 신에게서 보상받았음을 우리는 확신해야 한다. 예를

---

[45] 참조. RS의 § Ⅱ Ⅰ art. 9(Théry 162쪽) : Augustinus, De trin. Ⅷ c. 3 n. 4(PL 42, 949이하), 105쪽 31행 이하.

들어보자. 한 사람이 한쪽 눈을 잃었다고 하자. 그런데 그 사람은 천 마르크나 육천 마르크, 또는 그 이상의 돈을 준다 해도, 눈을 잃어버리고 싶지 않았다. 이 경우, 그는 이러한 보상을 준다고 해도 원하지 않았을, 그러한 손실이나 고통만큼의 모든 반대급부를 신에게서 그리고 신 안에서 보상받았음이 분명하다. (24) "그대들이 한눈을 갖고 영원한 생명으로 들어가는 것이 두 눈을 갖고 파멸하는 것보다 낫다."(마태오 18, 9)라고 우리 주님께서 말씀하셨을 때, 바로 이를 뜻하신 것이다. 그리고 신께서 "아버지와 어머니, 형제와 자매, 집이나 토지 또는 그 밖의 것을 버린 사람은 백배를 받게 될 것이고, 영원한 생명을 얻게 될 것이다."(마태오 19, 29)[46] 라고 말씀하셨을 때, 아마도 이를 두고 하신 말씀일 것이다. 나는 신과 선을 위해 부모, 형제자매, 또는 그 밖의 것을 버린 사람은 두 가지 방식으로 백배를 받는다고 신적 진리 안에서 그리고 내가 (경험한-역자) 나의 지복의 관점에서 분명하게 말하고자 한다. 첫째 방식은 다음과 같다. 곧, 그의 부모, 형제자매들이 지금보다 백배나 더 그에게 귀하고 사랑스럽게 된다는 것이다. 또 다른 두 번째 방식은 다음과 같다. 곧, 백 사람뿐만 아니라 사람이고 인간인 한에서, 모든 사람이 본성상 부모나 형제들이 지금 그에게 사랑스러운 것 이상으로, 그에게 훨씬 사랑스럽게 된다는 것이다. 우리가 이러한 사실을 모르는 까닭은 우리가 아직 순전히 신과 선을 위해서만 부모, 형제자매, 그리고 모든 사물을 온전히 손에 놓아버리지 (gelâzen) 않았기 때문이다. 부모, 형제자매를 아직 이 지상에서 자신의

---

[46] 참조. "그리고 내 이름 때문에 집이나 형제나 자매, 아버지나 어머니, 자녀나 토지를 버린 사람은 모두 백배로 받을 것이고 영원한 생명도 받을 것이다." 마태오 19, 29. 역주.

가슴속에 묻어두고 있는 사람, 그들에 의해 마음이 슬퍼지는 사람, 신이 아닌 것을 여전히 생각하고 추구하는 사람이 어떻게 신을 위해 그들을 손에서 놓았다고 할 수 있겠는가?[47] (25) 아직 이러 저러한 좋은 것을 눈여겨보고 찾아다니는 사람이 어떻게 신을 위해 모든 사물을 버렸다고 할 수 있겠는가? 성 아우구스티누스는 "이러 저러한 좋은 것을 버려라. 그러면 그 자체로 순수한 선이 아득한 넓이에서 떠올라 머물 것이다. 이것이 바로 신이다."라고 말한다. 이 때문에 나는 이러 저러한 좋은 것들은 선에 아무것도 덧붙이지 못하고, 오히려 선을 숨기고, 우리 안에 있는 선을 덮어 감출 뿐이라고 이미 앞에서 말했다. 진리 가운데서 보고 직관하는 자는 이를 인식하고 알게 된다. 왜냐하면, 이는 진리 가운데서 참이며, 그 때문에, 우리는 다른 어디가 아닌, 거기(진리-역자)에서 이를 알게 될 것이기 때문이다.

하지만 우리는 덕을 소유한다는 것과 고통을 원한다는 것에는 수준이 다른 여러 단계가 있음을 알아야 한다. 이는 마치 우리가 자연 속에서도 어떤 사람이 겉모습이나 외관, 지식이나 재능 등에 있어 다른 사람보다도 더 뛰어나고 아름답다는 것을 보는 것과 같다. 그러므로 나는 말한다. "선한 사람은 물론 선한 사람일 수 있지만, 그런데도 그는 부모, 형제자매들에 대한 자연스러운 사랑에 많든 적든 영향을 받아 마음이 흔들리기도 한다. 그런데도 신이나 선에서 등을 돌리려고 하지는 않는다."라고. 어쨌든 그가 부모, 형제자매, 그리고 자기 자신에 대한 자연스러운 사랑과 애착에 많든 적든 간에 위로와 영향을 받고, 그러한 사랑을

---

47) 참조. RS. II art. 27(Théry 233쪽) : Proc. Col. II n. 68.

의식하는 정도에 따라, 그는 (덜 선하거나, -역자) 선하거나, 더 선한 사람일 수 있다.

그렇지만 특히 신의 의로움에서 볼 때, 최초의 인간이 지은 죄로 인해 인간 본성이 앞의 결함들[48]을 가질 수밖에 없다는 사실을 우리가 신의 뜻으로 받아들일 수 있다면, 내가 앞에서 쓴 것처럼 우리가 부모, 형제자매에 대한 자연스러운 사랑에 위로받고 감동하고 살아가도 좋을 것이다. 또 그들로부터 위로받고 감동하는 정도에 따라, 우리는 선한 삶을 살 수 있다고 말할 수도 있을 것이다. 하지만 그러한 조건이 우리에게 주어지지 않는 한, 우리가 만약 이러한 자연스러운 사랑을 버릴 수밖에 없음을 다시 또한, 신의 뜻으로 기꺼이 받아들일 수 있다면, 우리에게 모든 것이 제대로 될 것이며, 우리는 분명히 고통 가운데 위로받을 수 있을 것이다. (26) 성 요한이 참된 "빛이 어둠 속으로 비친다."(요한 1, 5)[49]라고 말했을 때, 그리고 성 바오로가 "덕은 약한 사람 가운데서 완수된다."(2코린토 12, 9)[50]고 말했을 때, 바로 이를 두고 한 말이다. 그것 가운데서, 그리고 그것에 따라 신과 그분의 의로움이 악행을 일삼는 자를 죽음에 처하고자 할, 그러한 신의 의로움에 대한 사랑에서 도둑이 참으로 완전히 순수하게, 기꺼이 자발적으로 그리고 즐겁게 죽음을 감수할 수 있다면, 틀림없이 구원받고 지복을 얻을 것이다.[51]

또 다른 위안이 있다. 만약 누가 자신의 눈을 다시 돌려받을 수 있고,

• • •
48) 참조. 아버지, 어머니 그리고 형제들과 자매들에 의존할 수밖에 없음을 뜻한다. 역주.
49) 참조. "그 빛이 어둠 속에서 비치고 있지만, 어둠은 그를 깨닫지 못하였다." 요한 1, 5. 역주.
50) 참조. "그러나 주님께서는, '너는 내 은총을 넉넉히 받았다. 나의 힘은 약한 데에서 완전히 드러난다.' 하고 말씀하셨습니다. 그렇기 때문에 나는 그리스도의 힘이 나에게 머무를 수 있도록 더없이 기쁘게 나의 약점을 자랑하렵니다." 2코린토 12, 9. 역자.
51) 교황칙서(Bulle), "In agro dominico"의 24항목. 이 문장들은 이단의 혐의가 있는 것으로 결정되었다.

1. 신적 위로의 책(daz Buch der goetlichen Troestunge)

자신의 동무를 죽음에서 구할 수도 있다면, 누구나 아마도 거의 예외 없이 1년 동안 기꺼이 눈 없이 지내거나, 시각장애인으로 살겠다고 할 것이다. 따라서 만약 몇 년 후에 죽을 수밖에 없는 사람을 죽음에서 구하기 위해, 어떤 사람이 자신의 눈 없이 1년 동안 지내려고 한다면, (그는 기꺼이 그렇게 할 것이다.-역자) 이같이 자신이 영원히 지복을 누리게 되고, 신적 빛 가운데서 영원히 신을 볼 수 있고, 그리고 신 안에서 자기 자신과 모든 피조물을 직관하기 위해서라면, 그는 자신이 살 수 있을 시간인 10년, 20년이나 30년도 당연히 그리고 기꺼이 버릴 수 있을 것이다.

또 다른 위로가 있다. 그가 선하고, 오로지 선에서 태어났으며 선의 상(bilde)인 한, (27) 그 선한 사람에게는 창조된 것과 이러 저러한 모두는 견딜 수 없고, 쓰라리고 무언가 해로운 것들이다. 그러므로 이런 것을 잃어버린다는 것은 곧 고통과 불행 그리고 손실에서 벗어나서 풀려나는 것과 같다. 곧, 고통과 불행과 손실을 잃어버리는 것과 같다. 정말이지, 고통을 잃어버리는 것이 참된 위로이다. 그 때문에 우리는 손해 봤다고 불평하지 말아야 하고, 오히려 자신이 위로가 무엇인지 모르고 있다는 사실에 탄식해야 한다. 오히려 우리는 마치 달콤한 포도주가 아픈 사람에게 달콤하지 않은 것처럼, (참된-역자) 위로가 우리를 위로해 줄 수 없다는 것을 모르고 있다는 사실에 한탄해야 한다. 앞에서 내가 쓴 것처럼, 당연히 우리는 피조물들에서 온전히 벗어나서(entbildet), 우리의 전적인 존재가 선으로 꼴을 바꾸지(ingebildet) 못하고 있다는 사실에 탄식해야만 한다.

또한, 우리는 고통 가운데서 신은 진리를 말씀하시며, 진리이신 자기 자신의 말로 약속하신다는 것을 생각해야만 한다. 만약 신이 자신의 말씀, 곧 자신의 진리에서부터 벗어나신다면, 신은 자신의 신성(gotheit)에서부터 벗어나시는 것이기 때문에, 더는 신이 아니실 것이다. 왜냐하면, 신은 자신의 말씀이고 자신의 진리이시기 때문이다. 그런데 신 자신이 "우리의 고통이 기쁨으로 바뀔 것이다."(참조 예레미아 31, 13)라고 말씀하셨다.[52] 만약 우리가 가진 돌이 황금으로 변할 것이라고 굳게 믿는다면, 우리는 더 많은 돌과 더 큰 돌을 가질 수 있을수록, 더더욱 기뻐할 것이다. 참으로 가능하다면 우리는 돌을 구하러 돌아다닐 것이며, 더 크고 더 많은 돌을 수집하고자 할 것이다. 그리하여 그 돌들이 많으면 많을수록, 그리고 (28) 더 크며 더 클수록, 그것들은 우리에게 더 큰 기쁨을 줄 것이다. 이런 방식으로 우리는 확실하게 모든 고통 가운데서 크게 위로받게 될 것이다.

이와 유사한 또 다른 이야기가 있다. 어떤 그릇도 두 가지의 마실 것을 자신 속에 담을 수 없다. 만약 어떤 그릇에 술을 담으려고 한다면, 우리는 부득이 물을 비워야 한다. 그릇이 비워지고(blôz), 텅 비어야 한다. 그러므로 만약 그대들이 신과 그분의 기쁨을 받아들이려면, 반드시 피조물들을 비어 내어야 한다. 성 아우구스티누스는 "가득 차려면 비워라. 사랑하는 것을 배우려면 사랑하지 않는 것을 배워라. 도달하기 위해 뒤로 물러나라."라고 말했다.[53] 한마디로 말하면 다음과 같다. 곧, 수용하고 받아들여야 하는 모든 것은 마땅히 비워져야 한다는 것이다. 스승들이 말했다. 만약 눈이 지각할 때, 자신 속에 어떤 색깔을 지니고 있으면, 눈은 스스로

---

52) 참조. "이제 그들은 시온 언덕에 올라와 환호하며 주님의 선물인 곡식과 햇포도주와 햇기름, 새끼 양과 송아지들을 받고 밝게 웃으리라. 그들의 마음은 물 댄 동산 같아 다시는 시들지 않으리라." 예레미아 31, 13. 역주.

53) Augustinus, En. in Ps. 30, Sermo 3 n. 11(PL 36, 254).

가 갖고 있는 색깔도, 갖고 있지 않는 색깔도 지각하지 못할 것이다.[54] 왜냐하면, 눈은 바로 모든 색깔에서 벗어나 있기에, 모든 색깔을 인식하기 때문이다. 벽은 자신의 색깔을 갖고 있다. 그 때문에 벽은 그 자신의 색깔도 그 밖의 어떤 다른 색깔도 인식할 수 없으며, 색깔에 대한 어떠한 기쁨도 갖지 못한다. 그리하여 벽은 석탄 색깔에서보다 금이나 유리의 색깔에 더는 더 큰 기쁨을 갖지 못한다. 눈은 어떠한 색깔도 갖고 있지 않지만, 가장 참된 의미에서 색깔을 갖고 있다. 왜냐하면, 눈은 기쁨과 즐거움과 환희를 갖고, 색깔을 인식하기 때문이다. 영혼의 능력들(die krefte der sêle)이 더욱더 완전하면 완전할수록, 더욱더 벗어나 있으면 벗어나 있을수록, (29) 이들은 자신들이 파악하는 것을 더욱더 완전하고 전체적으로 받아들이고 수용한다. 그리고 영혼의 능력들이 더욱더 많이 받아들이면 들일수록, 그리고 더욱더 큰 기쁨을 갖고 수용하면 할수록, 이들은 자신들이 받아들이는 것과 더욱더 많이 하나가 된다. 그리하여 실로 다음과 같은 정도에까지 이른다. 곧, 모든 사물에서부터 벗어나 있고, 다른 것과 어떠한 공통점도 갖고 있지 않는 영혼의 최상위의 능력(diu oberste kraft der sêle)은 단적으로 바로 존재의 (한량없는-역자) 넓이와 충만함 속에 있는 신 자신을 자기 가운데 받아들인다.[55] 어떠한 기쁨과 행복감도 이러한 일치나 충만함과는 결코 비교될 수 없을 것이라고 스승들이 입증하였다.[56] 이 때문에 "정신이 가난한 사람은 복되다."(마태오 5, 3)라고 우리의 주님께서 줄곧 말씀하신 것이다. 아무것도 갖고 있지 않는 사람은 가

• • •
54) 참조. Aristoteles De an.(영혼론) Ⅱ t. 71(Bc. 7 418b 26) 참조.
55) 참조. 이러한 영혼의 최상위의 능력에 대하여 에크하르트는 다른 곳에서 영혼 속에 있는 '어떤 것'이라 부른다. 이 '어떤 것'은 이름이 없으며 능력도 아니다. DW Ⅰ 182쪽 9행 이하. 역주.
56) 참조. Thomas S. theol. Ⅰ Ⅱ q. 3 a. 2 ad 4.

난하다.⁵⁷⁾ "정신이 가난하다."라는 말뜻은 마치 눈이 색깔에 비어 있고 단순하기에, 모든 색깔을 받아들일 수 있듯이, 정신이 가난한 사람은 모든 정신을 받아들일 수 있다는 말이다. 모든 정신의 정신은 하느님이다. 정신의 열매는 사랑, 기쁨 그리고 평화이다. 벗어나 있는 것, 가난한 것, 아무것도 갖지 않는 것, 비어 있는 것은 본성을 변화시킨다. 곧, 비움은 물을 산으로 올라가게 하는 것이다.⁵⁸⁾ 그리고 비움은 다른 여러 가지 많은 놀라움을 갖고 있지만, 거기에 대해서 더는 이야기하지 않도록 하겠다.

그러므로 그대가 신 안에 흘러넘치는 기쁨과 위로를 발견해서 갖기를 원한다면, 당신은 모든 피조물에서부터 벗어나(blôz) 있어야 하며, 피조물이 주는 모든 위로에서 벗어나 있어야 한다는 사실에 귀 기울여야 한다. 왜냐하면, 피조물이 당신을 위로하고 위로할 수 있는 한, 당신은 결코 올바른 위로를 얻을 수 없음이 분명하기 때문이다. 만약 신 이외에 그 어떤 것도 그대를 위로할 수 없다면, (30) 참으로 신이 당신을 위로해줄 것이다. 실로 신과 함께, 신 안에서 기쁨인 모든 것이 당신을 위로해줄 것이다. 그런데 만약 신이 아닌 것이 그대를 위로한다면, 당신은 여기서도 저기서도 위로를 얻지 못할 것이다. 이에 반해 만약 피조물이 당신을 위로하지 않는다면, 그리고 피조물이 당신에게 달콤한 맛을 던지지 않는다면, 당신은 여기서도 저기서도 위로를 얻게 될 것이다.

만약 인간이 하나의 술잔을 깡그리 비울 수 있는 처지에 있고, 또 그렇게 할 능력이 있다면, 그리고 채울 수 있는 모든 것, 심지어는 공기조차도 비울 수 있다면, 이 술잔은 의심할 것 없이 자신의 본성을 부정하

---

57) 참조. DW Ⅱ, Pr. 52(가난의 설교) 참조.
58) 참조. Pf. 219쪽 27행과 115쪽 32행 이하 그리고 404쪽 32행 이하 참조. .

고 망각할 것이다. 그래서 비움이 술잔을 하늘로까지 띄울 것이다. 이와 마찬가지로 모든 피조물에서부터 벗어나 있음, 가난하게 있음, 그리고 비어 있음(blôz, arm, îtel aller creâtûren)은 영혼을 신께 데리고 갈 것이다. 또한 동일성(Glîchnisse)과 (뜨거운-역자) 열도 하늘 높이 올라간다. 우리는 동일성을 신성 안에 있는 성자에 귀속시키고, 열과 사랑은 성령에 귀속시킨다. 모든 것에서의 동일성, 특히 무엇보다도 우선 신적 본성에서의 동일성은 '하나'가 낳는 것(geburt des einen)이며, '하나'의 동일성, '하나'에서의 동일성, '하나'와의 동일성(glîchnisse von einem, in einem und mit einem)이, 바로 피어나는 불같은 사랑의 원천이자 시작이다. '하나'는 어떠한 시작도 갖지 않는 시작이다. 동일성은 오직 '하나'에서만 시작하는 시작이다. 동일성은 동일성이 있다는 것, 그리고 동일성이 '하나'로부터, 그리고 '하나'에 있어서의 시작이라는 것을 받아들인다. 사랑은 그 본성상 둘에서 흘러나와 '하나'로 만나는 것이다. '하나'로서 '하나'는 어떠한 사랑도 낳지 않는다. 둘로서 둘도 어떠한 사랑을 낳지 않는다. 하지만 '하나'로서 둘은 그 본성에 따라 억제할 수 없는 불같은 사랑을 낳는다.[59]

- - -

[59] M. 에크하르트의 신비주의적 사변의 근저에는 플로티노스의 '일자'(一者) 사상이 자리하고 있다. 플로티노스는 완전성을 기점으로 그의 사유를 전개하고 있다. 곧, 그는 완전성을 전제로 불완전성을 해석하고 있다. '완전성이 전제되지 않는다면, 어떻게 불완전성이 설명될 수 있을 것인가?'라는 관점이 플로티노스의 기본 입장이라면, 오늘날 데리다(Derrida)나 들뢰즈(Deluze) 등의 포스트모더니즘 사상은 불완전성을 기점으로 하는 철학이다. 에크하르트에서 '일자' 또는 '하나'는 시작 없는 시작인 성부에 귀속되는 속성이라면, 이 하나와 똑같은 동일성은 성자에 귀속되는 속성이다. 그리고 하나이면서도 둘인 성부와 성자 사이의 불같은 사랑은 성령에 해당하는 속성이다. 여기서 속성이라는 말을 사용하고 있지만, 여기서 사용되고 있는 속성이라는 말은 속성 없는 속성으로 생각하면 좋겠다. 우리도 피조물에서부터 벗어나게 되면, 성자처럼 '하나'인 성부와 똑같게 될 것이다. 그렇게 되면, 성부와 성자 사이의 불같은 사랑인 성령과도 하나 될 것이다. 역자는 '하나'는 가장 넓은 사유 지평을 뜻하는 하이데거의 '존재'(Sein)에 상응하는 말로 생각한다. 역주.

(31) "모든 물, 곧 모든 피조물은 그 자신의 원천(하나인 아버지-역자)으로 흘러 되돌아간다."(집회서 1, 7)라고 솔로몬이 말했다. 이 때문에 내가 말한 것은 반드시 참이다. 내가 말한 것은 다음과 같다. 동일성(아들-역자)과 불같은 사랑(성령-역자)은 영혼을 위로 끌어올려, '하늘과 땅에 있는' '모든 것의 아버지'(에페소 4, 6)인 '하나'로, 곧 최초의 원천으로 영혼을 데리고 간다는 것이다. 그리하여 '하나'(아버지-역자)로부터 태어난 동일성(아들-역자)은 영혼을 자신의 감추어진 하나임 가운데서 (in sîner verborgenen einigunge) '하나'인 신(아버지-역자)께로 이끈다고 나는 말한다.

이것이 '하나(ein)'라는 말이 뜻하는 것이다. 여기에 대해 우리는 눈에 보이는 사례를 들어 볼 수 있다. (성령으로서의 불이 아니라-역자) 물체로서의 불(das lîplîche viur)이 목재에 옮겨붙을 때, 불꽃(funke)은 불의 성질을 받아들인다. 그리고 불꽃은 순수한 불과 같게 된다. 이 불은 전적으로 곧장 하늘 아래서 피어난다. 그러나 이 불꽃은 곧장 지상에 있는 부모, 형제자매를 망각하고 포기한다. 그리고 하늘에 계신 아버지에게 도약한다. 불꽃의 아버지는 아래쪽에 있는 불이며, 불꽃의 어머니는 목재이며, 그 형제자매는 다른 불꽃들이다. 그러나 최초의 불꽃은 이들(지상의 부모와 형제 자매-역자)을 기다리지 않는다. 이 최초의 불꽃은 빠르게 위로 타올라, 자신의 올바른 아버지인 하늘을 향해 타오른다. 왜냐하면, 진리를 인식하는 사람은 (32) 불이 불인 한 (아래 쪽에 있는-역자), 불이 불꽃의 올바르고 참된 아버지가 아니라는 것을 충분히 알기 때문이다. 불꽃과 모든 종류의 불의 올바르고 참된 아버지는 하늘이다. 더 나아가서 다음의 것도 대단히 주목해야 할 이야기이다. 곧, 이러한 작은 불꽃들은 지상에 있는 부모, 형제자매를 버릴 뿐만 아니라, 또한 자신의 올바른 아버지인 하늘에 이르고자 하는 사랑의 충동에서 자기 자신조차도 버리고 망각한다는 것이다. 왜냐하면, 불꽃은 차가운 공기 속에서 꺼질 수밖에 없기 때문이다. 하지만 불꽃은 참다운 하늘에 계신 아버지에 대한 자연스러운 사랑을 알리기를 원한다.

그리고 앞에서 비어 있음(îtelkeit)이나 벗어나 있음(blôzheit)에 관하여 말한 것처럼, 영혼이 더욱더 순수하면 순수할수록, 더욱더 벗어나 있으면 벗어나 있을수록, 더욱더 가난하면 가난할수록, 더욱더 적게 피조물을 갖고 있으면 있을수록, 신이 아닌 모든 사물에 더욱더 비어 있으면 있을수록, 더욱더 순수하게 신을 파악할 수 있을 것이다. 그럴 때 신 가운데서 더욱 신을 잘 파악할 수 있을 것이고, 신과 더욱더 하나 될 수 있을 것이다. 성 바오로의 말대로 마치 (신과 인간이—역자) 하나의 상으로 꼴이 바뀐 것처럼, 영혼은 얼굴에 얼굴을 마주하고 신을 더욱 잘 들여다볼 수 있을 것이며, 신 또한 영혼을 더욱더 잘 그렇게 들여다볼 수 있을 것이다. 이는 내가 동일성과 사랑의 불에 관해 이야기한 것과 같다. 왜냐하면, 어떤 것이 다른 것에 더 많이 같아지는 정도에 따라서, 그리고 어떤 것이 다른 것에 가까이 다가서는 정도에 따라서, 어떤 것은 그것에 무척 더 빨리 다가서기 때문이다. 그리고 자신의 진행 경로도 더욱더 행복해지고 무척 편안하게 되기 때문이다. 그리고 어떤 것이 그 자신에서부터 그리고 그것이 지향하는 그러한 것이 아닌 모든 것에서부터 더욱더 멀어지면 멀어질수록, 그리고 어떤 것이 그 자신과 그것이 지향하는 것이 아닌 것과 더욱더 같아지지 않으면 않을수록, (33) 그 어떤 것은 그것이 지향하는 것과 항구적으로 더욱더 같아진다. 그리고 동일성이 '하나'에서 흘러나와, '하나'의 힘을 통해, '하나'의 힘에 이끌리기 때문에, 이끄는 것이든 이끌리는 것이든, 둘 다 하나로 하나 되기 전에는, 어떠한 안정도 만족도 없다. 그 때문에 우리 주님께서 예언자 이사야를 통해 이와 같은 의미로 다음과 같이 말씀을 하셨다. 어떠한 높은 동일성이라 하더라도, 그리고 사랑이 깃들은 어떠한 평화라 하더라도, 나 자신이 나의 아들 속에서 드러나고, 나 자신이 성령의 사랑 안에서 불붙어 타오르게 되기 전까지는, 절대 나를 만족시키지 못할 것이다.(참조, 이사야 62, 1)라고.[60] 그리하여 (둘이었던-역자) 아버지와 우리가 단순히 하나로 결합 되기(vereint)보다는, 우리가 아버지와 함께, 그리고 아버지 안에서 하나일 수 있도록, 우리 주님께서 아버지께 기도하셨다. 이러한 말씀과 이러한 진리에 대하여 우리는 또한 바깥에 있는 자연에서도 가시적 표상과 직관적 증거를 가질 수 있다. 만약 불이 목재에 옮겨붙어 불을 일으킨다면, 불은 목재를 가루로 만들어 목재와는 다른 것으로 만들 것이며, 목재에서부터 거칢, 차가움, 무게와 습기 등을 빼앗아 목재를 더욱 그 자신, 곧 불과 같게 만들 것이다. 하지만 불이 목재에서 자기 자신을 낳을 때까지 그리고 불이 목재에 자신의 성질과 자신의 존재를 전달하여, 모든 것이 하나의 불로 되어 더도 덜도 말고, 아무런 구별 없이 둘이 똑같아질 때까지, 불도 목재도 어떠한 뜨거움, 어떠한 열기나 어떠한 동일성에도 만족해하고 편안해하거나 잠잠해 하지 않는다. (34) 그러므로 이러한 상태에 도달하기까지 불과 목재 사이에는 항상 연기, 자기 투쟁, 타오름, 수고로움, 투쟁이 있게 마련이다. 그러나 모든 동일하지 않은 것(alliu unglîcheit)이 제거되고 벗겨져

---

60) 참조. "시온 때문에 나는 잠잠히 있을 수가 없고 예루살렘 때문에 나는 가만히 있을 수가 없다. 그의 의로움이 빛처럼 드러나고 그의 구원이 횃불처럼 타오를 때까지." 이사야 62, 1. 역주.

나가게 되면, 불은 고요하게 되고 목재는 입을 다물 것이다. 더 나아가 나는 진리에 쫓아 다음과 같이 말한다. (우리에게-역자) 은밀하게 숨겨져 있는 자연의 힘은, 동일성이 자신 속에 차이와 둘을 지니고 있는 한, (이러한 불완전한-역자) 동일성을 미워한다고. 그리고 이러한 자연의 힘은 동일성 속에 깃들어 있는 오직 하나를 위해서만 하나를 자신 속에서 추구한다고. 이는 마치 입이 포도주에 있어서 포도주의 (맛깔난-역자) 냄새나 달콤함을 추구하고 사랑하는 것과 그 이치가 같다. 만약 물이 포도주가 가지는 냄새를 갖게 된다면, 입은 물보다 포도주를 더는 사랑하지 않게 될 것이다.

이러한 근거에서 나는 다음을 말했다. 영혼이 ('하나' 가운데 있는 동일성이 아닌-역자) 동일성 가운데 있는 동일성을 미워하고, 동일성을 그 자체로, 그 자체 때문에 사랑하는 것은 아니라고. 오히려 영혼은 동일성 가운데 숨겨져 있는 '하나'(아버지-역자) 때문에, 동일성을 사랑한다고. 이 '하나'는 참된 아버지이며, 아무런 시작도 없는 하나의 시작이며, '하늘에서와 땅에서의' '모든 것'이라고. 그 때문에 나는 다음과 같이 말한다. 곧, 동일성이 (원래 둘이었던 것이 하나 되는-역자) 불과 목재 사이에서처럼 발견되고 드러나는 한, 결코 참된 즐거움이나 참된 침묵, 참된 휴식이나 참된 만족도 있을 수 없다고.[61] 이 때문에, 스승들은 불의 생성 과정(gewerden des viures)에는 투쟁과 경쟁과 불안정함을 통해 시간 속에

---

61) M. 에크하르트에서는 존재, 참, 선, 하나인 신만 고유한 의미에서 존재한다. 피조물은 신으로부터 신의 것을 받아들일 때, 비로소 존재, 참, 선, 하나를 유비적으로 머금을 수 있다. 이런 의미에서 피조물은 신을 떠나서는 원래 무(無)이다. 따라서 불과 목재처럼, 신과 피조물이 따로 있는 것이 아니다. 오히려 인간이 원래 무인 자신과 자신의 것을 깡그리 비워버리고, 신의 것을 완전히 받아들일 때, 신으로 꼴바꿈 할 수 있을 따름이다. 역주.

서 수행되는 반면, (순수한-역자) 불의 탄생(geburt des viures)과 즐거움은 시간도 없고, 공간도 없다고 말했다. 이러한 기쁨과 즐거움은 누구에게라도 시간적으로 (가깝고-역자) 공간적으로 (가깝거나-역자) 먼 것으로 생각되지 않을 것이다.[62] (35) "만약 한 여인이 아이를 낳을 때가 되면, 그녀는 고통과 진통과 슬픔으로 가득 차게 된다. 그러나 아이가 탄생하게 되면, 그녀는 고통과 진통을 잊어버린다."(요한 16, 21)라고 우리 주님께서 말씀하셨을 때, 바로 내가 지금 말한 모든 것을 염두에 두고 말씀하신 것이다.[63] 그 때문에, 우리의 기쁨이 완전하게 되도록, 하늘에 계신 아버지께 기도하라고 신께서도 복음서 안에서 말씀하시고 권고하신 것이다. 그리고 성 필립보도 "주님, 저희에게 아버지를 보여주시면 더 바랄 것이 없겠습니다."(요한 14, 8)라고 말한 것이다.[64] 왜냐하면, '아버지'는 (동일성을-역자) 탄생(시키는 분-역자)을 뜻하는 것이지, 동일성을 뜻하는 것이 아니기 때문이다. '아버지'는 '하나'를 의미하기 때문이다. 이 '하나' 안에서 동일성은 침묵하게 되고, 존재를 향하는 모든 욕망(begirde zu wesenne)은 입을 다물게 된다.

　이제 인간은 왜 어디에서 자신이 온갖 고통과 불행과 손실에 위로받지 못하는지 명백히 알 수 있게 되었다. 인간이 신에게 멀어져 있고, 피조물에

•••
62) 여기서 불의 생성 과정은 어머니 배 속에 있는 아이의 형성 과정에 비유된다면, 불의 탄생은 아이의 탄생과 비유되고 있다. 에크하르트는 생성 과정에 해당하는 시간 속에서의 양적 변화(alteratio)와 형성 과정의 시작이며 동시에 목적인 탄생 또는 생성(generatio)을 철저하게 구분한다. 전자는 시간 속의 사건이라면, 시간 속의 사건의 시작인 동시에 목적인 탄생(생성)은 영원성의 영역에 속한다. 영원성 가운데는 시간도 없고 공간도 없다. 역주.
63) 참조. "해산할 때에 여자는 근심에 싸인다. 진통의 시간이 왔기 때문이다. 그러나 아이를 낳으면, 사람 하나가 이 세상에 태어났다는 기쁨으로 그 고통을 잊어버린다." 요한 16, 21. 역주.
64) 참조. RS. § Ⅱ l art. 10(Théry 163쪽) : Proc. Col. Ⅰ n. 15쪽 이하. : "필립보가 예수님께 '주님, 저희가 아버지를 뵙게 해주십시오. 저희에게는 그것으로 충분하겠습니다." 요한 14, 8. 역주.

서 벗어나지 못하고 있고, 또한 신과 같지 못하고, 그리고 신적 사랑에 차갑게 반응하고 있다는 사실로 말미암아 끊임없이 위로받지 못하고 있다.

그러나 여전히 어떤 다른 문제가 있다. 이를 주목하고 인식하고자 하는 사람은 외적인 손실과 고통을 겪을 때 당연히 위로받을 수 있게 될 것이다.

한 사람이 길을 가다가, 일을 착수하다가, 또는 다른 일을 그만두다가 손실을 당했다고 하자. 곧, 그가 발이나 팔이 부러지거나, 눈을 잃거나, 병이 나게 되었다고 하자. 그리고 그 사람이, 만약 내가 다른 길을 선택했거나, 다른 일을 착수했더라면, 나에게 이러한 일은 일어나지 않았을 터인데 라고 계속 생각하고 있다고 하자. 그럴 때 그는 위로받지 못할 것이며, 반드시 고통에 짓눌릴 수밖에 없을 것이다. 그 때문에 그는 만약 내가 다른 길을 선택했더라면, 다른 일을 착수했더라면, 또는 다른 일을 그만두었더라면, 훨씬 큰 손실과 고통을 당했을 텐데 하고 마땅히 생각해야 한다. 이러한 방식으로 그는 당연히 위로받을 것이다.

(36) 다시 또 다른 경우를 말해 보고자 한다. 만약 그대가 천 마르크를 잃어버렸다고 하자. 그럴 때 당신은 이미 잃어버린 천 마르크에 대하여 탄식해서는 안 된다. 오히려 잃어버릴 수 있는 천 마르크를 당신에게 주신 신께 감사해야 한다. 그분은 인내심이라는 덕을 시험하심으로써 당신에게 수천 명의 사람이 누리지 못하는 영원한 생명을 부여하시는 분이시다.

인간을 위로할 수 있는 또 다른 이야기가 있다. 어떤 사람이 수년 동안 명예와 안락을 즐겼다고 하자. 그러다가 그가 이런 것을 이제 신의 섭리로 인해 잃어버리게 되었다고 하자. 이때 그 사람은 현명하게 숙고하고 신께 감사드려야 한다. 만약 그 사람이 현재 자신이 당하고 있는 손실과 불행을 깊이 느끼고 있다면, 그는 무엇보다도 먼저 그가 이전에 누렸던 헤아릴 수 없는 이득과 안락부터 생각해야 한다. 그리고 이전에는 제대로 인식하지 못하고 있었던 수년 동안 그가 누렸던 안락에 대해 마땅히 신께 감사드려야 한다. 그리고 그는 불평해서는 안 된다. 자신의 자연적 본성에 따라 보면, 인간은 자기 자신으로부터는 악함과 결핍 이외에, 그 어떠한 것도 갖지 않는다. 선한 것과 선인 모든 것은 모두 신이 인간에게 빌려준 것이지, 자신의 것으로 하라고 인간에게 주어진 것이 아니다. 그리하여 진리를 인식하는 사람은 신, 곧 하늘에 계신 아버지께서 모든 좋은 것을 아들과 성령에게 넘겨주셨지만, 피조물에는 선을 결코 주시지 않고, 단지 외상으로 빌려주셨을 뿐이라는 것을 잘 알고 있다. 해는 공기에 열은 주지만, 빛은 외상으로 빌려준다. 그 때문에 태양이 지자마자, 공기는 빛을 잃어버린다. 그러나 열은 공기에 남아 있다. 왜냐하면, 열은 공기에 자기의 것으로 하라고 주어지기 때문이다. 그 때문에 스승들은 신이신 하늘에 계신 아버지는 성자의 아버지이지, 성자의 주인도 성령의 주인도 아니라고 말하고 있다. (37) 오히려 신-성부-성자-그리고-성령(got-vater-sun-heiliger geist)이 한 분의 주인이며, 피조물의 한 분의 주인이다. 우리는 신은 영원히 아버지였다라고 말하지만, 이는 어디까지나 그분이 피조물을 창조했을 때의 시점, 그분이 주인이었을 시점에 따라, 그렇게 말한 것이다. (이런 의미에서-역자) 그분은 주인이시다.[65]

그리하여 나는 다음과 같이 말한다. 모든 좋은 것이나 위로를 주는 것,

• • •

65) 아버지는 아들의 시원이듯이, 또한 아버지는 피조물의 시원이다. 신이 피조물을 만들기 전에는, 신은 신도 주인(dominus)도 아니었다. 주인(dominus) 또는 신(deus)이라는 말은 창조물의 시원을 뜻하는 말이다. 또한, 우리 주님이라는 말은 개별적 위격에 관계해서 흔히 사용한다. 곧, 예수 그리스도 우리 주님, 아버지 신이신 우리 주님, 성령이신 우리 주님 등과 같이 그러하다. 하지만 그렇다고 세 분의 주님이 계신 것은 아니다. 그래서 에크하르트는 신-성부-성자-그리고 성령이 한 분의 주인이라고 말하고 있다. 역주.

1. 신적 위로의 책(daz Buch der goetlichen Troestunge)

또는 시간적인 것 등이 인간에게 외상으로 주어지기 때문에, 만약 이것들을 인간에게 빌려주신 분이 되돌려 받고자 하신다면, 그때 우리가 무슨 불평을 해댈 수 있다는 말인가? 오히려 그는 신이 이것들을 그에게 그렇게 오랫동안 빌려주셨다는 사실에 마땅히 감사해야 한다. 더 나아가 신이 그에게 빌려주셨던 것을 몽땅 다 다시 거두어 가시지 않은 것에 대해, 그는 신께 또한, 마땅히 감사해야 한다. 신이 결코 인간의 것도 아니었으며, 결코 인간이 그것의 주인도 아니었던 것의 한 부분을 다시 거두어 가셨다고 해서 인간이 이에 관해 화를 낸다면, 신이 그에게 빌려주신 모두를 몽땅 다시 거두어 가시는 게 지극히 당연한 일이 아니겠는가. 이 때문에 예언자 예레미아가 크나큰 고통과 비탄 가운데 있었을 때, "신의 자비는 크도다. 그리하여 우리가 전적으로 쓸모없는 것이 되지 않게 되었도다."(애가 3, 22)라고 말한 것은 전적으로 올바른 것이다.[66] 나에게 겉저고리, 모피 저고리와 겉옷을 빌려주었던 사람이 만약에 겉옷을 돌려받고, 추위를 피하라고 나에게 겉저고리와 모피 저고리를 남겨준다면, 나는 그에게 대단히 감사하고 기뻐해야 하는 것이 마땅한 일이 아닐 수 없다. 내가 어떤 것을 잃어버렸다고 해서, 화내고 한탄하는 것이 얼마나 올바르지 못한 행동인가를 나는 특히 알아야 한다. 내가 갖고 있는 선이 단지 빌린 것이 아니라, 나의 것으로 나에게 주어지기를 내가 원한다면, 나는 주인이고자 하고, 완전한 의미에서 본성적인 신의 아들이고자 원하는 것이다. 하지만 나는 은총에 의해서도 여전히 신의 아들이었던 적이 없다. (38) 왜냐하면, 신의 아들과 성령이 갖는 속성은 어떤 경우에도 변치

...

66) 참조. "주님의 자애는 다함이 없고, 그분의 자비는 끝이 없다." 애가 3, 22. 역주.

않고 자신과 똑같게 머물러 있는 것이기 때문이다.

  자연적인 인간의 덕(natiurlîchiu menschlîchiu tugent)이 아무리 탁월하고 강하다고 하더라도, 외적 작용(ûzerlîchez werk)이 거기(탁월하고 강한 인간의 덕-역자)로 그리고 거기에서 자신을 나타내고 거기로 파고 들어가기에, 너무 무겁거나 너무 크지는 않다는 것을 사람들은 의심의 여지 없이 마땅히 알아야 한다. 그리고 또한 시간도 공간도 제한하거나 한정할 수 없는 내적인 작용(inner werk)도 있음을 알아야 한다. 이 내적인 작용에는 신적인 것, 그리고 실로 시간도 공간도 제한할 수 없는 신과 같은 어떤 것이 있다. -신은 어디에서나 어느 때나 똑같이 현존한다.- 어떠한 피조물도 신을 깡그리 자신 속으로 받아들일 수 없으며, 어떠한 피조물도 신의 선하심을 자신 속으로 받아들여 자신의 꼴을 바꿀 수 없다는 점에서, 이 내적인 작용은 신과 같다. 그러므로, 거기로 하늘에 계신 아버지께서 자신을 전적으로 새겨 넣으시고, 자신을 전적으로 불어넣으시고 그 가운데 자신을 열어내 보일 수 있는, 어떠한 척도나 방식이 없는, 더욱더 높은 것, 더욱더 내적인 것, 그리고 창조되지 않은 어떤 것이 있다. 이것이 바로 성자와 성령이시다. 또한, 마치 우리가 신을 방해할 수 없는 것처럼, 이러한 내적인 덕의 작용을 아무도 가로막을 수 없다. 이 내적 작용은 밤낮으로 비추고 밝힌다. "너희는 신께 새로운 노래를 불러 드려라."(시편 95, 1)라고 다윗이 말한 것처럼, 이 내적 작용은 신의 영광을 칭송하여, 새로운 노래를 부른다.[67] 신은 이 세상의 칭송과 외적인 작용을 사랑하지 않으신다. 왜냐하면, 이것들은 시간과 공간에 의해

----

67) 참조. "와서 주님께 환호하세. 우리 구원의 바위 앞에서 환성을 올리세." 시편 95,1. 역주.

제한받으며, 폭이 좁기에, 우리가 방해할 수도 강제할 수도 있기 때문이다. 그리고 이것들은 시간과 실행(üebunge)을 통하여 지치게 되고, 낡게 되기 때문이다. 그러나 앞의 내적 작용[68]은 신을 사랑하는 것이며, 그분의 선함과 선만을 원하는 것이다.[69] 거기서(내적 작용에서는-역자)는 인간이 전적으로 순수한 (신적-역자) 의지를 갖고 모든 선한 작용들 가운데서 하고자 하고, 하고 싶어 하는 모든 것이 지금 이루어진다. 이 점에서 또한 그는 신과 같다. 여기에 관해 다윗은 다음과 같이 쓰고 있다. 곧, "그분이 원하는 모든 것을 그분은 지금 행하시고 이루어 내셨다."(시편 134, 6) 라고.[70]

(39) 이러한 가르침을 알기 위한 생생한 사례를 우리는 돌에서 볼 수 있다. 즉 돌이 아래로 떨어져 땅 위에 놓이는 것이 돌의 외적 작용이다. 그러나 돌의 이러한 작용은 방해받을 수 있어서, 돌이 아래로 떨어질 때, 언제나 어떠한 저지도 받지 않는 게 아니다. 그러나 돌에는 더욱 내적인 또 다른 작용도 있다. 이 작용은 아래도 떨어지는 경향성이다. 이 경향성은 돌에 원래 내재 되어있다. 신도 어떠한 피조물도 그리고 아무도 이 작용을 돌에서 빼앗을 수 없다. 돌은 이 작용을 중단 없이 밤낮으로 계속한다. 그리고 돌이 비록 천 년 동안 땅 위에 놓여 있었다고 하더라도, 돌은 첫날보다 더 적지도 많지도 않게 아래로 향하는 경향을 갖고 있을 것이다.

그래서 나는 곧장 덕에 관해 말한다. 덕은 내적 작용을 갖는다. 이 내

---

68) 참조. 아리스토텔레스, Metaphysics, 12. 2(980a21). 역주.
69) 참조. RS의 § Ⅱ Ⅰ art. 11(Théry 164쪽 이하) : Proc. Col. Ⅰ n. 19.
70) 참조. "주님께서는 마음에 드시는 것은 무엇이나 하늘에서도 땅에서도 바다에서도 해심에서도 이루신다." 에크하르트가 인용한 시편은 134, 6이 아니라, 135, 6이다. 역주.

적 작용은 모든 선한 것을 향해 노력하고, 선한 것으로 기울어지며, 나쁜 것, 사악한 것 그리고 신이나 선과 같지 않은 것으로부터 달아나고 저항한다. 그리하여 어떤 행위가 더욱 사악하면 사악할수록, 그리고 신과 같지 않으면 같지 않을수록, 저항이 더욱 커지는 법이다. 반면에 행위가 더욱 의미가 있고 신과 더욱 닮으면 닮을수록, 행위는 더욱더 쉽고, 더욱 하고 싶고, 더욱 즐거운 것이 된다. 고통이 덕을 덮칠 수 있는 한, 덕의 비탄과 덕의 고통 전체는 다음과 같은 것이다. 곧, 신을 위한 이러한 고통과 시간 가운데 행해지는 모든 외적 작용은, 덕 가운데서 전적으로 자신을 드러내고, 완전히 자신을 입증하고, 그 가운데서 자신의 꼴을 바꾸기에는, 너무나 적은 것이다. 덕은 연습을 통하여 강하게 되고, 관대함을 통해 풍부해진다. 덕은 고통을 싫어하지도 고통을 겪는 것을 끝내려고도, 그것들 너머에 있으려고도 하지 않는다. 오히려 덕은 항상 끊임없이 신과 선행을 위하여 고통받고자 하며, 고통받기를 원한다. 덕의 지복(행복-역자) 전체는 신을 위하여 (지금-역자) 고통(lîden) 중에 있는 것이지, 고통받았음(geliten-hân)에 있는 것이 아니다. 그 때문에 우리의 주님께서 명백하게 "의로움 때문에, 고통받는(die lîdent) 사람은 행복하다."라고 말씀하신다. 주님께서는 '(이미-역자) 고통받았던 사람(die geliten hânt)'이라고 말씀하지 않으신다. 고통받는 사람은 고통받았음을 미워한다. 왜냐하면, 고통받았던 것은 신이 오직 사랑하는 신만을 위한 고통이 아니고, 그런 고통과 어긋난 것이고, 신만을 사랑하는 신에 의한 고통의 상실이기 때문이다. 그 때문에 나는 고통받는 사람은 앞으로 또 당하게 될 고통(noch-lîden-suln)도 미워한다고 말한다. 그것 또한 고통이 아니기 때문이다. 하지만 그런 사람은 이미 고통받았던 것보다는 당하게 될 고통을 덜 미워한다. 왜냐하면, 이미 고통받았던 것은 고통과는 거리가 멀며, 고통과 닮지 않은 것이기 때문이다. 이는 이미 고통받았던 것은 전적으로 지나가 버린 과거의 일이기 때문이다. 만약 어떤 사람이 비로소 고통받게 될 것이라면, 이것이 신이 사랑하는 고통을 그에게서 완전히 빼어 가는 것은 아닐 것이다.

성 바오로는 신의 영광이 더욱 드높아지도록, 신을 위해 신 없이 지내려고 한다고(로마 9. 3) 말했다.[71] 사람들은 성 바오로가 아직 완전하지 못했던 시기에 이렇게 말했다고 하지만, 이와 달리 나는 이 말이 완전한 심정에서 나왔다고 생각한다. 또한, 사람들은 바오로가 잠시만 신과 떨어지고자 원했을 것이라고 말한다. 그러나 나는 말한다. 완전한 사람은 잠시도 마치 천년이나 되는 것처럼 신과 헤어지기 싫어하는 법이라고. 그러나 만약 그가 신과 헤어지는 것이 신의 뜻이며, 신의 영광이 되는 것이라면, 천년 아니 영원이라 하더라도 마치 하루, 한 시간처럼 손쉬울 것이다.

또한, 내적 작용은 다음과 같은 점에서 신적이며, 신과 같은 종류이며, 신적 속성을 지닌다. 곧, 비록 천 개의 세계가 존재한다고 하더라도, 모든 피조물은 다 같이 신이 지니는 가치를 머리카락 한 올 크기만큼도 넘어설 수 없을 것이라는 점에서 그러하다. 그리하여 나는 이미 앞에서 말했듯이 다음과 같이 말한다. 곧, 앞의 외적 작용, 그 작용의 범위와 크기, 길이와 넓이 등은 내적 작용의 선에 손톱만큼도 보태지 못한다. 곧, 내적 작용은 자신의 선을 자기 자신 안에 지니고 있다. 그 때문에 내적 작용이

---

71) 에크하르트는 로마서를 반복해 말하고 있다. "사실 육으로는 내 혈족인 동포들을 위해서라면, 나 자신이 저주를 받아 그리스도에게서 떨어져 나가기라도 했으면 하는 심정입니다." 로마 9, 3. 역주.

크다면, 외적 작용은 결코 작을 수 없는 법이다. 그리고 만약 내적 작용이 작거나 전혀 가치가 없을 경우, 외적 작용은 결코 크거나, 선할 수 없다. (41) 내적 작용은 항상 모든 크기, 넓이 그리고 길이를 자신 안에 포함하고 있다. 내적 작용은 다름 아닌 바로 신의 심정(gotes herzen)에 의해, 그리고 신의 심정 가운데서 자신의 전 존재를 받아들이고 창조한다. 내적 작용은 아들을 받아들이고, 하늘에 계신 아버지의 품속에서 아들로 태어난다. 그러나 외적 작용은 그렇지 않다. 오히려 외적 작용은 내적 작용을 통해서, 신적 선을 받아들인다. 그것도 구별과 수량과 부분으로 둘러싸인, 신이 하강하는 중에 운반되고 퍼부어진 것으로서 받아들인다. 그러나 구별과 양과 부분과 같은 모든 것과 이와 유사한 것, 또한 유사성 자체도 신과는 거리가 멀고 낯선 것이다. 왜냐하면, 이러한 모든 것은 개별적으로 선한 것, 비추어진 것이고, 피조물 속에 사로잡혀 있고, 피조물에 머무르고 있고 안주하고 있기에, 이런 모든 것은 선과 빛 자체 그리고 '하나'에 대해서는 전적으로 눈이 멀어 있기 때문이다. '하나' 가운데서 신은 자신의 낳아진 아들을 낳으며, 낳아진 아들 가운데서 신의 자녀 모두는 낳아진 아들들이 된다. '하나' 가운데서 그리고 '하나'로부터만 성령의 유출과 원천(ûzvluz und ursprunc des heiligen geistes)이 있다. 성령이 신의 (거룩한-역자) 정신이고, 신 자신이 정신인 한, 성자가 우리 가운데 수태된다. (또한-역자) 신의 아들인 모든 사람으로부터 (성령의-역자) 이러한 유출이 있게 된다. 신의 아들들이 많든 적든 신으로부터만 순수하게 낳아지게 되는 정도 만큼, 신에 따라 신으로 꼴이 바뀌게 된다. 그리고 우리가 아직 자신과 가장 높은 천사들에게서도 본성상 갖고 있는 모든 수량에서 벗어나게 된다. 우리가 만약 제대로 인식한다면, 그것이 단지 생각이나 명칭 가운데서만 그런 것이더라도, 차이에 대한 어떠한 예감이나 음영을 품고 있는 것은 이미 진리와 선에서부터 벗어나 있다는 것을 알게 될 것이다. (오직-역자) 모든 다수성과 차이로부터 풀려난 자유로운 '하나'에만 몸을 맡겨라. 또한, 신-성부-성자 그리고-성령(got-vater-sun-und-heiliger-geist)이 모든 차이와 속성을 잃어버리고, 차이와 속성으로부터 완전히 벗어나 '하나'로 있고(ist), '하나'로 있는(sind) '하나'에만 몸을 맡겨라.[72] 이러한 '하나'는 우리를 복되게 한다. (42) 그리고 우리가 '하나'로부터 더욱 멀어지면 멀어질수록, 우리가 더욱 적게 (신의-역자) 아들들과 아들(Söhne und Sohn)이 되고, 더욱 덜 완전하게 우리 안에서 그리고 우리 안에서부터 성령이 샘솟을 것이다. 이에 반해 우리가 '하나'에 더욱 가까이 가면 갈수록, 더욱 참되게 우리는 신의 아들들과 아들이 될 것이고, 신이신 성령(got-der-heilige-geist)이 우리로부터 흘러나올 것이다. 이는 신성(gotheit) 안에 계시는 신의 아들인 우리 주님이 다음을 말할 때 뜻하신 것이다. 곧, "내가 주는 이 물을 마시는 사람 안에 영원한 생명으로 샘솟는 물의 원천이 샘솟아 날 것이다(요한 4, 14)."[73] 그리고 성 요한은 그분이 이를 성령으로부터 말했다고 말한다(요한 7, 39).[74]

신성 가운데 계시는 아들은 자신의 고유한 속성에 따라 아들-존재(sun-wesen), 신에서 낳아진 존재(got-geborn-wesen), 신의 사랑인 성

• • •

72) 신-성부-성자-그리고-성령(Gott-Vater-Sohn-und-Heiliger-Geist)에 대해서 이 책, 각주 69 참조.
73) 참조. "그러나 내가 주는 물을 마시는 사람은 영원히 목마르지 않을 것이다. 내가 주는 물은 그 사람 안에서 물이 솟는 샘이 되어 영원한 생명을 누리게 할 것이다." 요한 4, 14. 역주.
74) 참조. "이는 당신을 믿는 이들이 받게 될 성령을 가리켜 하신 말씀이었다. 예수님께서 영광스럽게 되지 않으셨기 때문에, 성령께서 아직 와 계시지 않았던 것이다." 요한 7, 39. 역주.

령의 원천이고 근원이며, 그리고 완전하고, 올바르고 전적인 '하나'의 향기, 곧 하늘에 계신 아버지의 향기 이외의 그 어떤 것도 우리에게 주지 않으신다. 그 때문에 아버지의 목소리가 하늘로부터 아들에게 "너는 내가 사랑하는 아들이다. 나는 내가 사랑하는 아들 속에서 사랑받고 즐거워한다."라고 말한다.[75] 왜냐하면, 신은 신의 아들이 아닌 누구도 기꺼이 순수하게 사랑하지 않는다는 것은 의심의 여지가 없기 때문이다. 그리하여 사랑, 곧 성령은 아들로부터 샘솟아 흘러나온다. 그리고 아들은 아버지를 아버지 때문에 사랑한다. 자신 속에 있는 아버지를 사랑하고 아버지 안에 있는 자신을 사랑한다. 그 때문에 우리 주님이 "정신이 가난한 사람은 복되다."(마태오 5, 3)라고 말씀하신 것은 전적으로 옳은 말씀이다. 이 말씀은 자신의 고유한 인간적 정신을 전혀 갖고 있지 않은 사람이 모든 것에서 벗어나 신께로 간다는 뜻이다. 그래서 성 바오로는 "신은 자신의 정신(성령-역자) 가운데 이러한 것을 우리에게 계시하셨습니다."라고 말한다(콜로새 1, 8).[76]

성 아우구스티누스가 말하기를, (개인적인 복잡한-역자) 정신을 완전히 비우고 성경 자체 속에서, 곧 성경이 쓰이고 이야기된 정신인 신의 정신(성령-역자) 속에서 성경의 의미와 진리를 추구하는 사람이 성경을 가장 잘 이해하는 사람이라고 한다.[77] (43) 성 베드로는 모든 거룩한 사람들은 신의 정신(성령-역자) 속에서 말한다고 한다(2베드로 1, 21).[78] 성

• • •
75) 참조. "그리고 하늘에서 이렇게 말하는 소리가 들려왔다. '이는 내가 사랑하는 아들, 내 마음에 드는 아들이다.'" 마태오 3, 17. 역주.
76) 참조. "성령 안에서 이루어지는 여러분의 사랑을 우리에게 알려 준 사람입니다." 콜로새 1, 8. 역주.
77) 참조. Augustinus, De doctr. christ. tr. 3 c. 27 n. 38(PL 34, 80)
78) 참조. "예언은 결코 인간의 뜻에서 나온 것이 아니라, 사람들이 성령에 이끌려 하느님에게서 받아 전한 것입니다." 역주.

바오로는 아무도 인간 속에 있는 정신을 통하지 않고서는 인간 속에 있는 어떤 것도 인식하고 이해할 수 없고, 아무도 신의 정신이며 신인 정신을 통하지 않고서는, 무엇이 신의 정신이고 무엇이 신 안에 있는 것인지 알 수 없다고 말한다.[79] 그 때문에 성경 주해집이 성 바오로가 말하고 쓴 정신을 갖지 않고는, 아무도 성 바오로의 글들을 이해할 수도 가르칠 수도 없다고 한 것은 대단히 옳은 말이다.[80] 신의 정신이 없고, 그것을 전혀 갖고 있지 않는 조야한 사람들이 성경이란 성령에 의해, 성령 속에서 말해지거나 쓰인 것인데도, 자신들의 조야한 인간적 생각(groben menschlichen sinne)에 따라 성경에서 듣고 읽은 것을 판단하려고 하면서, "인간에게는 불가능한 것이 신에게는 가능하다."(마태오 19, 26)[81]라는 성경 말씀을 염두에 두지 않는 게, 나로서는 줄곧 안타깝기 짝이 없다. 하위의 자연에는 불가능한 것이 상위의 자연에는 익숙하고 자연스럽다는 말은 일반적으로 자연적인 영역에도 해당하는 말이다.

내가 앞에서 말한 것, 곧 신의 아들로서 신에서 낳아진 선한 사람은 신 자신을 위해 그리고 신 자신에 있어서 신을 사랑한다고 말한 것을 받아들여라, 그리고 내가 앞에서 말한 그 밖의 다른 말들도 받아들여라. 이를 더욱 잘 이해하기 위해 내가 앞에서 자주 말한 것처럼, 선으로부터 그리고 신에 있어서 낳아진 선한 사람은 신적 본성의 온갖 고유한 속성으로 들어서게 됨을 마땅히 알아야 한다.[82] 솔로몬의 말에 따르면, 신은 자기 자

---

79) 참조. "그 사람 속에 있는 영이 아니고서야, 어떤 사람이 그 사람의 생각을 알 수 있겠습니까? 마찬가지로, 하느님의 영이 아니고서는 아무도 하느님의 생각을 깨닫지 못합니다." 코린토인에게 보낸 첫째 편지, 2, 11. 역주.
80) 참조. Augustinus, De doctr. christiana I, 3 c. 27n, 38(PL 34, 80).
81) 참조. 예수님께서는 그들을 눈여겨보며 이르셨다. '사람에게는 그것이 불가능하지만 하느님께는 모든 것이 가능하다.' 마태오 19, 26: 역주.
82) 참조. 교황칙서, Bulle art. 13(Arch. II 638쪽).

신을 위하여(sich selben) 모든 것을 행하신다는 것이 신의 고유한 속성이다. 곧, 신은 자신의 바깥에 있는 '이유'(warumbe)를 바라보지 않고, 오히려 오직 자기 자신만을 위해서만 바라보신다. 한마디로 신은 자기 자신을 위해 모든 것을 사랑하고, 모든 일을 행하신다. 따라서 만약 인간이 보상, 영예 또는 즐거움을 위해서가 아니라, 오직 신과 신의 영광을 위해서만 신 자신과 모든 것을 사랑하고 자기 일을 한다면, 이것이 곧 그가 신의 아들이라는 징표이다.

또 말하자면 신은 자기 자신을 위하여 사랑하고, 자기 자신을 위해 모든 일을 행하신다. 이것은 그분이 사랑을 위해 사랑하시고, 작용 자체를 위해 작용하신다는 것을 뜻한다. 왜냐하면, 만약 신으로부터 낳아진 것(geborn)이 낳는 분(gebern)과 같지 않다면, 의심의 여지 없이 신은 자신의 낳아진 아들을 영원 속에서 절대 낳지 않았을 것이기 때문이다. (44) 그 때문에, 성인들은 아들이 영원에서 낳아졌기에, 아들은 중단 없이 여전히 낳아지고 있다고 말한다.[83] 또한, 만약 창조된 존재(geschaffen-wesen)가 창조하는 것(geschaffen Erschaffen)과 같지 않다면, 신은 세계를 절대 창조하지 않았을 것이다. 그 때문에 신은 항상 또한 중단 없이 세계를 창조하는 방식으로 세계를 창조했다. 모든 지나간 것과 모든 다가올 것은 신에게는 낯설고 생소하다. 그 때문에 신에 의해 신의 아들로 낳아진 사람은 신 자신을 위해 신을 사랑한다. 곧, 그 사람은 신을 사

---

83) 참조. Petrus Lombardus, Sent. I d. 9 c. 4. 그리고 거기서 언급되고 있는 '성인들의 언약(Testimonia sanctorum)'. 영원에서 낳아진 것은 시간 속에서처럼, 낳았다 또는 낳을 것이다가 없다. 아예 안 낳거나 계속 끊임없이 낳거나 두 경우밖에 없다. 영원 가운데는 양적 변화(alteratio)가 있는 것이 아니라, 끊임없는 생성(generatio) 또는 낳음(Geburt)만 있을 따름이다. 역주.

랑하기 위해(durch minnen-got) 신을 사랑한다. (신의-역자) 작용을 위해, 자신의 모든 활동을 한다. 신은 사랑과 활동 때문에 절대 지치지 않는다. 또한, 신에게는 자신이 사랑하는 것은 모두 다 하나의 사랑이다. 이 때문에 신이 사랑이라고 하는 말은 참이다. 그 때문에 나는 위에서 선한 사람은 항상 신을 위해 (지금-역자) 고통받기를 원하고 바라는 것이지, (과거에-역자) 이미 고통받았으니까(geliten hân), 고통이 끝났으면 원하고 바라는 것은 아니라고 말했다. 따라서 선한 사람은 고통 중에서 자신이 사랑하는 것을 갖게 된다. 선한 사람은 신을 위해(durch got) 고통당하는 것을 사랑한다. 그는 신을 위해 고통을 당한다. 그러므로 그(고통-역자) 가운데서 선한 사람은 자기 자신을 위하여 사랑하는 신의 아들이 되고, 그런 신 안에서 신을 따라 신의 꼴로 변하게 된다. 이 말은 선한 사람은 사랑을 위하여 사랑하며, 활동을 위하여 활동하며, 그리고 신을 끊임없이 사랑하고 신을 끊임없이 작용하게 한다. 그래서 신의 작용이 그의 본성(sîn natûre), 그의 존재(sîn wesen), 그의 생명(sîn leben), 그의 지복(sîn saelicheit)인 것이다. 이는 신의 아들인 선한 사람에게 정말 딱 들어맞는 이야기이다. 만약 선한 사람이 신의 아들인 한에서, 신을 위한 고통과 신을 위한 활동은 그의 존재, 그의 생명, 그의 활동과 그의 지복이다. 그 때문에 우리 주님이 "의로움 때문에 고통받는 사람은 복되다."(마태오 5, 10)라고 말씀하신 것이다.[84]

더 나아가서 나는 셋째로 다음을 말한다. 곧, 선한 사람은 그가 선한, 자신이 사랑하고 활동하는 모든 것을 신을 위해 사랑하고 활동한다

---

84) 참조. RS. § II I art. 12(Théry 166쪽) : Proc. Col. I n. 21. "행복하여라, 의로움 때문에 박해를 받는 사람들! 하늘나라가 그들의 것이다." 마태오 5, 10. 역주.

고. 자신이 그 때문에 사랑하고 활동하는 그런 신을 위해 그렇게 하는 가운데 신의 속성을 가진다고. 그뿐만 아니라, 사랑하는 선한 사람은 또한 바로 자기 자신을 위해서 사랑하고 활동하는 가운데서도 신적 속성을 가진다고. 왜냐하면, 선한 사람이 사랑하는 것은 낳아지지 않은-아버지-신(got-vater-ungeborn)이고, 사랑하는 사람은 낳아진-아들-신(got-sun-geborn)이기 때문이다. 아버지는 아들 가운데 있고, 아들은 아버지 가운데 있다. 아버지와 아들은 하나(ein)이다.[85] 아버지와 아들은 하나이기에, 영혼의 가장 내적인 곳과 영혼의 가장 높은 곳(daz innigste und das oberste der sêle)은 하늘에 계신 아버지의 품과 가슴 속에 있는 신의 아들과 신의-아들-됨(das gotes-sun-werden)을 창조하기도 하고 받아들이기도 한다. (45) 이는 이 책의 끝에서 거론될 것이다. 거기서 나는 '한 왕국을 물려받아 다시 되돌아오기 위해 먼 나라로 떠난 고귀한 사람'에 대해 쓰고 있다(루카 19, 12).[86]

우리는 또한 자연에서 가장 높은 최고 자연의 흡인력과 영향력(예컨대 달의 흡인력과 영향력-역자)이 각각의 존재에게 그 자신의 고유한 본성과 존재 방식보다 더 기쁨과 즐거움을 안겨준다는 사실을 알아야 한다. 물은 자신의 고유한 본성에 따라 골짜기 아래로 흐른다. 거기에 바로 물의 본질이 있다. 하지만 저 위 하늘에 있는 달의 흡인력과 영향으로 물은 자신의 본래 본성을 부정하고 망각한 채, 높이 있는 산으로 거슬러 흐른

● ● ◦
85) 참조. RS의 § II I art. 13(Théry 166쪽 이하).
86) 참조. BgT에 이어 뒤따르고 있는 읽는 설교 《고귀한 사람》을 말한다. 이 설교는 "그리하여 예수님께서 이르셨다. '어떤 귀족이 왕권을 받아 오려고 먼 고장으로 떠나게 되었다.'"(루가 19, 12)에 대한 에크하르트의 주해집이기도 하다. 역주.

1. 신적 위로의 책(daz Buch der goetlichen Troestunge)

다. 이렇게 위로 흐르는 것이, 아래로 흐르는 것보다도 물에는 훨씬 더 쉬운 일이다. 따라서 우리는 자신의 자연적 의지를 버리고, 부인하여 신이 인간에게 고통당하도록 하는 모든 것에서 자기 자신을 깡그리 비우는 것이 자신에게 얼마나 기쁘고 즐거운가 하는 것에 대해 과연 올바른 생각을 갖고 있는지, 그렇지 않은지에 대해 제대로 인식해야 한다. 이것이 우리 주님이 "나에게 오고자 하는 사람은 자기 자신을 비우고(ûzgân) 자기를 버리고(verzîhenne) 자신의 십자가를 져야 한다."라고 말씀하셨을 때 뜻하신 올바른 의미이다(마태오 16,24).[87] 곧, 그 사람은 십자가와 고통인 것 모두를 떼어 놓고 내려놓아야 한다. 왜냐하면, 다음 사실이 분명하기 때문이다. 곧, 자기 자신을 부인하여 자기 자신으로부터 깡그리 벗어나 있고자 하는 사람에게는 어떠한 십자가도, 어떠한 고통도 있을 수 없기 때문이다. 그러한 사람에게 모든 것은 편안함, 기쁨 그리고 심정의 즐거움이 될 것이다. 그러한 사람은 신에게 다가가 진정으로 신을 따를 것이다. 왜냐하면, 마치 어떤 것도 신을 슬프게 하거나 고통 속으로 몰아넣을 수 없듯이, 어떤 것도 그러한 사람을 괴롭히거나 고통스럽게 할 수 없을 것이기 때문이다. 그래서 우리 주님이 "나에게 오고자 하는 사람은 자기 자신을 버리고 자신의 십자가를 지고, 나를 따르라."라고 말씀하신 것이다. 이는 사람들이 흔히 말하고 짐작하듯이, 하나의 명령만이 아니라, (46) 오히려 고통과 행위 그리고 그의 삶 전체가 어떻게 하면 인간에게 희열과 기쁨에 가득 찰 것인지에 대한 신의 약속이자, 가르침이다. 이러

---

[87] 참조. "그때에 예수님께서 제자들에게 말씀하셨다. '누구든지 내 뒤를 따라오려면, 자신을 버리고 제 십자가를 지고 나를 따라야 한다.'" 마태오 16, 24. 역주.

한 말씀은 명령이 아니라 오히려 보상이다. 왜냐하면, 이렇게 행하는 사람은 자신이 원하는 모든 것을 갖게 될 것이고 어떠한 나쁜 것도 원하지 않을 것이기 때문이다. 이것이 바로 지복이다. 그러므로 우리 주님께서는 당연히 이렇게 말씀하신 것이다. "의로움 때문에 고통받는 사람은 복되도다."(마태오 5, 10)라고.[88]

또한, 우리 주님이신 아들이 "자기 자신을 버리고 자신의 십자가를 지고 나를 따르라."라고 말씀하셨을 때, 뜻하신 것은 "내가 아들이고 낳아진 신(geborn got)인 것처럼, 아들이 되어라."라는 것이다. "내가 아버지의 품과 가슴에 거처하고 머물며 창조한 그러한 동일한 하나가 되어라. 바로 나인 동일한 하나(daz selbe ein, daz ich bin)가 되어라."이다. 아들은 "아버지, 나를 따르고 나에게 오는 사람은 내가 있는 곳에 있기를 원합니다."라고 말씀하신다.(요한 12, 26 참조)[89] 그 자신이 아들이 되지 않고서는 로고스가 아들인 것과 같은 그러한 고유한 의미에서 아들이 될 수 없다. 아무도 아들이지 않고서는 아버지의 품과 가슴 속에 하나 가운데 하나(ein in einem)인 그러한 아들이 있는 곳에 있을 수 없다.

아버지는 "나는 그 여인을 황야로 인도하여 거기서 그녀의 가슴에다 말하고자 한다."라고 말씀하신다.(호세아 2, 16)[90] 가슴에 가슴을 맞대는 것(herze ze herzen)과 '하나' 가운데 있는 '하나'(ein im einem)를 신은 사랑하시고, 낯설고 떨어져 있는 모든 것을 신은 미워하신다. 신은 '하나'로 유혹하여 거기로 이끄신다. 모든 피조물도 '하나'를 추구한다. 가장

· · ·
88) 참조. "행복하여라, 의로움 때문에 박해를 받는 사람들! 하늘나라가 그들의 것이다." 마태오 5,10. 역주.
89) 참조. "누구든지 나를 섬기려면 나를 따라야 한다. 내가 있는 곳에 나를 섬기는 사람도 함께 있을 것이다. 누구든지 나를 섬기면 아버지께서 그를 존중해 주실 것이다." 요한 12, 26. 역주.
90) 참조. "그러나 이제 나는 그 여자를 달래어 광야로 데리고 가서 다정히 말하리라." 호세아 2, 14. 역주.

1. 신적 위로의 책(daz Buch der goetlichen Troestunge)

낮은 피조물조차도 '하나'를 찾는다. 그리고 가장 높이 있는 피조물들은 이 '하나'를 지각한다. 자신의 본성을 훌쩍 뛰어넘어 꼴을 달리한, 그들은 '하나' 가운데 있는 '하나'를, '하나' 자체를 추구한다. 그 때문에 아들(그리스도-역자)은 다음을 이야기하고자 한다. (47) "나의 말을 듣고 나를 따르고 나에게로 오는 자는 바로 내가 있는 곳인 신성 가운데 그리고 아버지 안에 있는 아들 가운데(in der gotheit sunne in dem vater) 있게 될 것이다."라고.[91]

그런데 아직 또 다른 위로가 있다. 자연은 자신과 관련 맺고 있는 것을 위해, 더 나은 어떤 것을 낳고자 하지 않고서는, 결코 어떤 것을 잘라내거나 손상시키거나 또는 접촉하거나 하지 않는다. 그렇게 하는 것이 자연 전체에 가능하지 않다는 것을 우리는 마땅히 알아야 한다. 똑같은 선(ein glîch gout)을 산출하는 것은 자연을 만족시키지 못한다. 오히려 자연은 항상 더 나은 것을 만들기를 원한다. 어떻게 그러한가? 현명한 의사는 인간에게 고통을 주기 위해, 인간의 아픈 손가락에 절대 손대지 않는다. 만약 그가 손가락 자체나 그 사람 전체를 더 낫게 만들거나 고통을 줄이거나 하는 일을 할 수 없다고 하더라도, 사정은 마찬가지이다. 만약 의사가 인간이나 손가락을 낫게 할 수 있다면, 그렇게 할 것이다. 그러나 (손가락을-역자) 낫게 할 수 있는 상황이 아니라면, 그는 인간에게 더 나은 것을 주기 위해 손가락을 자를 것이다. 손가락과 사람 둘 다 상하는 것보다 손가락만

• • •
[91] 에크하르트는 여기서 앞에서 서술한 텍스트 내용을 적절하게 종합하고 있다. 곧, 신성 가운데 있는 아들이고자 하는 사람은 무엇보다도 스스로 아들이 되어야 한다. 아들인 사람은 아들이 있는 곳, 즉 '아버지의 품과 가슴에' 있게 된다. 그래서 이곳에서 다음과 같이 말하고 있다. "나의 말을 듣고 나를 따르고 나에게로 오는 자는 바로 내가 있는 곳인 신성 가운데 그리고 아버지 안에 있는 아들 가운데(in der gotheit sunne in dem vater) 있게 될 것이다."라고. 역주.

을 희생하고, 사람을 구하는 편이 훨씬 낫다. 하나의 손실이 두 개의 손실보다 나은 법이다. 하나가 다른 하나보다 더 큰 것일 경우에 특히 그러하다. 손가락과 손 그리고 모든 지체는 본성적으로 자기 자신보다 자신이 그것의 한 지체에 지나지 않는 인간을 훨씬 더 사랑한다. 그리고 손실을 감수할 수밖에 없는 경우, (지체는-역자) 기꺼이 아무 생각 없이 기쁜 마음으로 인간을 위해 자신을 내어준다. 나는 확신을 갖고 참으로 말한다. 이러한 지체는 그것이 지체로 있는 전체 안에서 전체를 위한 경우가 아니고서는, 절대 자기 자신을 사랑하지 않는다고. 따라서 우리가 신을 위하는 경우나 신에서가 아니면, 결코 우리 자신을 사랑하지 말아야 한다는 것은 전적으로 타당하며, 우리가 볼 때 자연스럽고 올바른 일이다. 사정이 그러하다면, 신이 우리 안에서 그리고 우리로부터 뜻하시고자 하는 모든 것은 우리에게 쉽고 즐거운 것이 될 것이다. 신이 어떠한 고뇌나 고통을 더 적게 허용할 수도 있었을 것이라고 우리가 확신할 수 있다고 하더라도, 사정은 마찬가지일 것이다. (48) 그리고 우리가 비록 고통 가운데서 더 큰 이익을 인식할 수도 추구할 수도 없다고 하더라도, 사정은 마찬가지일 것이다. 참으로 말한다. 만약 어떤 사람이 고통 가운데서 신을 신뢰하지 못한다면, 그가 고통으로 괴로워하는 것은 너무나 당연한 일일 뿐이라고.

아직 또 다른 위로가 있다. 성 바오로는 신은 아들로 받아들이고 수용한 모든 사람을 훈육하신다고 말한다(참조. 히브리 12, 6)[92] 만약 인간이 아들이 되고자 한다면, 당연히 고통이 따르기 마련이다. 신의 아들이 신

• • •
92) 참조. "여러분은 하느님께서 여러분을 자녀로 대하시면서 내리시는 권고를 잊어버렸습니다. '내 아들아, 주님의 훈육을 하찮게 여기지 말고 그분께 책망을 받아도 낙심하지 마라.'" 히브리 12, 6. 역주.

성과 영원 속에서 고통당할 수 없었기 때문에, 하늘에 계신 아버지는 아들이 사람이 되어 고통당할 수 있도록, 아들을 시간 속으로 보냈다. 그런데도 만약 그대가 신의 아들이 되고자 하면서도, 여전히 고통을 당하고자 하지 않는다면, 당신은 전적으로 잘못하고 있다. 지혜서에 신은, 마치 우리가 금을 제련하고 시험하고 용광로에서 달구듯이, 의로운 사람을 단련하고 시험하신다고 씌어 있다(참조. 지혜서 3, 5/6).[93] 왕이나 군주가 어떤 기사를 싸움터에 보낸다는 것은 왕이나 군주가 그를 충분히 신뢰한다는 표시이다. 나는 어떤 주인을 본 적이 있는데, 그는 누군가를 하인으로 고용했을 때, 때때로 이 사람을 밤에 바깥으로 내보낸 후, 말을 타고 그를 쫓아가 싸움을 벌이곤 했다. 그리고 한번은 그가 이런 방식으로 시험해보고자 했던 사람에 의해 거의 죽을 뻔한 적도 있었다. 이후로 주인은 이 노예를 이전보다 더욱 사랑했다.

사람들은 성 안토니우스가 사막에서 한번은 나쁜 악마들에 의해 특히 심하게 고통을 받았어야 했다는 글을 읽어 보았을 것이다. 그가 고통을 이겨내었을 때, 우리 주님이 기쁜 얼굴로 또렷이 그에게 나타나셨다. 그때 그 성인은 "아, 사랑하는 주님, 제가 그다지도 곤경에 처해 있을 때, 당신은 대체 어디 계셨나이까?" 하고 말했다. 그때 우리 주님이 "내가 지금 여기 있는 것과 꼭 마찬가지로 나는 여기에 있었다. (49) 나는 네가 얼마나 경건한지 보고 싶었다."[94] 아주 순수한 한 조각의 순수한 은이나 금이 있다. 하지만 만약 사람들이 그것으로 왕이 마실 그릇을 만들고자 할

---

93) 참조. "그들은 단련을 조금 받은 뒤 은혜를 크게 얻을 것이다. 하느님께서 그들을 시험하시고 그들이 당신께 맞은 이들임을 아셨기 때문이다. 그분께서는 용광로 속의 금처럼 그들을 시험하시고 번제물처럼 그들을 받아들이셨다." 지혜서 3, 5/6. 역주.
94) 참조. Vitae Patrum(ed. H. Rosweyd) I, Vita beati Antonii abbatis c. 9(PL 73, 132).

때, 그 금이나 은을 다른 것보다 더 비상하게 강도 높게 녹일 것이다. 따라서 사도행전에 사도들은 신을 위해 모욕을 견디고 참아낼 수 있는 자격을 가져 기뻐했다고 쓰여 있다(사도행전 5, 41).[95]

신의 아들은 그대들을 위해 고통받고자, 본성상 은총으로 인간이 되기를 원했다. 그리고 그대는 (더는-역자) 신을 위해서든 그대 자신을 위해서든 고통받을 수도, 그럴 필요도 없게 되기 위해, 그대는 신의 아들이 되고자 하지, 인간이 되고자 하지는 않는다.

만약 인간이 자신의 방식에 따라 있는 신 자신과 모든 천사 그리고 신을 인식하고 사랑하는 모든 이들이 신을 위해 고통과 손실을 참아내는 인간의 인내에 참으로 얼마나 큰 기쁨을 갖는가를 생각하고 알아차린다면, 참으로 그는 오직 이를 통해 이미 자신을 당연히 위로할 수 있게 될 것이다. 인간은 친구를 기쁘게 하고 그에게 어떤 사랑을 입증할 수 있기 위해, 좋은 것을 포기하고 고통을 당하기도 한다.

또한, 우리는 다시 다음을 생각해야 한다. 만약 한 사람이 자신 때문에 고통과 괴로움과 불행에 빠진 친구를 갖고 있다면, 그는 고통받는 자와 함께 있고, 또한 그렇게 함께 있음으로써 그를 위로하고, 자신이 그에게 줄 수 있는 모든 위로를 갖고, 그를 위로하는 것은 너무나 확실히 당연한 일일 것이다. 그러므로 우리 주님은 좋은 사람에 관해서 그는 고통받는 자와 함께 고통 중에 있는 사람이라고 시편 가운데 말하고 있다(시편 33, 19).[96] 이리하여 우리는 이러한 말로부터 일곱 개의 가르침과 일곱 종

• • •

95) 참조. "사도들은 그 이름으로 말미암아 모욕을 당할 수 있는 자격을 인정받았다고 기뻐하며, 최고 의회 앞에서 물러 나왔다." 사도행전 5, 41. 역주.
96) 참조. "그들의 목숨을 죽음에서 구하시고 굶주릴 때 그들을 살리시기 위함이라네." 시편 33, 19. 역주.

류의 위로의 근거를 얻어낼 수 있다.

첫째, 성 아우구스티누스는 우리가 어떤 사람의 의지에 반해 그로부터 뺏을 수 있는 모든 것보다, 신을 위해 고통 가운데 참는 것이 더 낫고 가치 있으며, 더 높고 고귀한 일이라고 말한다.[97] (50) 전자는 전적으로 단순히 외적인 선에 지나지 않는다. 어떤 부자가 고통이 지나고 나면, 세계 전체에 군림하는 막강한 군주가 되는 한에서, 이 세계를 사랑하면서 자발적으로 기꺼이 큰 고통을 참아내고자 하지 않거나 또한 대단히 오랫동안 그 고통을 견디어 내고자 하지 않는 사람을 신께 맹세컨대 우리는 결코 발견하지 못할 것이다.

둘째, 나는 신이 고통 중에 있는 사람과 함께 있으리라고 말하는 그 말을 액면 그대로 받아들일 뿐만 아니라, 그 말 속에 있는 의미를 떼어 내어 다음과 같이 말하고자 한다. 즉, 신이 나와 함께 고통 가운데 계신다면, 내가 무엇을 더 원할 것인가? 내가 그 밖의 무엇을 또 원할 것인가? 라고. 만약 내가 올바르게 서 있다면, 다른 어떠한 것도 바라지 않을 것이다. 나는 신 이외 어떤 다른 것도 원하지 않을 것이다. 성 아우구스티누스는 "신께 만족하지 않는 자는 탐욕스럽고 지혜롭지 않은 사람이다."라고 말하고 있다. 또 다른 곳에서 그는 "만약 신 자신에 만족하지 못하는 사람이라면, 어떻게 신의 외적인 또는 내적인 선물에 만족할 수 있겠는가?"라고 말하고 있다. 따라서 그는 다시 다른 곳에서 "주여, 만약 당신이 우리를 당신으로부터 멀리 떠나보내시려면, 다른 당신(andern dich)을 우리에게 주소서. 왜냐하면, 우리는 당신 이외에 어떤 것도 원하지 않기 때

---

97) 참조. Augustinus, Ep. 138 c. 3 n. 12(CSEL XXXXIIII 138,1).

문입니다."라고 말하고 있다.⁹⁸⁾ 그 때문에 지혜서는 "영원한 지혜이신 신과 함께 모든 선이 우리 가운데 모여드나이다."라고 말하고 있다(지혜서 7, 11),⁹⁹⁾ 이는 신 없이 주어지는 것은 어떠한 것도 선한 것이 아니고, 선한 것일 수도 없다는 단 한 가지 의미만을 뜻한다. 그리고 신과 함께 주어지는 것은 선한 것이고, 신과 함께 주어지기 때문에만, 선한 것임을 뜻한다. 신에 대해 나는 침묵하고자 한다. 만약 우리가 살고 있는 세계 전체의 모든 피조물로부터 신이 준 존재를 빼내 버린다면, 모든 피조물은 단순한 무로 머물게 될 것이다. 음산하고 가치 없고, 혐오스러운 것으로 머물게 될 것이다. 신과 함께 모든 것이 주어진다는 말은 그 밖의 많은 값진 의미를 감추고 있다. 이것을 상세하게 서술할 것이다.

(51) 우리 주님은 "나는 고통 가운데 있는 사람과 함께 있다."라고 말씀하신다 (시편 90, 15).¹⁰⁰⁾ 거기다가 성 베르나르는 "주여, 만약 당신께서 고통 가운데 우리와 함께 계신다면, 당신이 항상 나와 함께 계실 수 있도록, 내가 당신을 항상 소유할 수 있도록, 나에게 항상 고통을 주소서."라고 말한다.¹⁰¹⁾

셋째, 신은 고통 가운데 우리와 함께 계신다. 곧, 그 자신도 우리와 함께 고통당하고 계신다는 말이다. 정말이지, 진리를 인식하는 사람은 내가 참을 말하고 있다는 것을 알 것이다. 신은 인간과 함께 고통받고 계신다. 실로 고통받고 있는 사람, 곧 그분 때문에 고통받고 있는 사람보다도,

---

●●●
98) 참조. DW V, Bgt, 18쪽 6~9행.
99) 참조. "지혜와 함께 좋은 것이 다 나에게 왔다. 지혜의 손에 헤아릴 수 없이 많은 재산이 들려 있었다." 지혜서 7, 11. 역주.
100) 참조. "저희를 내리누르신 그 날수만큼, 저희가 불행을 겪었던 그 햇수만큼 저희를 기쁘게 하소서." 시편 90, 15. 역주.
101) 참조. Bernhard, In Ps. 90 sermo 17 n. 4(PL 183,252).

1. 신적 위로의 책(daz Buch der goetlichen Troestunge)

오히려 신이 훨씬 비교할 수 없을 정도로 더 많이 고통받고 계신다. 물론 그분 자신의 방식으로이긴 하지만. 이제 나는 만약 신 자신이 고통받고자 하신다면, 나도 고통을 받아들여야 하는 것이 전적으로 당연하다고 말한다. 이는 만약 내가 올바르게 있다면, 신이 원하는 것을 나도 원해야 하기 때문이다. 나는 매일 "주여, 당신의 뜻이 이루어지소서!"라고 기도한다. 또한, 신이 그렇게 기도하라고 나에게 명하신다. 그러나 만약 신이 고통을 원하는 데도 내가 고통을 불평하고자 한다면, 이는 전적으로 옳지 않다. 나는 만약 우리가 신만을 위해 고통받고자 한다면, 신은 아주 기꺼이 우리와 함께, 우리를 위하여 고통받으시고, 신은 고통 없이 고통받으신다고 확신을 하고 말한다. 신에게 고통은 아주 편안한 것이므로, 신에게 고통은 고통이 아니다. 따라서 만약 우리가 올바르다면, 우리에게도 고통은 고통이 아닐 것이다. 곧, 고통이 우리에게도 편안함과 위로가 될 것이다.

넷째, 나는 다음과 같이 말한다. 나와 고통을 함께 하는 동무의 동정은 나 자신의 고통을 당연히 덜어준다고. 만약 나와 함께 고통을 기꺼이 받아들이는 한 사람의 동정이 나를 위로할 수 있다면, 나와 함께 고통받고 계시는 신의 동정이 훨씬 많이 나를 위로할 거라고.

다섯째, 내가 사랑하고 그도 나를 사랑하는 사람이 있어, 그와 함께 내가 고통을 감수해야 하고 또 감수하고자 한다면, 나에게 품는 사랑 때문에 나와 함께 그리고 나를 위하여 고통받는 신과 함께 나는 기꺼이 고통을 감수해야 하는 것은 전적으로 당연하다.

(52) 여섯째, 나는 다음과 같이 말한다. 만약 신이 내가 고통받기 전에 고통받는다면, 그리고 내가 신을 위해 고통받는다면, 내가 받는 모든 고통이 아무리 크고 다양하다고 하더라도, 그 고통은 손쉽게 나에게 위로

가 되고 기쁨이 될 것이라고. 다음은 그 본성상 참이다. 곧, 만약 한 사람이 다른 일을 위해 하나의 일을 일으켜 세운다면, 다른 일이 목적이기 때문에 그가 하는 이 다른 일이 그의 가슴에 더 가까이 있을 것이고, 그가 (그 목적을 위해 지금-역자) 하고 있는 일은 그의 가슴에서 멀리 떨어져 있을 것이다. 그리고 (지금 하고 있는-역자) 그 일은 그가 일하는 목적이 되는 다른 일의 관점에서만 가슴에 와 닿을 것이다. 집을 짓는 사람 곧, 목재를 다듬고 돌을 새기는 사람은 여름의 뜨거운 열과 겨울의 추위로부터 몸을 보호해주는 집을 짓기 위해서이다. 그 사람의 마음은 무엇보다 전적으로 집에 있다. 만약 집 때문이 아니라면, 그는 결코 돌을 쌓는 일을 하지 않을 것이다. 우리는 다음을 잘 알아들을 수 있을 것이다. 곧, 아픈 사람은 달콤한 포도주를 마시면서 포도주가 쓰다고 생각하고 쓰다고 말할 것이다. 이는 참이다. 왜냐하면, 거기서 영혼이 맛을 느끼고 판단하는 안쪽으로 포도주가 도달하기 전에, 쓴 혀에서 곧, (이미-역자) 바깥쪽에서 포도주는 자신의 모든 달콤한 맛을 잃어버리고 말기 때문이다. 하지만 다음의 것은 이와 비교도 안 될 정도로 더 높고 참된 의미에서 그러하다. 만약 인간이 자신의 모든 일을 신을 위해 행한다면, 신이 전달자, 곧 영혼에 가장 가까이 있는 전달자가 된다. 그래서 인간의 영혼과 심정은 신과 신의 달콤한 맛으로 인해, 쓴맛을 잃어버리지 않는 어떤 것도 접할 수 없게 될 것이다. 인간의 심정이 미처 그것을 맛볼 수 있기 이전에, 신과 신의 달콤함으로 인해, 쓴맛이 사라지고 순수한 달콤함이 될 수밖에 없는 것을 인간의 심정과 영혼은 접하게 될 것이다.

또한, 다른 증언과 비유도 있다. 스승들은 하늘 밑에 불이 빙 둘러싸고 있다고 말한다. 그 때문에 어떤 비바람이나 폭풍우도 하늘에 닿을 수 있을 만큼, 아래로부터 하늘로 가까이 다가갈 수 없다고. 그것들 모두는 하늘에 닿기 전에, 불의 열기에 타버려 없어지고 만다. 나는 말한다. (53) 참으로 이와 마찬가지로 신을 위해 고통당하고 일하는 것 모두가 신을 위해 일하고 고통 받는 사람의 심정에 닿기 전에, 신의 달콤한 가운데 달콤하게 된다고. 왜냐하면, 우리가 '신을 위하여'라고 말할 때, 이 말의 의미는 그 가운데 모든 것이 쓴맛을 잃어버리고 마는 신의 달콤함을 통과하지 않고 심정에 도달하는 것은 그 어떤 것도 결코 없다는 것을 뜻하기 때문이다. 또한, 선한 사람의 심정을 빙 둘러싸고 있는 신적 사랑의 뜨거운 불꽃에 의해 쓴 것들은 모두 불태워지고 마는 것이다.

이제 우리는 다음을 명확하게 알 수 있다. 선한 사람이 수동적으로나 능동적으로 고통당하는 중에 얼마나 적절하고 다양한 방식으로 곳곳에서 위로받고 있는가를. 만약 그가 하나의 방식으로 신을 위하여 고통 중에 일하고 있다면, 다른 하나의 방식으로 그는 신적인 사랑 안에서 있게 된다. 또한, 우리는 우리가 신을 위하여 모든 일을 과연 행하고 있는가, 신의 사랑 속에 서 있는가를 인식하고 알 수 있다. 왜냐하면, 우리가 고통 가운데 있는 데도 위로가 없다면, 우리의 일이 신만을 위한 것이 아니라는 게 드러나기 때문이다. 잘 알아들어야 한다. 그런 한, 우리가 지속해서 신의 사랑 가운데 있지 않다는 것을. 다윗 왕은 말한다. '신과 반대되는 모든 것', 신과 같지 않은 모든 것, 곧 고통, 위로 없음, 평화롭지 못함, 쓰라림 등을 송두리째 불태워버리는 "하나의 불이 신과 함께 신에게서 나온다."(참조, 시편 96, 3)라고.[102]

• • •

102) 참조. "불길이 그분을 앞서가며 주위의 그분의 적들을 사르는구나." 시편 97, 3. 에크하르트는 시편 96, 3으로 표시하고 있지만, 실제로 시편 97, 3이다. 역주.

신은 고통 가운데 우리와 함께 계시고, 우리와 함께 고통을 당하신다는 말에 일곱 번째 위로의 근거가 있다. 곧, 신이, 구분하기 위해 (바깥에서부터-역자) 침투하는 어떠한 다수성도 – 비록 생각 속에서의 다수성이라 할지라도 – 없는 순수한 '하나'라는 신의 속성은 우리를 크게 위로할 수 있다는 것에 일곱 번째 위로의 근거가 있다. 다시 말하면 신 가운데 있는 모든 것은 신 자신이다. 이러한 말은 참이기 때문에, 나는 다음과 같이 말한다. 선한 사람은 그가 신을 위해 고통당하는 모든 것을 신 가운데서 고통당한다. (54) 신은 그의 고통 가운데서 그와 함께 고통당하고 있다. 만약 나의 고통이 신 가운데 자리하고 있고 신과 함께 하는 고통이라면, 어떻게 고통이 고통일 수 있는가? 고통당하는 것이 고통의 성격을 잃어버리는데도 말이다. 또한, 나의 고통이 신 가운데 있고 나의 고통이 신 자신인데도 말이다(mîn leit got ist).[103] 참으로 신은 진리이기 때문에, 내가 진리를 만날 때 나는 진리인 나의 신을 만난다. 이와 꼭 마찬가지로 내가 신을 위해 순수하게 고통당하고 있다면, 더도 말고 덜도 말고 나는 신 안에서 나의 고통을 신으로 만난다. 이러한 사실을 인식하지 못하는 사람은 자신의 무지를 탓해야지, (설교를 하고 있는-역자) 나나 신적 진리나 사랑할 가치가 있는 선을 탓하지 말아야 한다.

그러므로 이러한 방식으로 신을 위해 고통당하라. 왜냐하면, 이는 너무나도 복되고 복된 것이기 때문이다! 우리 주님은 "의로움 때문에 고통

• • ※

103) 이곳의 모든 수고들은 훼손되어 있다. 신이 나의 고통이라는 대담한 생각은 앞선 논의에서 도출되었다. 앞에서 다음과 같이 말하고 있다. "신이, 구분하기 위해 (바깥에서부터-역자) 침투하는 어떠한 다수성도 – 비록 생각 속에서의 다수성이라 할지라도 – 없는 순수한 '하나'"라고 말하고 있다. 그리고 "신 가운데 있는 모든 것은 신 자신이다."라고. Pf. Nr. CIV(고통에 대하여) 참조. 특히 Pf. 338쪽 40행 이하.

받는 사람은 복되다."라고 말씀하셨다(마태오 5, 10). 선을 사랑하는 신 자신이 자신의 벗인 선한 사람이 중단 없이 계속 고통 가운데 있지 않기를 어떻게 허용할 수 있겠는가? 그런데 어떤 사람이 짧은 기간의 고통을 받아들임으로써 큰 유익과 명예, 행복을 오랫동안 누리고 소유할 수 있기 위해, 그 고통을 스스로 받아들이고자 하는 동무를 갖고 있다면, 과연 그 사람이 이 동무를 방해하고자 하겠는가? 또는 만약 이것이 누군가에 의해 방해되었으면 하는 것이 그의 소원이라면, 사람들은 그가 그 사람의 동무라고 또는 동무를 사랑하는 사람이라고 말하지도 않을 것이다. 그 때문에 자신(신-역자)의 동무인 선한 사람이 고통 없이는 고통당할 수 없다면, 그 선한 사람이 어떠한 고통도 없이 지내는 것을 신은 어떠한 방식으로도 손쉽게 참아낼 수 없을 것이다. 내가 앞에서 쓴 것과 같이 외적 고통이 지니는 모든 선(alle güete des ûzerlîchen lîdennes)은 의지의 선(güete des willen)에서 도래하고 비롯된다.[104] 그 때문에, 선한 사람이 고통당하고자 하고, 이미 고통받을 준비가 되어있고, 또한 신을 위해 고통을 간절히 열망한다면, 그는 (실제로-역자) 신의 면전에서 신을 위해 신 안에서 고통 받고 있는 셈이다. 다윗 왕은 시편에서 "나는 이미 모든 불행 가운데 있다. (55) 나의 고통은 항상 내 가슴 속과 내 눈앞에 항상 자리 잡고 있다."(시편 37, 18)라고 말한다. 성 히에로니무스는 우리가 빚어내야 하고 빚어내고자 하는 것 모두를 빚어내기에 충분히 부드러운 순수한 밀랍 초는, 비록 누구도 거기서 어떤 것이 만들어질지 겉으로는 눈으

•••
[104] 에크하르트가 앞서 외적 작용과의 관계 속에서 내적 작용에 관해 서술하고 있다. DW V. Bgt, 38쪽 3행 이하, 38쪽 19행 이하, 39쪽 12행 이하, 40쪽 17행 이하, 44쪽 10행 이하. 의지의 선이란 순수하게 신만을 위해서 어떤 일을 행하고자 하는 신적 의지를 뜻한다. 따라서 외적 고통이 선하게 되는 것은 신만을 위해 고통을 받겠다는 신적인 선한 의지로부터 비롯되는 것이다. 역주.

로 볼 수 없다고 하더라도, 우리가 그것에서 만들 수 있는 모든 것을 자신 속에 간직하고 있다고 말한다.[105] 나는 앞에서 돌이 아래로 떨어지려고 하지 않고, 땅 위에 놓여 있을 때 돌의 무게가 겉으로 눈에 보이지 않더라도, 무게가 덜 무거운 것은 아니라고 썼다.[106] 돌이 아래로 떨어지려고 하고, 자기 자신 안에서 이미 아래로 향할 준비가 다 되어있을 때, 돌의 무게가 완전히 느껴지는 법이다. 그래서 나는 또한 앞에서 선한 사람은 자신이 하고자 했던 모든 것을 하늘과 땅에서 이미 지금 다 했고, 이 점에서 그는 신과 닮아있다고 썼다.[107]

이제 우리는 선한 사람이 고통과 곤경을 당하는 것을 대체로 놀라면서 받아들이는 사람들의 조야한 감성을 통찰하여 알 수 있다. 그리고 이 사람들은 이러한 고통이 드러나지 않고 숨겨져 있는 당사자의 죄들에 기인한다고 생각하고 상상한다. 그리고 이 사람들은 "아, 나는 그 사람이 전적으로 선한 사람이라고 착각했구나. 그 사람이 그렇게도 큰 고통과 곤경을 당하고 있는데도, 나는 여전히 그 사람은 어떤 잘못도 범하지 않았다고 믿고 있었으니, 이 일을 어찌할꼬!"라고 흔히 말하기도 한다. 나도 이들의 생각에 동의한다. 실제로 고통이 있고 이 고통과 불행을 어떤 사람들이 당하고 있다면, 그들은 선하지도 않고 죄 없는 사람도 아닐 것이다. 그러나 만약 이들이 선한 사람들이라면, 이들에게 고통은 결코 고통도 불행도 아니라, 오히려 그것은 그들에게 큰 행운과 지복일 것이다. 진리이신 신은 "의로움 때문에 고통받는 모든 사람은 복되다."라고(마태오

⋯

105) 참조. Hieronymus, Ep. CXX c. 10(PL 22, 999).
106) 참조. DW V. Bgt, 39쪽, 1행 이하.
107) 참조. DW V. Bgt, 38쪽, 19행 이하.

5, 10) 말씀하셨다. 그 때문에 지혜서는 "의로운 자의 영혼은 신의 손안에 있다. (56) 어리석은 사람들에게는 그들이 죽고 파멸하는 것처럼 보이겠지만, 그들은 평화 속에 있다."라고 말한다.(지혜서 3, 1)[108] 행복과 지복 가운데 있다고 말한다. 성 바오로는 얼마나 많은 성인이 말할 수 없이 큰 고통을 견뎌냈는지에 대해 말하는 자리에서 "그들에게 세상은 가치가 없다."[109]고 말한다(헤브라이 11, 36 이하). 우리가 제대로 이해한다면, 이 말은 세 가지 의미를 담고 있다. 첫째 의미는 "수많은 선한 사람에게 이 세상은 전적으로 가치가 없다."라는 것이다. 첫 번째 의미보다 더 나은 두 번째 의미는 "이 세상의 선(재산 등-역자)은 경멸스럽고 가치 없는 것으로 드러난다."라는 것이다. 신만이 가치 있다. 따라서 이 세상은 신을 위해서만 가치가 있고 신에 대해서만 가치가 있다. 지금 내가 생각하고, 말하고자 하는 세 번째 의미는 이 세상, 곧 이 세상을 사랑하는 사람들은 가치가 없다. 그래서 성인들은 신을 위해 고통과 곤경을 당했다는 것이다. 그래서 "거룩한 사도들은 신의 이름을 위해 고통당할 수 있는 자격을 부여받았다는 사실에 기뻐했다."라고 씌어 있다(사도행전 5, 41).[110]

이제 충분히 말했다. 이 책의 제3부에서는 선한 사람이 고통 가운데서

• • •

108) 참조. "의인들의 영혼은 하느님의 손안에 있어 어떠한 고통도 겪지 않을 것이다. 어리석은 자들의 눈에는 의인들이 죽은 것처럼 보이고 그들의 말로가 고난으로 생각되며 우리에게서 떠나는 것이 파멸로 여겨지지만, 그들은 평화를 누리고 있다." 지혜서 3, 1-3. 역주.
109) 참조. "또 어떤 이들은 조롱과 채찍질을 당하고, 결박과 투옥을 당하기까지 하였습니다. 또 돌에 맞아 죽기도 하고 톱으로 잘리기도 하고 칼에 맞아 죽기도 하였습니다. 그들은 궁핍과 고난과 학대를 겪으며 양가죽이나 염소 가죽만 두른 채 돌아다녔습니다. 그들에게는 세상이 가치 없는 곳이었습니다. 그래서 광야와 산과 동굴과 땅굴을 헤매고 다녔습니다. 이들은 모두 믿음으로 인정을 받기는 하였지만 약속된 것을 얻지는 못하였습니다. 하느님께서 우리를 위하여 더 좋은 것을 내다보셨기 때문에, 우리 없이 그들만 완전하게 될 수가 없었던 것입니다." 헤브라이 11, 36-40. 역주.
110) 참조. "사도들은 그 이름으로 말미암아 모욕을 당할 수 있는 자격을 인정받았다고 기뻐하며, 최고 의회 앞에서 물러 나왔다." 사도행전 5, 41. 역주.

도 자신을 위로할 수 있었고 자신을 위로해야 했던 많은 위로에 관해 기술할 것이다. 물론 단지 선하고 지혜로운 사람들의 말들에서가 아니라, 그들의 선한 행위에서 우리는 위로를 찾을 수 있을 것이다.

- 제Ⅲ부 -

우리는 열왕기에서 어떤 사람이 다윗 왕을 저주하고 심하게 험담을 퍼부었다는 대목을 읽을 수 있다. 그러자 다윗 왕의 친구들 가운데 한 사람이 그 나쁜 녀석을 때려죽이고 싶다고 말했다. (57) 그때 왕이 "아니다! 왜냐하면, 아마 신이 이러한 모욕을 통해 나에게 최상의 것을 주고자 하고, 줄 것이기 때문이다."(2열왕기 16, 5 이하)라고 말했다.[111]

또 우리는 교부들의 책에서 다음을 읽을 수 있다.[112] 한 사람이 자신이 고통받고 있다고 교황에게 말했다. 그러자 아버지(교황)가 "아들아, 신이 너에게서 고통을 가져가 주기를 내가 신께 기도하기를 원하는가?"라고 말했다. 그때 아들은 "아버지, 아닙니다. 왜냐하면, 고통이 나에게 좋다는 것을 나는 잘 알고 있기 때문입니다. 오히려 내가 기꺼이 고통을 당할 수 있도록 신이 나에게 은총을 베풀어주시기를 신께 기도해주십시오."라고 말했다.

어떤 사람이 한때 아픈 사람에게 왜 낫게 해달라고 신께 기도하지 않는가 하고 물었다. 그러자 아픈 사람이 세 가지 이유로 그렇게 하고 싶지

---

111) 참조. Augustinus, De patientia c. 9(PL 40, 614쪽 이하).
112) 참조. Vitae Patrum(ed. H. Rosweyd) III(PL 73, 742 n.8).

않다고 말했다. 그 하나는 사랑이신 신이 자신에게 최상의 것을 가져다주지 않고서는, 결코 아프게 내 버려두지 않을 것을 분명히 믿고 있기 때문이라는 것이다. 다른 하나는 만약 누군가가 선한 사람이라면, 신이 원하는 것 모두를 원할 따름이지, 사람이 원하는 것을 신이 원했으면 하고 바라지 않기 때문이다. 그것은 대단히 옳지 않은 일이기 때문이다. 그 때문에 신이 내가 아프기를 원한다면 – 신이 그것을 원하지 않으면 나도 아프지 않을 것이다 – 나는 마땅히 또한 건강해지기를 바라지 말아야 한다. 의심할 바 없이 신은 자기 뜻에 반해 나를 건강하게 할 수 있을 것이다. 하지만 신이 이런 식으로 나를 건강하게 하는 것은 나에 전혀 가치가 없는 일이다. 원하는 것(wellen)은 사랑하는 것(minne)에서부터 나오는 반면, 원하지 않는 것(niht-wellen)은 사랑하지 않는 것(unminne)에서 나온다. 오히려 내가 몸이 낫고 신이 나를 사랑하지 않는 것보다, 신이 나를 사랑하고 내가 아픈 것이 나에게는 훨씬 유용하고 낫다. (58) 그래서 신이 사랑하는 것은 있는 어떤 것(iht)인 반면, 신이 사랑하지 않는 것은 무(niht)라고 지혜서는 말하고 있다.[113] 또한, 신이 원하는 모든 것은 신이 원한다는 사실에서 그리고 그 사실 때문에 좋은 것이라는 것은 진리이다. 참으로 인간적 방식으로 말하면 다음과 같다. 부자이고 힘 있는 사람, 곧 왕이 나를 사랑하면서도 한순간 어떤 선물도 주지 않는 것이, 나에게 어떤 것을 주면서도 나를 진심으로 사랑하지 않는 것보다 나에게는 더 낫다. 만약 신이 사랑으로부터 나에게 지금 어떤 것도 전혀 주시지 않는다면, 그 때문에 신이 지금 어떤 것도 나에게 선물하지 않는다면, 그것은 신

• • •
113) 참조. "당신께서 원하지 않으셨다면 무엇이 존속할 수 있었으며 당신께서 부르지 않으셨다면 무엇이 그대로 유지될 수 있었겠습니까?" 지혜서 11, 25. 역주.

이 고통을 겪고 난 이후에, 더욱 크고 풍요롭게 나에게 베풀기를 원하시기 때문일 것이다. 나를 사랑하면서도 지금 아무것도 주지 않고 있고, 후에도 아무것도 줄 의향을 보이지 않는 사람이 있다고 하자. 아마도 그 이후에 그 사람은 더 나은 것을 생각해내서 나에게 줄 것이다. 나는 참을성 있게 기다려야 할 것이다. 특히 그의 선물은 내가 받을 자격이 있어서가 아니라, 은총에 따른 것이기 때문이다. 내가 그분의 사랑에 주목하지 않고 나의 뜻에 반하는 그분의 의지에 따르지도 않으면서, 오직 그분의 선물에만 관심을 둔다면, 그분이 나에게 아무것도 주지 않을뿐더러 나를 미워하고 불행에 처하게 하는 것은 전적으로 정당한 일임은 자명하다.

    나를 건강하게 해달라고 신께 간청하는 것이 나에게는 무가치하고 모순되는 세 번째 이유는 다음과 같다.[114] 곧, 풍요로우시고 사랑으로 가득 차시고, 모든 이를 자유롭게 하시는 신께 나는 하찮기 이를 데 없기에, 간청하려고 하지도 않고, 간청해서도 안 된다는 것이다. 만약 내가 200마일이나 300마일을 달려가 교황을 만날 수 있게 되어 "거룩한 아버지, 주인이여, 나는 200마일이 넘는 힘든 길을 온갖 희생을 무릅쓰고 달려와서 당신께 청하나이다. 나에게 한 알의 콩을 주십시오! 그 때문에 내가 당신께 오게 되었습니다."라고 말한다면, 참으로 교황 자신뿐만 아니라, 이 말을 들은 모든 사람이 "너는 엄청난 바보다."라고 말하는 것은 너무나 당연한 일일 것이다. 신에 대해 세상의 좋은 것 모두, 더 나아가 실로 창조물 전체의 비례 관계는, (59) 물질적 세계 전체에 대한 한 알 콩의 비례 관계보다 못하다고 내가 말한다고 하더라도, 이는 온전히 진리이다. 그

---

114) 위에서 이미 두 개의 이유를 밝히고, 여기서 3번째 이유를 거론하고 있다. 역주.

때문에 만약 내가 선하고 지혜로운 사람이라면, 건강하게 해달라고 신께 간청하고자 하는 것을 당연히 부끄럽게 생각해야 할 것이다.

이러한 맥락에서 나는 더 나아가 만약 어떤 사람이 덧없는 이 세상의 것들을 가지고 기뻐하거나 불평한다면, 이는 그 사람의 마음이 허약하기 짝이 없다는 것에 대한 표시라고 말한다. 우리가 만약 자신에게서 이러한 사실을 알아챘다면, 우리는 이러한 사실을 신과 그의 천사들과 인간들 앞에서 마음으로부터 진정으로 수치스러워해야 할 것이다. 우리는 사람들이 외적으로 지각하는 얼굴의 반점을 실로 엄청나게 부끄러워하지 않는가. 내가 더는 무엇을 말해야 할 것인가? 구약 성서와 신약 성서, 성인전 그리고 또한 이교도들의 책에서조차도 경건한 사람은 신을 위해, 그리고 또한 자연적인 덕 때문에, 자신의 삶을 바치고 자기 자신을 기꺼이 자제했다는 이야기로 가득 차 있지 않은가?

이교도 스승 소크라테스는 덕은 불가능한 것을 가능하게 할 뿐만 아니라, 가볍고 쾌적하게 한다고 말한다.[115] 또한, 나는 마카베오서가 우리에게 전해주는 용감한 부인 이야기를 잊을 수 없다(참조. 2마카베오 7장). 그녀는 어느 날 자신의 일곱 아들을 매달아 죽일 무섭고 비인간적이며 공포를 불러일으키는 고문 도구를 자신의 눈앞에서 보았다. 그녀는 담담한 기분으로 이를 보고 꿋꿋하게 참으면서, 아들 하나 하나에게 놀라지 말고 신의 의로움을 위하여 몸과 영혼을 기꺼이 바치라고 충고했다. 이것이 이 책의 결론이다. 하지만 나는 두 개의 이야기를 이에 덧붙이고자 한다.

하나는 다음과 같다. 만약 우리가 장사꾼이 불확실하기 짝이 없는 적

---

115) 참조. Platonis Timaeus interprete Chalcidio(ed. Joh. Wrobel, Lipsiae 1876) 210쪽 26행 이하.

은 소득을 얻기 위해 그토록 자주 멀리 대륙을 넘고 산과 계곡, 황야와 바다를 넘어 힘든 길을 뚫고 나갈 뿐만 아니라, 도둑에 의해 살해되고 재산을 빼앗기는 공포에 떨면서도, 또한 음식, 물, 잠자리에 크게 어려움을 겪고, (60) 그 밖의 부당한 일을 당하면서도, 여전히 적고 불확실한 이익을 위해 기꺼이 즐거운 마음으로 어려움을 모두 잊어버리는 것을 감안한다면, 선하고 신적인 사람이 고통에 동요된다는 것은 대단히 그리고 근본적으로 부끄러운 일이 아닐 수 없다.[116] 기사는 지나 가버리는 매우 짧은 순간의 명예를 위해 전투에서 재산, 생명, 그리고 영혼을 다 걸지 않는가. 따라서 우리가 신과 영원한 지복을 위해, 사소한 고통을 당하는 것을 엄청난 의미가 있는 것으로 생각하지 않을 수 없다.

내가 말하고자 하는 또 다른 말은 수많은 조야한 사람들이 내가 이 책이나 다른 곳에서 쓴 많은 말들이 참이 아니라고 말하고자 한다는 것이다. 그들에게 나는 성 아우구스티누스가 『고백록』 1권에서 말한 것을 갖고서 답변하고자 한다. 그는 거기서 다음과 같이 말하고 있다. 곧, 세상이 아주 오래 존속할 수 있다면, 신은 천년과 또 천년을 넘어 미래에 올 모든 것을 지금 행하고, 이미 수천 년 전에 지나가 버린 것을 또한 오늘 행할 것이라고.[117] 누가 이를 이해하지 못한다면, 이에 대해 내가 무얼 할 수 있을까? 아우구스티누스는 다른 곳에서 또 다음과 같이 말한다. 자신의 무지를 감추기 위해 다른 사람을 비방하고자 하는 사람은 자기 자신을 너무나 사랑하는 것이 분명하다고.[118] 나는 내가 말하고 쓰는 것이 나와

●●●
116) 참조. Augustinus, De patientia c. 3(PL 40, 612).
117) 참조. Augustinus, Confess Ⅰ c. 6 n. 10(ed. Skutella 8쪽 4행 이하).
118) 참조. Augustinus, Confess. Ⅹ c. 23 n. 34(ed. Skutella 235쪽 12행 이하).

신에게 참이라는 말만으로 만족한다. 물속에 잠긴 막대기를 보는 사람에게는 비록 그 막대기가 아주 곧은 것이더라도, 굽어 있는 것으로 보일 것이다. 이는 물이 공기보다 더 조야하다는 사실에 기인한다. 이와 마찬가지로 막대기는 그 자체에 있어서나, 그것을 투명한 공기 속에서 보는 사람의 눈에는 똑바르지 굽어 있지 않다.[119]

성 아우구스티누스는 다음과 같이 말한다. "결코 외적인 눈이 파고들 수 없는 것을 다양한 개념, 다양한 대상, 비유적 표상 없이 내적으로 인식하는 사람은 이러한 나의 말이 참이라는 것을 안다. 그러나 이에 대해 아무것도 모르는 사람은 나를 비웃고 조롱할 것이다. 내가 그들을 불쌍히 여기기를. 반면에 내적으로 인식하는 사람들은 영원한 것과 신적인 작품들을 직관하고 받아들이기를 원한다. 그리고 영원의 빛 가운데 있기를 원한다. 그 영원 속에서 그들의 가슴은 어제도 내일도 고동칠 것이다."[120]

이교도 스승 세네카는 "우리는 위대하고 숭고한 것에 대해 위대하고 숭고한 감정으로, 또한 숭고한 영혼으로 말해야 한다."[121]고 언급하고 있다. 또한, 뭇사람들도 이러한 고귀한 가르침을 배우지 못한 사람들을 위해 말하고 쓰지 말아야 한다고 말할 것이다. 이에 대해 나는 다음과 같이 말한다. 만약 우리가 배우지 못한 사람을 가르치지 말아야 한다면, 누구도 결코 배울 수 없게 될 것이며, 따라서 누구도 가르치거나 쓸 수 없게 될 것이다. 그 때문에 우리는 배우지 못한 사람에게 배운 사람이 되도록 그들을 가르친다. (61) 만약 새로운 것이 없다면, 낡은 것도 결코 있을 수

---

119) 참조. Augustinus, De vera religione c. 33 n. 62(PL 34, 149).
120) Augustinus, Confess. XI c. 8 n.10(ed. Skutella 270쪽 22행 이하).
121) 참조. L. Annaeus Seneca, Ep. 71, 24.

없을 것이다. 우리 주님은 "건강한 사람은 의사를 필요로 하지 않는다."라고 말씀하셨다. 병든 사람을 낫게 하려고 의사가 있다. 만약 이 말을 제대로 이해하지 못하는 사람이 있다면, 이러한 올바른 말을 올바르게 표현한 사람이 이를 위해 무엇을 할 수 있겠는가? 성 요한은 모든 믿는 사람과 믿지 않는 사람-믿지 않는 사람은 믿게 하려고-에게 거룩한 복음을 선포했다. 하지만 그는 인간이 신에 대해 표현할 수 있는 최고의 것을 갖고, 복음을 시작한다.[122] 그 때문에 그의 말이나 또한 우리 주님의 말씀은 자주 올바르게 파악되지 않곤 한다.

사랑이 넘치는 자비로우신 신이여, 진리 자체이시여, 저와 이 책을 읽게 될 모든 이에게 우리가 자신 속에서 진리를 찾아 간직할 수 있게 하소서. 아멘.

• • •

122) 요한복음은 다음과 같이 시작된다. "한처음에 말씀이 계셨다. 말씀은 하느님과 함께 계셨는데 말씀은 하느님이셨다. 그분께서는 한처음에 하느님과 함께 계셨다." 요한 1, 1~2. 이 말씀은 에크하르트에 따르면, 인간이 신에 대해 언표할 수 있는 최고의 표현이다. 역주.

1. 신적 위로의 책(daz Buch der goetlichen Troestunge)

2. 고귀한 사람
   (VON DEM EDELN MENSCHEN)[123]

우리 주님께서 복음서에서 다음과 같이 말씀하셨다. "한 고귀한 사람이 한 왕국을 얻기 위해 먼 곳으로 떠났다. 그리고 되돌아 왔다."(루카 19, 12)라고.[124] 이러한 말씀 가운데서 우리의 주님께서는 인간이 그 본성상 얼마나 고귀하게 창조되었는가, 그리고 인간이 은총으로부터 출발하여 도달할 수 있는 그 지점이 얼마나 신적인 것인가, 그리고 인간이 어떻게 그리로 도달할 수 있는가 등을 가르치고 계신다. 또한, 성경 말씀의 대부분이 이러한 말씀과 관계하고 있다.

우리는 무엇보다도 먼저 인간이 자신 안에 이중의 본성, 곧 신체와 정

---

123) 이 번역서의 각주 1의 《복된 책》에 대한 개관은 또한 VeM(von dem edeln Menschen의 略字)의 이단 판정받은 두 개의 항목에도 해당된다. 이 개관에 따라 이 설교도 〈위로의 책〉과 마찬가지로 에크하르트가 쓴 글로 확정된다. 독일어 설교 15(DW Ⅰ, 244쪽 이하)에서도 이 성경 구절을 갖고 설교하고 있지만, 내용은 판이하다. – 역주.
124) 참조. "그리하여 예수님께서 이르셨다. '어떤 귀족이 왕권을 받아 오려고 먼 고장으로 떠나게 되었다.'" 루카 19, 12. 역주.

신(lîp und geist)을 갖고 있는 것이 너무나 분명하고 명백한 사실임을 알아야 한다. 그러므로 성경은 자기 자신을 인식하는 자는 모든 피조물을 인식한다고 말한다.[125] 왜냐하면, 모든 피조물은 신체 또는 정신(lîp oder geist)이기 때문이다. 그러므로 또한 성경은 인간에 관하여 우리 안에는 하나의 외적 인간과 이와는 다른 내적 인간이 있다고 말한다.[126]

(낮은 단계의-역자) 영혼과 결부되어 있는 모든 것은 외적 인간에 속한다. 그리고 외적 인간은 육신(Fleische)에 둘러싸여 있고 육신과 섞여 있다. 그리고 외적 인간은 모든 기관 곧, 눈, 귀, 혀, 손 등과 같은 것을 갖고서, 그리고 모든 기관에 있어서 신체와 상호 작용을 한다. 이러한 모든 것을 성경은 옛 인간, 지상의 인간, 외적 인간, 적대적 인간, 예속적 인간이라고 부른다.

우리 안에 머물러 있는 이와 다른 인간이 내적 인간이다. 성경은 이 다른 인간을 새로운 인간, 천상의 인간, 젊은 인간, 동무, 그리고 고귀한 인간이라고 부른다. 그리고 우리 주님께서 "한 고귀한 인간이 먼 곳으로 떠나서 한 왕국을 얻어 되돌아 왔다."라고 말했을 때, 이는 새로운 인간을 의미하신 것이다.[127]

더 나아가 우리는 모든 인간은 인간으로 존재하기 시작한 순간부터,

• • •

125) 참조. Issac Israeli, Liber de diffinitionibus(ed. I. T. Mucke, Arch. d'hist. doctr. et litt. du moyen âge 12~13(1937~38), 306쪽 : D. Gundissalinus, De divisione philosophiae(ed. L. Bauer, Münter 1903) 7쪽 16행. : Pf. 513쪽 31행 이하.
126) 참조. "그러므로 우리는 낙심하지 않습니다. 우리의 외적 인간은 쇠퇴해가더라도 우리의 내적 인간은 나날이 새로워집니다." 2코린토 4, 16. 또한, Thomas , In II ad Cor. c. 4 lectio 5(ed. Marietii, 1924, T. I , 445쪽 이하).
127) 참조. 낡은 인간-새로운 인간에 대해서는 로마서 6, 6 : 에페소. 4, 22(곧, "지난날의 생활 방식에 젖어 사람을 속이는 욕망으로 멸망해 가는 옛 인간을 벗어 버리고") : 지상의 인간-천상의 인간에 대해서는 1코린토 15, 47 이하 : 적대적 인간에 대해서는 마태오 13, 28 : 벗과 반대되는 예속적 인간에 대해서는 루카 19, 13~15와 로마서 6, 17~20 그리고 요한 15, 15 이하 참조 : 젊은 인간에 대해서는 시편 102, 5와 요한 21, 5 그리고 1코린토 3, 1.

천사인 선한 정신과 악마인 악한 정신을 갖는다는 성 히에로니무스나 또한 스승들의 말을 알아야 한다.[128] 선한 천사는 선한 것, 신적인 것, 덕인 것, 천상의 것, 그리고 영원한 것을 항구적으로 충고하고 추구하게 한다. (110) 반면에 악한 정신은 인간을 시간적이고 덧없는 것, 덕스럽지 못하고 악한 것, 그리고 악마적인 것으로 인간을 유혹하고 거기로 항상 몰아넣는다. 마치 뱀이 부인 하와를 꾀어 그녀를 통하여 남편 아담을 유혹하는 것(참조. 1모세 3, 1 이하)과 같이, 악한 정신은 항상 외적 인간에게 말을 걸어서, 외적 인간을 통하여 항상 은밀하게 내적 인간을 덮쳐 나간다. 내적 인간은 아담이다.[129] 영혼에 있어서의 인간(der man in der sêle)[130] 은 좋은 나무이다. 이 나무는 어떤 방해도 받지 않고 줄기차게 좋은 열매를 맺는다. 이에 관해 우리 주님께서도 말씀하고 계신다(참조. 마태오 7, 17).[131] 인간은 또한, 신께서 자신의 상과 자신의 유사성(sîn bilde und sîn glîchnisse)을 심어 넣으신 밭이기도 하다. 신은 그 밭에 좋은 씨앗들, 온갖 지혜, 모든 능력, 모든 덕성 및 선한 것의 뿌리, 곧 신적 본성의 씨앗들을 심어 넣으셨다(2베드로 1, 4).[132] 신적 본성의 씨앗은 바로 신의 아들이며, 신의 말씀이다(루카 8, 11).[133]

• • •

128) 참조. Hieronymus, Comm. in Ev. Matth. Ⅲ c. 18, 10-11(PL 26,135) : Gregorius M. Moral. Ⅱ c. 20 n. 38(PL 75, 574) : Mechthild v. Magdeburg, Das fließende Licht der Gottheit(ed. Morel) 91쪽.
129) 내적 인간을 대변하는 자가 아담이라면, 외적 인간을 대변하는 자는 하와로 추정할 수 있다. 역주.
130) '영혼에 있어서의 인간'이라는 말로 에크하르트는 통상적으로 '최상위의 이성'을 나타낸다.
131) 참조. "이같이 좋은 나무는 모두 좋은 열매를 맺고 나쁜 나무는 나쁜 열매를 맺는다." 마태오 7. 17. 역주.
132) 참조. "그분께서는 그 영광과 능력으로 귀중하고 위대한 약속을 우리에게 내려 주시어, 여러분이 그 약속 덕분에, 욕망으로 이 세상에 빚어진 멸망에서 벗어나 하느님의 본성에 참여하게 하셨습니다." 2베드로 1, 4. 역주.
133) 참조. "그 비유의 뜻은 이러하다. 씨는 하느님의 말씀이다." 루카 8, 11. 역주.

외적 인간은 적대적 인간이다. 나쁜 잡초가 그 인간에게 심어지고 뿌려졌다(참조. 마태오 13, 24 이하).[134] 이에 관해 성 바오로는 다음과 같이 신께서 나에게 제공하고 충고하신 것, 나에게 말씀하신 것과 나의 영혼의 가장 높고 깊숙한 곳에서 말씀하시는 것을 방해하고 반대하는 어떤 것이 내 가운데 있다고 말한다(참조. 로마 7, 23).[135] 그리고 다른 곳에서 "나는 비참한 인간입니다! 누가 이 죽을 육체로부터 나를 풀어 줄 것입니까?"라고 간곡히 말한다.(로마 7, 24)[136] 그리고 그는 또 다른 곳에서 인간의 정신과 인간의 육체는 항상 서로 반대하여 투쟁하고 있다고 말한다. 육체는 부덕과 악행을 권하지만, (111) 정신은 신의 사랑과 기쁨, 평안과 모든 덕목을 권한다(참조. 갈라티아 5, 17 이하).[137] 정신에 따르고, 정신을 향해, 정신의 충고에 따라 사는 사람에게는 영원한 생명이 주어질 것이다(참조. 갈라티아 6, 8).[138] 내적 인간은 우리 주님께서 "고귀한 사람이 먼 곳으로 가서 한 왕국을 얻었다."라고 말씀하신 바로 그 사람이다. 이런 사람은 좋은 나무이다. 이 좋은 나무에 대하여 우리의 주님께서는 그 나무는 항

● ● ＊

134) 참조. "예수님께서 또 다른 비유를 들어 그들에게 말씀하셨다. 하늘나라는 자기 밭에 좋은 씨를 뿌리는 사람에 비길 수 있다. 사람들이 자는 동안에 그의 원수가 와서 밀 가운데에 가라지를 덧뿌리고 갔다." 마태오 13, 24 이하. 역주.
135) 참조. "그러나 내 지체 안에는 다른 법이 있어 내 이성의 법과 대결하고 있음을 나는 봅니다. 그 다른 법이 나를 내 지체 안에 있는 죄의 법에 사로잡히게 합니다." 로마 7, 23. 역주.
136) 참조. "나는 과연 비참한 인간입니다. 누가 이 죽음에 빠진 몸에서 나를 구해 줄 수 있습니까?" 로마 7, 24. 역주.
137) 참조. "육이 욕망하는 것은 성령을 거스르고, 성령께서 바라시는 것은 육을 거스릅니다. 이 둘은 서로 반대되기 때문에 여러분은 자기가 원하는 것을 할 수 없게 됩니다. 그러나 여러분이 성령의 인도를 받으면 율법 아래 있는 것이 아닙니다." 갈라티아 5, 17 이하. 역주.
138) 참조. "자기의 육에 뿌리는 사람은 육에서 멸망을 거두고, 성령에게 뿌리는 사람은 성령에게서 영원한 생명을 거둘 것입니다." 갈라티아 6, 8. 역주.

상 좋은 열매를 맺으며, 결코 나쁜 열매를 맺지 않는다고 말씀하신다. 왜냐하면, 그 나무는 선(güete)을 원하고, 선으로 이끌리기 때문이다. 마치 선이 이것이나 저것에 오염되지 않고, 자기 자신 가운데 머물 듯, 이 나무는 항상 선을 향한다. 이에 반해 외적 인간은 결코 좋은 열매를 맺을 수 없는 나쁜 나무이다(참조. 마태오 7, 8).[139]

또한, 이교도 스승인 툴리누스(Tullinus)와 세네카(Seneca)는 내적 인간 곧, 정신의 고귀성에 관해, 그리고 외적 인간, 곧 육체의 가치 없음에 대하여 이렇게 말한다. 이성을 부여받은 영혼(redelich sêle)은 결코 신 없이 존재하지 않는다. 신의 씨앗은 우리 가운데 있다. 만약 신의 씨앗이 선하고 현명하고 성실한 농부를 만난다면, 그 씨앗은 더욱 잘 번성하여 신으로 자라날 것이다. 이는 그 씨앗이 바로 신의 씨앗이기 때문이다. 그리고 열매는 신의 본성과 같아질 것이다. 배나무의 씨앗은 배나무로, 호두나무의 씨앗은 호두나무로 자라난다. 그리고 신의 씨앗은 신으로 자라난다(참조. 1요한 3, 9).[140] 그러나 만약 좋은 씨앗이 어리석고 악한 농부를 만난다면, 잡초가 자라나서 좋은 씨앗을 뒤덮어 질식시킬 것이다. 그리하여 좋은 씨앗은 빛을 보지도 자라나지도 못할 것이다. 하지만 위대한 스승 오리게네스는 신 자신이 이러한 씨앗을 심고 파묻고 낳으셨기 때문에, 비록 씨앗이 잡초에 덮여 감춰진다 해도, 결코 질식하지도, 또한 그 자신 안에서 해체되지도 않는다고 말한다.[141] 곧, 씨앗은 작열하고 빛을

---

139) 참조. "좋은 나무가 나쁜 열매를 맺을 수 없고 나쁜 나무가 좋은 열매를 맺을 수 없다." 마태오 7, 18. 역주.
140) 참조. RS의 §II, I art. 14(Théry 166 이하) : Proc. Col. I n. 22. : "하느님에게서 태어난 사람은 아무도 죄를 저지르지 않습니다. 하느님의 씨가 그 사람 안에 있기 때문입니다. 그는 하느님에게서 태어났기 때문에 죄를 지을 수가 없습니다." 1요한. 3, 9. 역주.
141) 참조. Origenes, Hom. 13 n. 4 in Genesim(PG 12, 234쪽 이하).

내고, 빛을 비추고, 불타오르면서 어떤 방해도 없이 줄기차게 신을 향해 나간다.

성 아우구스티누스에 따르면, 내적 인간과 새로운 인간의 첫 번째 단계는 그가 좋고 성스러운 사람의 모범에 따라 산다고 하더라도, (112) 여전히 비틀거리면서 의자로 가서 그것을 짚고 벽에 기대서는 여전히 젖비린내 나는 우유로 배를 채우는 단계이다.[142]

내적 인간과 새로운 인간의 두 번째 단계는 그가 이제 외적 모범들과 선한 사람들을 바라볼 뿐만 아니라, 신의 충고와 가르침과 신적 지혜로 급하게 달려가서, 인간에 등을 돌리고 신에게 얼굴을 향하는 때이다. 그리고 어머니 품에서 벗어나 하늘에 계신 아버지를 보고 웃는 때이다.

내적 인간과 새로운 인간의 세 번째 단계는 그가 어머니에게서 더더욱 벗어나고, 어머니의 품에서 더욱더 멀어질 때이다. 이때 그는 근심에서 벗어나며, 공포를 집어던진다. 그리하여 비록 그가 모든 사람의 분노를 사지 않으면서도, 나쁜 일이나 부당한 일을 행할 수 있다고 하더라도, 그는 그러고 싶어 하지 않을 것이다. 왜냐하면, 그는 불타는 노력으로 신과 사랑으로 결합 되어있기 때문이다. 그리하여 신이 그를 기쁨과 감미로움과 지복으로 이끌어 갈 정도로, 그는 신과 사랑으로 결합 되어있다. 거기에는 신과 같지 않거나, 낯선 모든 것은 그에게 반대된다.

내적 인간과 새로운 인간의 네 번째 단계는 그가 사랑과 신 안에서 더욱더 증대하고 뿌리를 두게 될 때이다. 그리하여 그는 모든 비난, 시련,

---

142) 참조. Augustinus, De vera religione c. 26 n. 49(PL 34, 143 이하). 참조. 우유에 대해서는 헤브라이 5, 12와 1베드로 2, 2 그리고 1코린토 3, 2 참조.

지겨운 일, 고통을 기꺼이 참아내고 즐겁게, 흔쾌히 그리고 기쁜 마음으로 받아들일 준비가 되어있게 된다.

내적 인간과 새로운 인간의 다섯 번째 단계는 그가 어디서나 자기 자신 가운데서 평화롭게 살 때이다. 그리고 말로 표현할 수 없는 최고의 지혜가 풍부하게 흘러넘치는 가운데 조용히 머물러 쉴 때이다.

내적 인간과 새로운 인간의 여섯 번째 단계는 그가 이전의 자신을 벗어나서(entbildet) 신의 영원성에 의해 자신을 넘어서 (새롭게-역자) 꼴이 바뀌는(überbildet) 때이다. 그리고 그가 소멸하는 것과 시간적인 생명을 완전히 망각하는 데에 도달하고, 신의 상(ein götlich bild)으로 이끌려 거기로 전환되는(übergewandelt) 때이다. 한마디로 그가 신의 아들이 되는 때이다. 이 단계를 넘어서는 더 높은 단계는 없다. 거기에는 영원한 안식과 지복이 있다. 왜냐하면, 내적 인간과 새로운 인간이 갖는 궁극 목적은 영원한 삶이기 때문이다.

(113) 그 가운데에 신적 씨앗(gotes sâmen)과 신적 상(gotes bilde)이 파묻혀 씨를 내리고 있는 내적인 고귀한 인간에 대하여 — 이러한 씨앗이며 신적 본성과 신적 본질의 이러한 상, 신의 아들(gotes sun)이 어떻게 하면 전면에 드러나게 할 수 있는가와 또한 어떻게 하면 씨앗이 우리 시야에서 감춰질 수 있는가를 우리는 알아야 한다. — 위대한 스승 오리게네스는 곧, 신의 형상, 신의 아들이 마치 살아 있는 샘(lebender brunne)처럼 영혼의 근저(sêle grunde)에 있다는 비유를 들고 있다. 만약 누군가가 세속적 욕심이라 할 수 있는 흙으로 씨앗을 덮어 버린다면, 그는 씨앗의 성장을 방해하고, 씨앗을 덮어 감추게 될 것이다. 그리하여 그는 씨앗에 관해 어떤 것도 인식하지 못하거나, 알지 못하게 될 것이다. 그러나 그

렇게 하더라도, 씨앗은 자기 자신 안에 살아 있다. 만약 우리가 바깥이나 위에서 던져진 흙을 제거한다면, 씨앗은 다시금 눈앞에 나타날 것이며, 사람들은 그 씨앗을 알아볼 것이다. 그리고 그는 모세의 최초의 책에 이러한 진리에 대해 언급이 되어있다고 말한다. 거기에는 다음과 같은 이야기가 씌어 있다. 곧, 아브라함이 자신의 밭에 살아 있는 샘을 팠는데, 나쁜 사람들이 흙으로 이 샘을 메웠다는 것이다. 그러나 그 후에 흙을 제거하고 나니, 샘물이 다시금 눈앞에 생생하게 나타났다는 것이다(1모세 26, 14 이하).[143]

여기에 대한 또 다른 비유가 있다. 해는 멈추지 않고 비춘다. 하지만 우리와 해 사이를 구름이나 안개가 가로막는다면, 우리는 그 빛남을 지각할 수 없다. 또한, 눈 자체가 아프거나 병이 났거나, 또는 눈에 무엇이 끼면, 그 빛남은 인식될 수 없다. 이 외에도 나는 자주 하나의 명백한 비유를 들어 왔다. 만약 한 사람의 장인이 목재나 돌로부터 하나의 조각상을 만들어 낸다면, 그는 상을 목재 속으로 밀어 넣는 것이 아니라 오히려 상을 감추고 덮고 있던 널빤지를 새겨 떼 낸다. 그는 목재에 어떤 것도 부여하지 않고, 오히려 목재를 파서 목재로부터 덮개를 떼 낸다. 그리고 녹도 제거해 낸다. 그리고 나면, 그 아래 감추어져 있던 것이 모습을 드러내어 빛을 낸다. 우리의 주님께서 복음서에서 말씀하신 것처럼, 이것이 밭에

---

143) 참조. "그가 양 떼와 소 떼와 많은 하인을 거느리자, 필리스티아인들이 그를 시기하였다. 그래서 필리스티아인들은 이사악의 아버지 아브라함 시대에 이사악 아버지의 종들이 판 우물을 모두 막고 흙으로 메워 버렸다. 아비멜렉이 이사악에게 말하였다. '이제 그대가 우리보다 훨씬 강해졌으니, 우리를 떠나 주시오.' 그래서 이사악은 그곳을 떠나 그라르 골짜기에 천막을 치고 살았다. 이사악은 자기 아버지 아브라함 시대에 팠던 우물들을 다시 팠다. 이것들은 아브라함이 죽은 뒤에 필리스티아인들이 막아 버린 우물들이다. 이사악은 그 우물들의 이름을 자기 아버지가 부르던 이름 그대로 불렀다. 이사악의 종들이 그 골짜기를 파다가, 생수가 솟는 우물을 발견하였다." 1모세 26, 14 이하. 역주.

감추어져 있던 보물이다(마태오 13, 14).[144]

성 아우구스티누스는 만약 인간의 영혼이 영원성으로만, 곧 신으로만 온전히 향한다면, 그때 신적 상은 드러나 밝게 빛날 것이지만, 만약 영혼이 바깥으로 향한다면, 비록 그것이 외적인 덕목의 수련이라 할지라도, (114) 신적 상은 완전히 감춰져 버릴 거라고 말한다.[145] 그리고 이는 성 바오로의 가르침에 나오는 대로, 부인들은 머리를 덮어써야 하지만, 남정네들은 그러지 않아도 된다는 것을 뜻하는 것일 것이다(참조. 1코린토 11, 4 이하).[146] 그 때문에 영혼에서 아래쪽으로 향하는 모든 부분은 그것이 향하는 거기로부터 덮개, 머리쓰개 등을 받을 것이다. 그러나 위로 상승하는 영혼의 부분은 은폐되어 있지 않고 전혀 덮어 씌워져 있지 않은 영혼 가운데 있는 단순한 신적 상이며, 신적 탄생(gotes geburt)이다. 신의 형상, 신의 아들, 신적 본성의 씨앗이 비록 덮여 감추어져 있다 하더라도, 이들이 우리 안에서 절대 질식하지 않는다는 것에 관해 그리고 고귀한 인간에 관해 시편에서 다윗 왕이 다음과 같이 말하고 있다. 곧 인간에게 수많은 허무감과 시련과 신음에 찬 고통이 밀어닥치더라도, 그는 신의 형상 안에 머물러 있고, 신의 형상 역시 그 안에 머물러 있다는 것이다(참조. 시편 4, 2 이하).[147] 참된 빛은 인간이 알아보지 못하더라도, 어둠 가

- - -

144) 참조. "하늘나라는 밭에 숨겨진 보물과 같다. 그 보물을 발견한 사람은 그것을 다시 숨겨 두고서는 기뻐하며 돌아가서 가진 것을 다 팔아 그 밭을 산다." 마태오 13, 44. 역주.
145) 참조. Augustinus, De trin. XII c. 7 n. 10(PL 42, 1003쪽 이하).
146) 참조. "어떠한 남자든지 머리에 무엇을 쓰고 기도하거나 예언하면 자기의 머리를 부끄럽게 하는 것입니다. 그러나 어떠한 여자든지 머리를 가리지 않고 기도하거나 예언하면 자기의 머리를 부끄럽게 하는 것입니다. 그러한 여자는 머리가 깎인 여자와 똑같습니다." 코린토인에게 보낸 첫째 편지 11, 4. 역주.
147) 참조. "제 의로움을 지켜 주시는 하느님, 제가 부르짖을 때 응답해 주소서. 곤경에서 저를 끌어내셨으니 자비를 베푸시어 제 기도를 들으소서. 사람들아, 언제까지 내 명예를 짓밟고 헛된 것을 사랑하며 거짓을 찾아다니려 하느냐?" 시편 4, 2 이하. 역주.

운데서 빛난다(참조. 요한 1, 5).[148]

"나는 거뭇하지만, 여전히 아름답고 잘 생겼다는 데에 주목하지 말고, 해가 나를 변색시켰다는 것에 주목하라."라고 사랑의 책은 말한다(아가 1, 5).[149] '해'는 이 세상의 빛이며 창조된 그리고 만들어진 최상이자 최고의 것이다. 그런데 이 해가 우리 가운데 있는 신의 상을 뒤덮어 변색시키고 있다. "은으로부터 녹을 닦아내어라. 그러면 가장 빛나는 그릇이 빛을 발하면서 그 모습을 찬란히 드러낼 것이다."라고 솔로몬은 말한다(잠언 25, 4).[150] 이같이 녹을 닦아내면, 신적 상, 신의 아들이 영혼 가운데서 빛을 발하며 찬란한 모습을 드러낼 것이다. 이것이 바로 우리 주님께서 앞의 말씀에서 하시고자 하신 것이다. 거기서 주님은 "고귀한 사람이 길을 떠났다."라고 말씀하신다. 그가 길을 떠난 이유는 모든 상(aller bilde)과 자기 자신에서부터 벗어나서 그 모든 것들과 전적으로 멀어지고 달라져야 했기 때문이었다. 다른 방법으로는, 그는 아들을 취하고자 할 수도, 아들이고자 할 수도, 아버지의 품과 가슴에 있고자 할 수도 없었기 때문이었다.

모든 종류의 매개(mitel)는 신에게 낯선 것이다.[151] "나는 시작이요, 마침이다."라고 신은 말씀하신다(참조. 요한묵시록 22, 13).[152] (115) 신의 본

• • •
148) 참조. "그 빛이 어둠 속에서 비치고 있지만, 어둠은 그를 깨닫지 못하였다." 요한 1.5. 역주.
149) 참조. "(여자) 예루살렘 아가씨들이여 나 비록 가뭇하지만 어여쁘답니다. 케다르의 천막처럼 솔로몬의 휘장처럼. 내가 가무잡잡하다고 빤히 보지 말아요. 햇볕에 그을렸을 뿐이니까요. 오라버니들이 나에게 골을 내며 나를 포도원지기로 만들어 내 포도밭은 지키지도 못하였답니다." 아가 1, 5. 역주.
150) 참조. DW I , 설교 16, 특히 224쪽 22행 이하. "은에서 불순물을 없애야 은장이 쓸 재료가 나온다." 잠언 25, 4. 역주.
151) 신은 매개념을 매로로 하여 논리적으로 추론되는 논증의 결과물이 아니라는 뜻이다. 곧, 신은 논리적 논증을 벗어나 있다. 이는 신은 모든 차이를 벗어나 있는 하나이기 때문이다. 이를 에크하르트는 신은 시작이요, 마침이라는 명제를 갖고 답한다. 역주.
152) 참조. "나는 알파이며 오메가이고 처음이며 마지막이고 시작이며 마침이다." 요한 묵시록 22, 13. 역주.

2. 고귀한 사람(VON DEM EDELN MENSCHEN)

성(natûre)과 위격들(persône)에는 본성의 하나임에 상응하여 어떠한 차이성도 없다.[153] 신적 본성은 '하나'(ein)이다. 그리고 각 위격도 '하나'이며, 본성인 하나와 동일한 '하나'이다.[154] 존재(wesene)와 본질(wesunge)의 구별은 '하나'로 파악되며, '하나'이다. 이러한 '하나'가 더는 자신에 머물지 않을 때, 비로소 이 '하나'는 구별을 받아들이고 소유하며 구별을 낳는다. 그러나 우리는 '하나'에서 신을 발견한다. 따라서 신을 발견하고자 하는 자는 '하나'가 되어야 한다. "'한 사람'이 떠났다."라고 우리 주님은 말씀하신다. 차이 가운데서는 우리는 '하나'(ein)도, 존재(wesen)도, 신도, 휴식도, 지복도, 만족도 찾을 수 없다. 그대가 신을 발견할 수 있으려면, '하나'가 되어야 한다. 참으로 당신이 올바르게 '하나'라면, 당신은 차이 가운데서도 또한 '하나'로 머물러 있을 수 있을 것이다. 그리고 차이가 당신에게 '하나'를 방해하지 않을 것이고, 그대를 전혀 방해할 수도 없을 것이다. '하나'(das Eine)는 마치 4개의 돌에서처럼, 백만 개의 돌에서도 동일하게 '하나'(Eins)로 머문다. 또한, 수백만은 마치 4가 하나의 숫자인 것처럼 분명히 하나의 숫자에 불과하다.

'하나'는 최상의 신으로부터 태어난 것이라고 이교도 스승이 말한다.[155] 최상의 신의 속성은 '하나'와 하나로 있는 것이다. '하나'를 신 아래에서 찾는 사람은 자기 자신을 기만하는 사람이다. 그리고 동일한 스승이 네 번

---

153) 이는 에크하르트의 삼위일체론에 대한 해석이다. 삼위일체는 위격은 셋이나, 다 같이 동일한 본성을 가진다는 것이다. 역주.
154) 참조. RS. § II I art. 15(Théry 167쪽 이하) : 〈Gutachten신학자들의 견해〉art. 25(Pelster 1122쪽) : Bulle art. 24(453쪽).
155) 참조. Ambrosius Theodosius Macrobius, Commentarii in Somnium Scipionis I c. 6 n. 7-10(ed. Fr. Eyssenhardt, Bibl. Teubn., 1893) 496쪽 3행—498쪽 2행 참조.

째로 말하기를, 이 '하나'는 처녀나 소녀 이외에 그 누구와도 고유한 친교를 갖지 않는다고 한다. 이는 "나는 정결한 처녀인 그대들을 '하나'에 맡겨 약혼시켰다."라는 성 바오로의 말과 같다(2코린토 11, 2).[156] 인간은 전적으로 그렇게 되어야 한다. 왜냐하면, 우리의 주님께서 "'한 사람'이 떠났다."라고 말씀하셨기 때문이다.

'인간'은 그 말을 지칭하는 라틴어의 본래 의미에 따르면, 자신인 모든 것과 자신의 것인 모든 것을 갖고, 신 앞에 무릎을 꿇고 앉아 위를 향해 신을 바라보는 인간을 뜻하지, 자기 아래와 자기 뒤에, 그리고 자기 옆에 있는 자신의 것(sîn)을 향하여 바라보는 인간을 뜻하는 것이 아니다. 이것이 겸손의 고유하고 완전한 의미이다. 인간은 겸손이라는 이름을 땅이라는 단어로부터 갖는다.[157] 이에 관해 나는 이제 더는 상론하지 않겠다. 우리가 '인간'에 관하여 말할 때, 이 말은 자연과 시간을 넘어서 있는 것, 시간으로 향하는 것이나 시간의 냄새가 나는 모든 것을 넘어서 있는 것을 뜻한다. (116) 공간과 유형적인 것과도 관계시켜, 나는 또한 이러한 동일한 이야기를 할 수 있다. 게다가 이러한 '인간'은 어떤 방식에서도 다른 어떤 것과 결코 공통점을 갖지 않는다. 곧, 인간은 이것이나 저것에 따라 형성되거나 닮게 되어서도 안 되며, 무(Nichts)(피조물-역자)에 관해 어떤 것도 알아서는 안 된다는 것이다. 그리하여 인간은 자신 가운데서 무

• • •
156) 참조. "나는 하느님의 열정을 가지고 여러분을 위하여 열정을 다하고 있습니다. 사실 나는 여러분을 순결한 처녀로 한 남자에게, 곧 그리스도께 바치려고 그분과 약혼시켰습니다." 2코린토 11, 12. 역주.
157) Pf. 87쪽 13행 이하 참조. 여기서 인간이라는 말마디에 해당하는 라틴어는 homo이다. 그리고 겸손에 해당하는 라틴어는 humilis이다. 그리고 땅에 해당하는 라틴어는 humus이다. M. 에크하르트는 humus에서 homo라는 말과 humilis라는 말이 유래되었다고 보고 있다. 그래서 그는 라틴어 homo에 따라 인간은 땅바닥에 무릎을 꿇고 신을 쳐다보는 존재로 정의하고 있다. 그는 이를 본래적인 겸손으로 정의하고 있다. 역주.

에 관해 어느 곳에서도 결코 찾을 수도 알 수도 없게 되어야 하며, 인간에게서 무가 완전히 제거되어야 한다는 것이다. 이때 인간은 유일하게 순수 생명, 존재, 참, 선을 얻어 만나게 된다는 것이다. 한 '고귀한 사람'은 이렇게 되어있는 사람이다. 그는 참으로 그 이상도 그 이하도 아니다.

우리의 주님께서 '한 고귀한 사람'이라고 부른 것에 있어, 또 다른 설명 방식과 가르침이 있다. 곧, 우리는 또한 신을 덮어 씌워져 있는 대로가 아니라, 있는 그대로 인식하는 사람들은 신과 함께 동시에 피조물들도 인식한다는 것을 알아야 한다. 왜냐하면, 인식은 영혼의 빛이기 때문이다. 모든 인간은 그 본성상 인식을 탐한다.[158] 왜냐하면, 아무리 나쁜 사물들이라 하더라도 그에 대한 인식은 좋기 때문이다. 스승들은 만약 우리가 피조물을 그 고유한 본질에 있어서 인식한다면, 이는 곧 '저녁 인식'(âbent-bekantnisse)이고, 거기서 우리는 여러 가지 상이한 차이의 상(bilden)들 가운데 피조물들을 본다고 말한다. 하지만 우리가 피조물을 신 안에서 인식한다면, 이는 곧 '아침 인식'(morgenbekantnisse)라고 말한다.[159] 이런 방식으로 우리는 차이가 없는 피조물들을 바라보고, 모든 상을 벗겨내고, 그리고 모든 유사성을 벌거벗기고서 신 자신인 '하나' 가운데서 피조물을 직관한다. 또한, 이것이 '고귀한 사람'이다. 이 사람에 대하여 우리 주님은 "한 고귀한 사람이 멀리 떠났다."라고 말씀하셨다. 그는 고귀하다. 왜냐하면, 그는 '하나'이며, 신과 피조물을 '하나' 가운데서 인식하기 때문이다.

• • •

158) 참조. Aristoteles Met. I. c. 1(A c. I, 980 a 21).
159) 참조. Thomas, S. c. gent. I c. 71 참조 : Boethius, De diff. toop. I. 2(PL 64, 1184b) 참조 : Augustinus, De Gen. ad litt. I. IV c. 23 n. 40(PL 34, 312), c. 24 n. 41(313) : DW I , Pr. 8, 102쪽 35행 이하 : Pf. 111쪽 2행 이하 등.

나는 '고귀한 사람'이 무엇인지에 대한 또 다른 하나의 의미를 파고 들어 말하고자 한다. 나는 말한다. 만약 인간, 영혼, 정신이 신을 직관한다면, 그는 동시에 자신이 인식하고 있다는 것을 알고 인식한다. 곧, 그는 자신이 신을 직관하고 인식하고 있음을 인식한다.[160] 그런데 몇몇 사람들의 "지복의 꽃과 핵심이 정신이 신을 인식한다는 것을 인식하는 인식에 있다."라는 생각은 전적으로 믿을 만한 것으로 보인다. 만약 내가 모든 환희를 갖고 있으면서도, 내가 그것을 갖고 있다는 것을 모른다면, 나에게 무슨 소용이 있으며, 어떤 환희든 간에 그것이 나에게 무슨 소용이 있겠는가? 하지만 나는 사정이 그렇지 않다고 확신에 차 말한다. 영혼이 이것(자기 인식-역자) 없이 충분히 행복할 수 없다는 것이 또한 참이라 하더라도, 여전히 지복은 자기 인식 가운데 자리 잡고 있지 않기 때문이다. 왜냐하면, 지복이 성립하는 최초의 자리는 영혼이 덮여 씌워져 있지 않은 채 있는, 있는 그대로의 신을 직접 직관하는 곳이기 때문이다. 그 가운데서 영혼은 신의 근저(grunde gotes)로부터 자신의 전 존재와 자신의 생명을 수용하고, 자신인 모든 것을 만들기 때문이다. (117) 그때 영혼은 지식에 관하여, 사랑에 관하여, 그리고 그 밖의 어떤 것도 전혀 모르고 있기 때문이다. 영혼은 신의 존재(wesene gotes) 가운데 전적으로, 그리고 철저하게 고요하게 된다. 영혼은 그곳에서 존재(wesen)와 신(got) 이외에

---

160) 에크하르트는 자신의 『Expositio Sancti Evangelii secundum Johannem(요한복음 주해)』(LW III, 93쪽 6행 이하)에서 지복은 신의 직관에 있는 것이 아니라, 신 직관에 대한 의식적 인식에 있다는 명제와 대결하고 있다. 또한, 분실된 『Opus questionum(질문집)』에서도 상세하게 이 명제와 싸우고 있다. 그는 이 『질문집』에서 이 명제가 이미 다루어지고 옹호되고 있는 Durandus de S. Porciano 의 Sent. I. d. 1 q. 2를 제시하고 있다. Heinrich Roos, Zur Datierung von Meister Eckharts Trostbuch(ZfdPh. 57, 1932, 224쪽 이하) 참조.

아무것도 모른다. 그러나 만약 영혼이 신을 직관하고, 인식하고, 사랑하고 있다는 것을 알고 인식하고 있다면, 이는 자연적 질서에 따라 보면, 다시 출발점(자기 자신-역자)에서 나갔다가(ûzslac), 출발점(자기 자신-역자)으로 다시 되돌아오는 것(widerslac)일 것이다.[161] 왜냐하면, 실제로 흰(wîz) 사람 이외에 그 누구도 자신을 희다고 인식하지 않기 때문이다. 그 때문에 자신을 희다고 인식하는 사람은 흼-존재(wîz-wesenne) 위에 세워져 있고, 그 위에 지탱되는 사람이다. 자신을 희다고 인식하는 사람은 자신의 인식을 색깔로부터 직접, 그리고 무의식적으로 취하지 않고, 오히려 색깔에 대한 인식과 지식을 흰 사물로부터 취하며, 그는 오로지 색깔 자체로부터 (색깔에 대한-역자) 인식을 형성하지 않는다. 오히려 그는 (희게-역자) 색칠된 것이나 흰 사물로부터 (색깔에 대한-역자) 인식과 지식을 형성하여 자신이 희다는 것을 인식한다. 하지만 흰 것(wîz)은 (색깔 자체인-역자) 흼-존재(또는 흼wîz-wesen)보다도 훨씬 못한 것이며 대단히 외적인 것이다. 벽(색칠된 개별적 색깔-역자)과 벽이 그 위에 쌓아 올려지는 기초(색깔 자체-역자)는 전적으로 다른 어떤 것이다.[162]

  스승들은 그(색깔 자체의-역자) 도움으로 눈이 보는 능력과 그것(공통 감각-역자)을 통하여 눈이 보고 있다는 것을 눈이 인식하는 능력은 다른

• • •

161) 소이세는 자신의 책 『Büchlein der Wahrheit(진리의 책)』에서 이곳을 글자 그대로 옮기고 있다. K. Bihlmeyer, Heinrich Seuse(Stuttgart 1907) 346쪽 8-16행 참조. 자연적 질서에 따라 보면, 나가는 것(Der Ausschlag)은 정신이 인식 대상을 향해 자신의 바깥으로 방향을 돌리는 것이며, 되돌아 오는 것(Rückschlag)은 반성 작용을 통해 최초의 행위를 의식하게 되는 작용이다.

162) 이 비유는 신의 직관에 대한 지식과 직관 자체 사이의 차이를 명확하게 하기 위해 사용되고 있다. 여기서 직관에 대한 지식은 개별적이고 구체적인 흰 사물과 상응하는 반면, 직관 자체는 흼(die Weiße), 흼-존재(das Weiß-Sein)와 상응 한다. 에크하르트는 자신의 라틴어 작품의 대단히 많은 곳에서 흰 것과 흼의 관계를 논하고 있다. 여기서 에크하르트는 자신이 희다는 것을 아는 것이 중요한 것이 아니라, 흼-존재를 아는 것이 중요한 것임을 일깨우고 있다. 곧, 자기가 신을 보고 있다는 것이 중요한 것이 아니라, 아무런 매개 없이 있는 그대로의 신을 보는 것이 중요한 것임을 말하고 있다. 역주.

능력이라고 말한다.[163] 전자에 있어서 눈이 본다는 것은 철저하게 색칠된 것으로부터가 아니라, 색깔 (자체-역자)로부터 취한다. 색칠된 것은 그것이 하나의 돌이든, 한 조각의 목재든, 한 사람이든 또는 천사든 간에 상관없이 전적으로 같은 것이다. 곧, 오직 색깔 (자체-역자)를 가진다는 점에서 그것들은 (공통적인-역자) 본질(wesen)을 갖는다.

그리하여 나도 또한 말한다. 곧, 고귀한 인간은 자신의 전 존재, 생명 그리고 자신의 지복을 단지 신으로부터만, 신에 의해서만 그리고 신에 있어서만(von gote, an gote und in gote blôz) 받아들이고 형성하는 것이지, 신-인식, 신-직관 또는 신-사랑(got bekennene, schouwenne, oder minnenne) 또는 그러한 것 등으로부터 받아들이고 형성하는 것은 아니라고. 그러므로 우리의 주님께서는 마음에 와닿는 다음과 같은 말씀을 하셨다. 곧, 영원한 생명은 하나이고 참되신 신만을 인식하는 것이지, 우리가 신을 인식하고 있다는 것을 인식하는 것이 아니라고(요한 17, 3).[164] 자기 자신도 (제대로-역자) 인식하지 못하는 자가 자신이 신을 인식하고 있는 자라는 것을 어떻게 인식할 수 있겠는가?[165] 그 까닭에 만약 그가 지복의 근저와 뿌리에서 영원히 행복하게 되고 행복하다면, 자기 자신과 다른 사물들 일반을 인식하지 못하고 있다고 하더라도, 참으로 신만은 인식하고 있음은 분명한 사실이다. 그러나 영혼이 신을 인식하고 있다고 인식

• • •
163) 참조. Aristoteles, De anima(Ⅱ t. 145, 146) : Thomas, S. theol. Ⅰ q. 78 a. 4 ad 2. 그것을 통하여 눈이 보고 있는 것을 눈이 인식하는 다른 능력은 공통 감각이다. 오늘날의 말로 하면 뇌의 작용일 것이다. 역주.
164) 참조. "영원한 생명이란 홀로 참 하느님이신 아버지를 알고 아버지께서 보내신 예수 그리스도를 아는 것입니다." 요한 17, 3. 역주.
165) 진정한 자기 인식은 신 인식과 같은 것임이 여기에 암암리에 전제되어 있다. 역주.

한다면, 영혼은 신에 대한 인식과 동시에 자기 자신에 대한 인식을 하고 있는 셈이다.

(118) 내가 서술했듯이, 그(색깔 자체의-역자) 도움으로 인간이 보는 능력[166]과 그것(공통 감각-역자)을 통해 인간이 보고 있다는 것을 알고 인식하는 능력은 다른 종류의 능력이다. 지금, 여기 이 세상에서(nû hie) 우리는 우리 안의 능력(공통 감각-역자) 덕택으로 우리는 보고 있다는 것을 인식하고 안다. 따라서 지금 여기 이 세상에서는 우리에게 있는 이러한 능력(공통 감각-역자)이 그(색깔 자체-역자) 덕분에 우리가 보는 능력보다 더 고귀하고 더 높다. 왜냐하면, 자연은 가장 불완전한 것을 갖고 작용을 시작하지만, 신은 가장 완전한 것을 갖고서 작용을 시작하시기 때문이다. 자연은 인간을 아이로부터, 닭을 달걀로부터 만든다. 그러나 신은 인간을 아이보다 앞서서, 그리고 닭을 달걀에 앞서서 만드신다. 자연은 목재를 우선 따뜻하고 뜨거운 것으로 만든 다음에, 비로소 불의 존재(daz wesen des viures)를 성립시킨다. 그러나 신은 모든 피조물에 우선 존재(daz wesen)를 부여하고 난 다음에, 시간 속에서, 그리고 또한 시간 없이도 존재에 귀속되는 모든 것을 (따로따로-역자) 나누셨다. 또한, 신은 성령의 선물보다 먼저 성령을 주신다.

그리고 또한 나는 인간이 신을 직관하고 인식하고 있다는 것을 의식하고 충분히 알지 못한다면, 실로 지복은 존재하지 않는다고 말한다. 그러나 신이시여, 나의 지복이 거기에 머물지 않게 해주소서! 나와 달리 전자에 만족하는 사람은 그것을 고수하기 바란다. 하지만 나는 그를 불쌍하게

⋯

[166] 여기서 에크하르트는 시간과 공간을 넘어서 있는 그리고 피조물의 냄새가 전혀 나지 않는 창조되지 않은 '영혼 가운데 있는 어떤 것'(Etwas in der Seele)을 말한다. 역주.

여길 수밖에 없다. 불의 열기(hitze)와 불의 존재(wesen)는, 비록 시간과 공간에 따라 보면, 아주 가까이 붙어있음에도, 전혀 같지 않으며 자연 속에서 서로 멀리 떨어져 있는 것이다. 이같이 신의 직관과 우리의 직관은 서로 간에 완전히 멀리 있으며, 같지 않은 것이다.

그러므로 우리 주님께서는 "한 고귀한 사람이 한 왕국을 얻기 위해 먼 곳으로 떠났다. 그리고 되돌아 왔다."라고 전적으로 바르게 말씀하셨다. 왜냐하면, 인간은 자기 자신 안에서 '하나'(ein)가 되어야 하며, 자신 안에서 '하나'를 추구해야 하며, '하나' 가운데서 '하나'를 받아들여야 하기 때문이다. 곧, 신만을 직관해야 한다. 그리고 '되돌아 왔다'(zurückkommen)라는 말은, 곧 인간이 신을 인식하고 알고 있다는 것을 알고 인식하는 것을 일컫기도 한다.[167] "큰 날개와 긴 깃이 달리고 울긋불긋한 깃털로 가득한 큰 독수리 한 마리가 순수한 산으로 날아가서 가장 높은 나무를 취해, 그 줄기의 새순을 따서 아래로 내려왔다."라고 예언자 에제키엘이 말했을 때, 그는 여기서 내가 말한 모든 것을 이미 앞서서 말한 것이다(에제키엘 17, 3).[168] (119) 우리 주님께서 한 고귀한 사람이라고 말한 것을 예언자 에제키엘은 한 마리의 힘센 독수리라고 불렀다.[169] 한편으로는 피조물이 소유하고 있는 최고와 최상의 것(최상위의 이성-역자)으로부터 태어난 사람보다도, 그리고 다른 한편으로는 신적 본성과 신적 황야의

⋯
167) 에크하르트가 "되돌아 왔다."라는 말을 신 직관을 의식하는 것을 뜻하고 있는 것은 분명하다. 실로 신 직관을 의식하게 되는 것은 지복의 필요조건이긴 하지만, 지복을 근거 지우는 충분조건은 아니다. 에크하르트에서 신과 직접 하나 되는 것이 무엇보다도 중요하다. 인간이 신을 알고 인식하고 있다는 것을 인식하는 것은 어디까지나 신과 직접 하나 되는 것에 바탕을 두어야 할 것이다. 역주.
168) 참조. "너는 말하여라. '주 하느님이 이렇게 말한다. 큰 날개와 긴 깃이 달리고 울긋불긋한 깃털로 가득한 큰 독수리 한 마리가 레바논으로 갔다. 향백나무의 꼭대기 순을 따고 가장 높은 가지를 꺾어 상인들의 땅으로 가져가서 장사꾼들의 성읍에 심어 놓았다." 에제키엘 17, 3 이하. 역주.
169) 독수리는 독일어로 Adler이고, 고귀한은 독일어로 edler이다. 역주.

2. 고귀한 사람(VON DEM EDELN MENSCHEN)

가장 내적인 근저(von dem innigsten grunde götlîcher natûr und des einoede)에서 태어난 사람보다도, 더 고귀한 사람이 있을 수 있겠는가? 우리 주님께서 예언자 호세아를 통해 "나는 고귀한 영혼을 황야로 인도하고자 한다. 그리고 나는 거기서 그의 가슴에 대고 말하려고 한다."라고 말씀하신다(호세아 2, 14).[170] '하나'와 함께 '하나'(ein mit einem)를, '하나'로부터 '하나'(ein von einem)를, '하나' 가운데서 '하나'(ein in einem)를, 그리고 '하나'의 '하나'(in einem ein) 가운데서 영원히. 아멘.

---

[170] 참조. "그러나 이제 나는 그 여자를 달래어 광야로 데리고 가서 다정히 말하리라." 호세아 2, 16. 위의 성경 말씀은 호세아서 2장 14절의 말씀이 아니라, 2장 16절의 말씀이다. 역주.

논고 II (TRAKTAT II)
영적 강화(Die REDE DER UNDERSCHEIDUNGE)

영적 강화(靈的 講話 : Die Rede der Underscheiduge)[171]

다음은 튀링겐 관구의 관구장 대리이며 에어푸르트 수도원 원장이며 설교 수도회 수사인 에크하르트가 젊은 수사들과 나눈 대화이다. 젊은 수사들은 저녁의 강화 때(collationibus), 나란히 앉아서 에크하르트에게 많은 것을 물어보았다.

---

171) 이 책(DW. V) 137쪽 이하에 수고의 전승과 여태까지의 판본들 그리고 번역본들에 대한 충분한 논의들이 실려 있다. 또한, 나는 149쪽 이하에서 RdU(die Rede der Underscheidunge의 略語)의 17장 끝까지의 많은 부분을 뤼스브룈(Ruusbroec)의 제자인 고트프리드 판 벨벨(Godfried wan Wevel)이 저자로 추정되는 논고 〈Vanden Ⅶ Doghenden〉에 힘입어 작업했음을 말하고 있다. RdU와 텍스트 〈Vanden Ⅶ Doghenden〉 간에 상응하는 부분에 대한 목록을 149쪽 이하에 함께 수록하고 있다.

사람들이 이전에 너무나 부당하게 문제 삼았던 RdU의 진정성은 절대 확실하며, 나는 이를 독일어 작품 V 168-182쪽에서 상이한 진정성의 기준들을 제시함으로써 입증하고 있다.

저서 전체가 저자를 수사 에크하르트로 그리고 동시에 튀링겐의 관구장 대리이며 에어푸르트 수도원 원장으로 드러내고 있음과 함께, 도미니크 총회가 1298년 수도원장과 관구장 대리의 겸직을 금지하는 점(A. Pummerer의 보고, Dietrichs, Diss. 1쪽 참조)으로 미루어 볼 때, RdU는 1298년 이전에 출판되었다고 볼 수 있다. 따라서 이 저서는 우리에게 알려진 가장 오래된 에크하르트의 독일어 작품일 것이다.

– 1 –
참된 순종(gehôrsame) – 최초의 것–에 대하여

 (185) 참되고 완전한 순종은 모든 덕행에 앞서는 덕행(ein tugent vor allen tugenden)이다. 어떠한 위대한 행위도 순종이라는 덕행 없이는 생길 수도 이루어질 수도 없다. (186) 다른 한편으로는 어떤 행위가 아무리 사소하고 아무리 하찮은 것이라 하더라도, 미사를 드리는 일이든, 미사를 보는 일이든, 기도하는 것이든, 명상하는 것이든 또는 그대가 생각할 수 있는 무엇이든 간에, 참된 순종 속에서 행해질 때, 더욱 쓸모 있는 것이다. 당신이 원하고자 하는 일이 아무리 가치 없는 일이라 하더라도, 그

• • •

이 저서의 표제가 말해주듯이, RdU는 강화(Collationes), 곧 느슨하게 나란히 앉아서 행해지는 연속적인 강화 말씀이다. 여기서 에크하르트는 일련의 주제와 물음을 제시한다. 물론 에크하르트는 표제가 말하듯이, 부분적으로는 청중 자신이 이러한 물음과 주제를 제시하도록 하기도 한다. RdU의 이러한 성립과 동기가 본질적으로 이 저서의 도덕적-윤리적 그리고 실천적-종교적 주제를 해명해줌과 동시에 에크하르트의 특이한 사변적 색조도 결여되어 있음도 설명해준다. 곧 독일어 설교(DW)들과 논고 <신적인 위로의 책>에 나오는 사변적 주요 주제들이 이곳에서 결여되어 있는 까닭은 너무 초기 작품이어서 그렇다고 추정된다. 그의 신비주의적 사변은 두 번째 파리 체류 이후에, 본격적으로 전개된다. 리이거(Rieger)와 디더리히스(Diederichs)가 생각하듯이, 에크하르트가 실로 젊은 여성들이나 평신도에게가 아니라, 수사들에게 향하고 있다는 것은 각 장의 주제로부터, 그리고 특히 첫 장의 수도원 생활에서의 가장 주요한 자질인 '순종'에 대한 주제로부터 잘 드러나고 있다. 이러한 맥락에서 첫 번째 장에서 그는 수도원의 장상의 손에 모든 것을 맡겨야 한다는 수도원 규율에 관해 말하고 있다.
강화인 RdU의 이러한 성립은 또한 그 글의 형식, 특히 계획적이고 엄밀한 조합이나 분절이 결여되어 있음을 잘 해명해준다. 그리고 각 장 내부에 그리고 장과 장 사이에 계획적이고 일관되게 진행하는 사유 과정이 결여되고 있음도 잘 설명해 준다.
통상적으로 『Die Reden der Unterweisung』으로 번역되는 『Die rede der underscheidunge』이란 제목은 몇몇 수고들에만 나타나는 이름일 뿐, 본래의 제목은 아니다. 완전한 이름은 "다음은 튀링겐 관구의 관구장 대리이며 에어푸르트 수도원 원장이며 설교 수도회 수사인 에크하르트가 젊은 수사들과 나눈 대화이다. 젊은 수사들은 저녁의 강화(Lehrgespräch: collationes) 때, 나란히 앉아서 에크하르트에게 많은 것을 물어보았다."이다. 여기서 우리는 글의 형식, 내용 그리고 글의 목적을 잘 알 수 있다.

것이 무엇이라 하더라도, 그 행위를 (참된 순종 속에서-역자) 다시 행하라. 참된 순종이 행위를 더 고귀하고 더 좋게 해줄 것이다. 여하튼 순종은 모든 것 중에서 최상의 것(daz aller beste in allen dingen)을 낳는다. 정말이지 순종이란 우리가 무슨 일을 하든, 저지하지도 않는다. 왜냐하면, 우리가 무슨 일을 하든, 참된 순종에서 비롯되는 행위라면 어떤 것도 결코 방해하지도 저지하지도 않기 때문이다. 또한, 순종은 선(guot)을 소홀히 하지도 않기 때문이다. 순종은 결코 걱정거리를 만들지도 않고, 선을 결여하고 있지도 않다.

(187) 사람들이 순종 가운데 자신의 자아에서(des sînen) 벗어나 자신의 것과 결별하게 된다면, 바로 그때 신도 어쩔 수 없이 다시 (내 안으로-역자) 들어설 수밖에 없을 것이다. 왜냐하면, 만약 누군가가 스스로 어떤 것도 원하지 않게 되면, 신은 그 사람 스스로가 포기했던 것과 마찬가지 방식으로 그 사람을 위해 (무엇인가-역자) 원할 수밖에 없게 되기 때문이다. 만약 내가 나의 뜻을 나의 장상의 손에 넘겨주고, 나 자신을 위해서 원하지 않게 되면, 그 때문에 신은 나를 위해 (무엇이든-역자) 원할 수밖에 없게 될 것이다. 신이 나를 위한 일을 소홀히 하면, 동시에 자신을 위해서도 소홀히 하는 셈이 될 것이다. 그리하여 무엇보다 이런 말이 있다. 내가 나를 위해 아무것도 원하지 않으면, 신이 나를 위해 (무엇인가를) 원할 것이다. "내가 나를 위해 아무것도 원하지 않는다면, 신은 대체 나를 위해 무엇을 원할까?" 하는 것에 주목하라! 내가 나의 자아를 버릴 때, 신도 스스로 원하는 모든 것을 더도 아니고 덜도 아니게 스스로 원하시는 만큼, 나를 위해 당연히 원할 수밖에 없을 것이다. (188) 만약 진리인 신이 이같이 하지 않는다면, 신은 올바르지도 않

을 것이고, 또한, 자신의 본성적 존재(sîn natiurliche wesen)가 신인 그러한 신이 아닐 것이다.

참된 순종 안에서는 "나는 이러저러한 것을 원한다." 또는 "이것 아니면 저것을 원한다."라는 것이 발견되어서는 안 되고, 오히려 그대의 것을 순전히 벗어나는 것(ein lûter ûzgân des dînen)만이 발견되어야 한다. 그 때문에, 인간이 할 수 있는 최상의 기도에는 "저에게 이러한 덕이나 지혜를 주소서." 또는 "주여, 저에게 당신 자신이나 영원한 생명을 주소서."라는 기도가 포함되어서는 안 되고, 다만 "주여, 당신이 원하는 것 이외에 아무것도 저에게 주지 마시옵고, 모든 방식으로 당신이 원하는 것을 원하는 대로 하소서."라는 기도가 포함되어야 한다. 후자의 기도는 전자의 기도보다 마치 하늘이 땅 위에 아득히 높이 있듯이, 아득히 높이 있는 것이다. 우리가 이같이 기도를 드렸을 때, 곧 우리가 참된 순종 속에서 자신의 자아에서 벗어나, 신 안으로 들어가게 되었을 때, 우리는 기도를 잘 드린 것이다. (189) 마치 참된 순종이 "나는 그것을 원한다."를 알지 말아야 하는 것처럼, 참된 순종으로부터 "나는 원하지 않는다."가 들려와서도 안 된다. 왜냐하면 "나는 원하지 않는다."라는 것은 모든 순종에 대해 진짜 독이 되기 때문이다. 그리하여 성 아우구스티누스는 다음과 같이 말한다. "신의 신실한 종은 사람들이 자신에게 말하거나 주는 것, 또는 자신이 듣고 싶어 하거나 말하고 싶어 하는 것에서 기쁨을 찾지 않는다. 왜냐하면, 신실한 신의 종이 첫째로 그리고 최고로 노력해야 할 것은 신이 가장 좋아하는 것을 듣는 것이기 때문이다."[172]

---

172) 참조. Augustinus, Confess.(『고백록』) X C. 26 n. 37(CSEL 33, 255쪽 8-10행).

— 2 —
가장 힘 있는 기도에 대하여
그리고 가장 고귀한 활동(werke)에 대하여

모든 것을 이룰 수 있는 가장 힘 있는, 거의 전능에 가까운 기도와 무엇보다도 가장 가치 있는 활동은 텅 비어 있는 마음에서(ûz ledigen gemüete) 나온다. 마음이 비어 있으면 비어 있을수록, 기도와 행위는 더욱 힘 있게 되고, 더욱 가치 있게 되고, 더욱 쓸모 있게 되고, 더욱 찬양받을 만한 것이 되고 더욱 완전해진다. 텅 비어 있는 마음은 모든 것을 할 수 있다.

텅 비어 있는 마음이란 어떤 마음인가?

텅 비어 있는 마음이란 바로 어떤 것에도 동요하지 않고, 어떤 것에도 묶여있지 않는 그러한 마음이다. 텅 비어 있는 마음이란 바로 자신이 생각하는 최상의 것을 어떤 일정한 방식으로 묶어 두지 않는 마음이다. 텅 비어 있는 마음이란 결코 자신의 것을 바라보지 않는 마음이다. 텅 비어 있는 마음이란 신의 가장 사랑스러운 뜻에 온전히 침잠하는 것이며, 자신의 것에서 벗어나 있는 마음이다. 사람은 이런 마음속으로 자신의 힘과 자신의 능력을 받아들이지 않고는, 아무리 사소한 활동도 결코 (제대로— 역자) 할 수 없을 것이다.

(191) 바라건대, 인간의 모든 지체와 능력들, 즉 눈과 귀, 입, 심장 그리고 모든 감각 기관이 신과 하나 되는 쪽으로 방향을 잡을 수 있도록, 우리는 간절히 기도해야 한다. 우리가 지금 이곳에 머무시도록 하고 우리가 그리로 향하여 기도하는 신과 우리가 하나 되어 머무는 것을 우리가 느끼

기 전까지, 우리는 그분께로 향하는 것을 멈추지 말아야 한다.

- 3 -
아집(eigens willen)으로 가득 차 있어,
그냥 놓아두고 있지 못하는 사람들(ungelâzenen liuten)

(191) 사람들은 다음과 같이 말한다. "오, 주여, 저는 또한 당신께 머무르기를 간절히 바랍니다. 오, 주여, 다른 사람들이 그러한 것처럼, 저도 그들만큼 많은 묵상을 하고, 당신과 함께 평화(vride) 안에 머물기를 간절히 바랍니다. 그리고 저에게 이런 일이 일어나기를, 또는 가난하기를 원합니다." (192) 또는 이렇게 말한다. "만약 제가 여기나 저기에 있지 않거나, 또는 이러 저러하게 행동하지 않는다면, 결코 제가 올바르다고 할 수 없을 겁니다. 저는 외딴곳에 살아야 하거나, 또는 작은 암자나 수도원에 있어야만 합니다."

참으로 그대의 자아는 어디서나 이런 생각에 사로잡혀 있고, 그 이외에 아무런 생각이 없다. 만약 그대가 이를 알지 못하거나 그렇게 생각하지 않는다고 하더라도, 그것은 어디까지나 아집(eigener wille)에 지나지 않는다. 우리가 알아채든 그렇지 않든 간에, 아집에서 비롯되지 않는 그러한 불-평화(unfriede)는 그대에게 생기지 않을 것이다. 사람은 이것을 피하고, 저것을 추구해야 한다고 생각한다. 그것들이 이 장소든, 이 사람이든, 이 방식들이든, 또는 이 군중이든 또는 이 활동이든 간에, 어떤 방식들이든, 어떤 사정이든 간에, 이것들이 그대를 방해하는 것은 죄가 아니다. (193) 오히려 그대를 방해한다는 것은 그대 스스로 그것들에 빠져 있다는 것이다. 왜냐하면, 그대가 사물에 대해 (주체적이지 못하고-역자), 그것에 무질서하게 (역으로-역자) 휘둘리기 때문이다.

따라서 우선 그대 자신에서부터 시작해야 한다. 그대를 그냥 놓아두고 있어라(lâz dich). 참으로 그대가 어디론가 달아날 수 있다고 하더라도, 그대가 우선 그대 자신으로부터 달아나지 못한다면, 그대는 장애물과 불-평화를 보게 될 것이다. 그것이 장소들이든, 방식들이든, 사람들에 있어서건, 또는 활동들에 있어서건, 외딴곳에서든, 또는 가난이나 비천함 속에서건, 또는 그것이 아무리 인상적인 것이든, 또는 그것이 무엇이든 간에, 사람들은 외적인 것들(ûzwengigen dingen)에서 평화를 추구한다. 그렇지만 외적인 것들은 모두 아무것도 아니고, 결코 평화를 안겨주지 못한다. (194) 외적인 것들 속에서 평화를 추구하는 사람들은 완전히 거꾸로 (평화를-역자) 추구하고 있다. 이들이 더욱 멀리 방황하면 할수록, 이들은 자신들이 찾고자 하는 것을 더욱 찾지 못할 뿐이다. 이들은 마치 길을 잃어버린 사람과 같이 길을 걸어가고 있다. 길을 잃어버린 사람은 더 멀리 가면 갈수록, 더욱 길을 잃고 헤맬 뿐이다. 그는 대체 어떻게 해야 할까? 그는 우선 자기 자신을 놓아야 한다. 그래야 그는 모든 것을 놓아둔(gelâzen) 셈이 된다. 참으로, 어떤 사람이 왕국이나 세계 전체를 (손에서-역자) 놓았다고 하더라도, 자기 자신을 그대로 움켜쥐고 있다면, 그는 아무것도 놓은 것이 아닐 것이다. 하지만 사람이 자기 자신에서 벗어나 자신을 놓는다면, 그는 부(富)든, 명예든 또는 그 무엇이든 간에, 그가 가진 모든 것을 놓은 사람이 된다.

성경에서 성 베드로는 다음과 같이 말했다. (195) "보소서, 주여, 우리는 모든 것을 다 버리고 놓아두었나이다."(마태오 19, 27)라고.[173] 그렇지만 그가 놓아버린 것이라곤 그물과 작은 배 밖에 없었다. 이에 대해 한 성인이 이렇게 말한다. "작은 것을 기꺼이 버린 사람은 단지 이 작은 것을 버렸을 뿐만 아니라, 모든 세상 사람들이 얻고자 하는, 실로 세상 사람들이 가지기를 탐하는 모든 것을 손에서 놓은 사람이다."라고. 왜냐하면, 자신 뜻과 자기 자신을 손에서 놓은 사람은, 모든 것이 자신의 자유로운 소유물이었다고 하더라도, 또한 모든 것에 대한 완전한 처분권을 지니고 있었다 하더라도, 이 모든 것을 실제로 버리고 (손에서-역자) 놓은 사람일 것이기 때문이다. 당신이 탐하지 않기로 원했기 때문에, 당신은 모든 것을 신을 위하여 포기하고 내놓은 것이다. 그리하여 우리 주님께서 다음과 같이 말씀하셨다. "정신이 가난한 사람들은 복 받을지어다."라고. 곧, 이는 뜻(Willen)이 가난한 자들이 그렇다는 말이다. (196) 이 점을 의심해서는 안 된다. 그리고 만약 어떠한 더 나은 방식이 있다면, 우리 주님이 그렇게 말했듯이, 제자들을 불러 이렇게 말했을 것이다. "나를 따라오고자 사람은 우선 자기 자신을 부정해야 한다."(마태오 16,24).[174] 이 점이 대단히 중요하다. 그대 자신에 주목하라. 그대가 그대를 찾고자 한다면, 그대를 그대로부터 놓아두어야 한다. 이것이 최상의 길이다.

● ∗ ∘

173) 참조. "그때 베드로가 그 말씀을 받아 예수님께 물었다. '보시다시피 저희는 모든 것을 버리고 스승님을 따랐습니다. 그러니 저희는 무엇을 받겠습니까?'" 마태오 19, 27. 역주.
174) 참조. "그때 예수님께서 제자들에게 말씀하셨다. '누구든지 내 뒤를 따라오려면, 자신을 버리고 제 십자가를 지고 나를 따라야 한다.'" 마태오 16, 24. 역주.

-4-
우리가 내적·외적으로 수행해야 하는
'그냥 놓아 버리고 있음'(lâzenne)의 유용성에 대하여

자신을 아직 더 많이 놓아 버리고 있어야 한다는 것을 발견하지 못했을 정도로, (모든 것을) 놓아 버리고 떠난 사람은 이 세상에 아직 없었다는 사실을 그대는 알아야 한다. 이러한 사실을 제대로 유념하면서 계속 살아가는 사람은 얼마 없다. (197) 그대가 모든 사물로부터 더 멀리 벗어나면 벗어날수록, 더도 말고 덜도 말고 그대가 벗어난 만큼, 그대가 어떠한 경우에 있어서든지, 그대를 그대의 것으로부터 완전히 비우는(ûzgâst) 한에서, 신은 자신의 모든 것을 갖고 (그대에게로-역자) 들어오신다는 것은 등가적(等價的) 교환이고 정당한 거래이다.[175] 따라서 당신이 수행할 수 있는 모든 것이 당신에게 그 대가가 지불되겠끔 시도해 보라. 그러면 그때 당신은 바로 참된 평화가 그 대가로 지불되어 있음을 알게 될 것이다. 그 밖의 어떤 곳에서도, 당신은 참된 평화를 찾을 수 없을 것이다.

사람들은 자신들이 무엇을 해야 하는지(was si taeten)에 대해 그리 많이 생각할 필요가 없다. 오히려 자신들이 무엇인지(was si waeren)에 대해 생각해야 한다. 만약 사람들이 선하고, 그들의 삶의 방식이 선하다면, 그들의 행위(werk) 또한 밝게 빛날 것이다. 만약 그대가 옳은(gereht) 사

---

175) 참조. Tauler, Vetter 425쪽 32행 이하. "피조물이 적으면 적을수록, 신의 것이 더 크다. 이것이 바로 동등한 상거래이다."

람이라면, 그대의 행위도 옳을 것이다. (198) 우리는 성스러움(heilicheit)의 근거를 행위(toun)로 삼고자 해서는 안 된다. 오히려 우리는 성스러움의 근거를 존재(sîn)로 삼아야 한다. 왜냐하면, 행위가 우리를 거룩하게 하는 것이 아니고, 우리가 행위를 거룩하게 하는 것이기 때문이다. 아무리 행위들이 거룩하다 하더라도, 그 행위들은 그것이 행위들인 한에서 우리를 결코 거룩하게 하지 않는다. 오히려 우리가 거룩하고, 존재(wesen)를 소유하고 있는 그 만큼, 우리는 우리의 모든 행위를 - 그 행위가 먹는 것이든, 자는 것이든, (밤샘 기도를 위해-역자) 깨어 있는 것이든, 또는 그것이 무엇이든 간에 관계없이 - 거룩하게 할 것이다. 누가 어떤 행위를 한다고 하더라도, (그 행위를 자신의 근거로 삼는 -역자) 사람은 위대한 존재가 아니다. 왜냐하면, 거기(행위-역자)로부터 아무것도 이루어지지 않기 때문이다. 이런 사실로부터 우리는 선하게 존재하는(gut sî) 데에, 온갖 정성을 다 기울여야 한다는 것을 잘 알아야 한다. 그리고 우리가 무엇을 해야 하는지, 또는 우리의 행위가 어떤 종류의 것이어야 하는지보다도, 오히려 행위의 근거(grunt der werke)가 어떠한가에 대해 온갖 정성을 다 기울여야 한다는 것을 잘 인식해야 한다.

-5-
무엇이 본질과 근거(daz wesen und den grunt)를 선하게 하는지 주목하라

인간의 행위들이 선성(güete)과 관계 맺게 해주는, 인간의 본질과 존재 근거를 완전히 선하게 하는, 근거는 인간의 마음이 전적으로 신께 향하는 데 있다. 신이 그대에게 위대하게 되도록, 그리고 그대의 능동적인 일과 수동적인 일 가운데서 그대의 모든 노력과 열성을 신께로 향하도록, 온 힘을 다하여라. 참으로 말한다면, 그대가 그렇게 하면 할수록, 그대의 모든 행위는 더욱 선해진다. 그러한 행위들이 어떤 종류의 것이든 관계없이, 그렇게 된다. 신께 매달려라. 그러면 신은 당신에게 모든 선함을 갖다 줄 것이다. 신을 추구하라. 그러면 당신은 신을 찾을 것이다. 그리고 모든 선함도 (더불어) 발견하게 될 것이다. (200) 참으로 그대는 이러한 생각을 하면서, 돌을 밟을 수도 있다. 그런데 만약 그대가 우리 주님의 몸을 받아 모신다면, 그리고 받아 모시면서, 그대의 것에서부터 더욱 멀어진다면, 그리고 그대의 의도에 사심이 더욱 없어진다면, 돌을 밟는 행위조차도 상당히 신의 마음에 드는 행위일 수 있다. 신께 매달리는 사람에게, 신 또한 매달릴 것이며, 또한 모든 덕이 그에게 매달리게 될 것이다. 먼저 그대가 찾아 나서라. 그러면 그대가 찾아 나선 그분이 이제 그대를 찾을 것이다. 먼저 그대가 그분을 따라나서라. 그러면 그대가 따라나선 그분이 이제는 그대를 따라나설 것이다. 만약 그대가 먼저 달아나고자 한다면, 그대가 그에게서 달아나고자 한 그분이 이제는 그대에게서 달아날 것이다. 그 때문에 신과 꼭 밀착되어 있는 사람에게는 신적인 모든 것이 그와 꼭 밀착되어 있게 된다. 그러므로 신을 닮지 않고, 신과 낯선 모든 것에서 멀어져야 한다.

- 6 -
버리고 떠나 있음(abegescheidenheit)과
신을 갖는 것(habenne gottes)에 관하여

"많은 이들은 사람들 무리에서 멀리 떠나 줄곧 홀로 있는 것을 좋아하는 것 같습니다. (201) 그렇게 함으로써 평화를 얻을 수 있다고 생각하는 것 같습니다. 그리고 교회 안에 있어야 평화를 얻을 수 있다고 생각하는 것 같습니다. 이러한 것이 최상이 아닌지요?" 이런 질문을 받을 때 나는 "아니오!"라고 답한다. 왜 그런지 잘 들어보라. 올바른(reht) 사람은 실로 어떤 장소에 있든, 어떤 사람들과 어울리든 올바르게 산다. 그러나 올바르지 못한(unreht) 사람은 어떤 장소에 있든, 어떤 사람들과 어울리든 올바르지 못하게 산다. 그렇다면 올바른 사람은 실로 자신 안에 신을 갖고 있는 사람이다. 신을 참으로 올바르게 갖고 있는 사람은 교회나 외딴곳이나 골방에 있는 것과 마찬가지로, 어떠한 장소에서든 어떠한 거리에서든 어떠한 사람들과 함께 있건, 신을 갖고 있는 사람이다. 그 이외에 어떤 곳에서든 그가 올바르게 신만을 갖고 있다면, 아무도 그러한 사람을 방해하지 못할 것이다.

왜 그럴까?

그가 오직 신만을 갖고 있고 오직 신만을 생각하기 때문에, 그에게는 모든 것들이 순전히 신이 되기 때문이다. 이러한 사람은 어떤 행위를 할 때나, 어떤 장소를 가거나 신을 모시고 다닌다. (202) 오로지 신만이 이 사람의 모든 행위를 작동시킨다. 왜냐하면, 이 행위를 한 사람보다도, 이 행위를 초래한 분(행위의 원인이 되는 분-역자)에게 이 행위가 더욱 고유하고, 더욱 참되게 속하기 때문이다. 만약 우리가 순수하게 그리고 오로지 신만을 바라보고 생각한다면, 참으로 우리가 하는 행위를 그분이 주관하실 것이고, 아무리 많은 사람이든 어떠한 장소든 관계없이 아무도 신을 방해하지 못할 것이다. 그러므로 아무도 (유일하게 신만을 갖고 있고 오직 신만을 생각하는-역자) 사람을 방해하지 못한다. 왜냐하면, 그는 신 이외에 누구도 생각해 보거나 찾아 헤맨 적이 없고, 신 이외 어떤 것도 맛본 적이 없기 때문이다. 신이 온갖 노력을 다하는 인간과 하나가 되었기 때문이다. 마치 어떠한 다수성(多數性)도 (하나인-역자) 신을 흩뜨려 버릴 수 없듯이, 또한 어떠한 것도 이 사람을 흩뜨려 버리거나, 다수의 것으로 만들 수 없다. 왜냐하면, 이 사람은 모든 다수성이 거기서 하나인 하나(einez) 안에서, 곧 비-다수성(ein unvermanicvalticheit)인 저 하나 안에서 하나이기 때문이다.

(203) 사람은 모든 사물에서 신을 찾아내어 바라볼 수 있어야 한다. 사람의 심정은 마음, 생각, 그리고 사랑 안에서 항상 신을 현전하시는(gegenwärtig) 분으로 모시는 데에, 익숙해 져야 한다. 그대가 교회에 있든지 또는 골방에 있든지 간에, 얼마나 그대가 신께로 향하고 있는지 주목하라. 그리고 이 똑같은 마음(daz selbe gemüete)이 계속 지속되도록 하고, 이러한 마음을 군중 가운데나 불안정하고 똑같지 않은 날들에서도 똑같이 지니고 다녀라. 그리고 내가 이미 자주 말했듯이 '똑같음'(glîcheit)에 대해 말할 때, 이 말마디를 모든 행위가 똑같다는 뜻으로 새겨서는 안 된다. 또는 모든 장소나 모든 사람이 똑같다는 것을 의미하는 것처럼, 여겨서도 안 된다. 이는 이치에 맞지 않는 말이다. 왜냐하면, 기도하는 것이 물레질하는 것보다 더 나은 행위이고, 교회가 길거리보다 더 신성한 장

소이기 때문이다. 하지만 그대는 모든 행위에서 똑같은 마음(ein glîchez gemüete), 똑같은 크기의 신뢰, 신에 대한 똑같은 정도의 사랑, 한결같은 진지함을 가져야 한다. 참으로 그대가 이처럼 (한결같이-역자) 똑같은 마음을 가진다면, 그대가 그대의 하느님을 현전하시는 분으로 갖는 것을 아무도 막지 못할 것이다.

그의 내면에 신이 참으로 깃들어 있지 않은 자, (204) 그리고 신을 끊임없이 이것저것으로부터, 즉 바깥으로부터 찾는 자, 그리고 신을 한결같지 않은 방식으로 행위들이나 사람들, 장소들에서건 간에, 찾는 자는 신을 갖고 있지 않다. 이런 사람을 방해하는 일은 쉬운 일이다. 왜냐하면, 그는 신을 갖고 있지 않기 때문이다. 그는 오직 신만을 추구하지도 않을뿐더러, 오직 신만을 사랑하지도, 오직 신만을 찾아 나서고자 노력하지도 않는 사람이기 때문이다. 그 때문에 단지 나쁜 무리뿐만 아니라, 선한 무리도 그를 해코지한다. 길거리가 그를 방해할 뿐만 아니라, 교회도 그렇게 한다. 나쁜 말과 행위들뿐만 아니라, 좋은 말과 행위들도 그렇게 한다. 이는 신이 그 사람에서는 아직 (세상의-역자) 모든 것이 되지 못하고 있는 까닭에, 장애물이 그를 가로막고 있기 때문이다. 하지만 그 사람에게 신이 세상의 모든 것이 된다면, 어디에 있든지 누구와 지내든지, 그는 전적으로 올바르고 행복하게 지낼 것이다. 왜냐하면, 그는 신을 갖고 있고, 어느 누구도 그에게서 신을 뺏을 수 없고, 그가 어떤 일을 하든 그를 훼방 놓지 못할 것이기 때문이다.

(205) 신을 참으로 갖는 것이 어디에서 가능한가? 이같이 신을 참으로 갖는 일은 무엇에 달려 있는가?

이렇게 신을 참으로 가짐은 마음(gemüete)에 달려 있고, 신을 향한 내적이고 이성적인 전회(innoclîchen vernünftigen zoukêrenne)와 노력에 달려있는 것이지, 계속 한결같이 신을 생각(staeten anegedenkenne)하는 것에 달려 있지 않다. 왜냐하면, 신에 대해 계속 한결같이 생각하는 일 자체가 본성상 불가능한 것이거나, 대단히 어려운 것인 데다가, 최상의 것도 아니기 때문이다. 사람들은 생각된 신(gedâhten gote)을 가져서도, 그러한 신에 만족해서도 안 된다. 왜냐하면, 만약 생각이 사라지면, 신도 또한 사라질 것이기 때문이다. 우리는 오히려 인간의 사유와 모든 피조물의 생각 너머 아득히 높이 계시는, 참으로 존재하는 그대로의 신(gewesenden got)을 가져야 한다. 인간이 의지적으로 신으로부터 등을 돌리더라도, (참으로 존재하는-역자) 신은 절대 사라지지 않는다.

이렇게, 참으로 존재하는 그대로의 신(got in wesenne)을 갖는 사람은 신을 신적으로 받아들이는 사람이다. 그에게 신은 (세상의-역자) 모든 것에서 환하게 빛을 내며, (그 모습을-역자) 드러낼 것이다. 왜냐하면, (세상의) 모든 것이 그에게 신적 맛을 낼 것이고, 세상의 모든 것에서 신이 자신을 드러낼 것이기 때문이다. 신은 그 사람 속에서 언제나 밝게 빛날 것이고, (206) 자기를 버리고 (신으로 향하는-역자) 전회(ein abegescheiden abekêren)가 그 사람 속에서 이루어지고, 자기가 늘 사랑하는 현전하시는 신의 모습이 그 사람 속에 새겨질 것이다. 이는 어떤 사람이 정말 목이 말라서 애타게 목말라 하는 경우와 같다. 물론 그는 물을 마시지 않고도, 다른 행동을 취할 수도 있고, 다른 것을 생각할 수도 있다. 하지만 그가 무엇을 하든, 그리고 누구와 함께 있든, 어떠한 노력을 하든, 또는 어떠한 생각이나 행동을 하든 간에, 계속되는 목마름에 물을 마시고 싶다는 생각이 그에게서 여전히 사라지지 않을 것이다. 목마름이 크면 클수록, 물을 마시고 싶다는 생각은 더욱 자기 안으로 파고들고, 더욱 눈앞을 아른거리며, 더욱 생생하게 될 것이다. 어떤 것을 온 힘을 다하여 뜨겁고도 열렬히 사랑하는 사람에게는 그것 이외의 다른 것은 전혀 마음에 들지 않을 것이고, 마음이 가지도 않을 것이다. 그는 단지 이것만을 그리워할 뿐이며, 그 이외의 것은 그에게 전혀 아무것도 아니게 될 것이다. 그러한 사람은 어디에 있든, 누구와 있든, 또는 무엇을 시작하든, 또는 무엇을 행하든 관계없이 자신이 그토록 사랑하는 것이 그에게는 절대 사라지지 않는다는 것은 전적으로 확실하다. 그는 또한 (세상의-역자) 모든 것 가운데서 이것들의 (본래-역자) 모습(des dinges bilde)도 발견한다. 이러한 (세상의-역자) 모든 것의 본래 모습이 그에게 더욱 강하게 현전하면 현전할수록, 사랑은 더욱더 점점 강하게 된다. 어떤 불안도 그를 방해하지 못하기 때문에, 이러한 사람은 안정을 찾지 않는다.

(207) 이런 사람은 신 앞에서 엄청난 칭찬을 받는다. 왜냐하면, (그에게는 세상의-역자) 모든 것이 본래 모습 그대로(in sich selbst) 있는 까닭에, 그는 이것들을 신적인 것으로 그리고 더 높은 것으로 파악하기 때문이다. 진실로, 사람의 내면과 깨어있고 참되고 이성적이고 현실적인 지식(des menschen inwendicheit und wakker war vernünftigez würklîchez wizzen)-이러한 것을 기반으로 할 때, 마음이 사물들과 사람들 사이에서도 한 중심에 자리 잡는다-에 대한 주목과 헌신 및 열정은 바로 이를 위한 것이다. 우리는 이를 (사람들이나 사물들로부터-역자) 도피해서는 배울 수 없다. 이는 그가 사물들을 두려워하여 외적으로(von ûzwendig) 홀로 있는 쪽으로 방향을 돌리기 때문이다. 오히려 그는 내적으로 홀로 있기(innerlich einoede)를 배워야 한다. 어디에 있든, 누구

와 함께 있든지 간에, 그는 그렇게 해야 한다. 그는 사물들을 꿰뚫고 파고들어, 그 가운데서 자신의 신을 포착해내는 것을 배워야 한다. 그리고 그는 존재의 방식으로(in einer wesenlîchen wîse) 힘차게 신을 자신 속으로 모시고 들어와 자기 모습을 새롭게 바꾸는 법을 배워야 한다. 이는 마치 글쓰기를 배우려는 사람의 경우와 같다. (208) 아무리 고달프고 어려운 일이라 하더라도, 비록 불가능한 일이라 생각되더라도, 참으로 그는 글 쓰는 기술을 익히기 위해, 글쓰기를 많이 그리고 자주 연습해야만 한다. 만약 그가 글쓰기를 오로지 열심히, 그리고 자주 연습하려고 하기만 한다면, 그는 글쓰기를 배우게 될 것이고, 자신의 것으로 삼을 수 있게 될 것이다. 참으로 그는 처음에는 글자 한 자 한 자 모두에 신경을 써야 했을 것이다. 글자 한 자 한 자를 기억에 새기고자 하는 데 거의 매달리다시피 했을 것이다. 하지만 그가 글쓰기를 완전히 익히고 난 후에는, 글자 모습을 곰곰이 생각할 필요가 더는 없을 것이다. 그는 이제 머뭇거리지 않고 자유롭게 글을 쓴다.[176] 이는 악기 연주에 통달한 사람이 피이델(바이올린의 전신-역자)이나 또는 어떠한 악기에 관계할 때도 해당하는 사정이다. 악기 연주에 통달한 사람은 자신의 기술을 어떻게 사용할 것인지를 충분하고 완전히 알고 있다. 비록 그가 악기를 연주할 때, 계속 의식하지

• • •

176) 참조. 이곳에서 에크하르트가 글쓰기를 배우는 것을 예로 들어 분명히 하고자 하는 것은 어떠한 외적 환경이나 처지에서도 신을 현전하시는 분으로 모실 수 있기(Gott-gegenwärtig-haben-Können)와 '버리고 떠나 있음'의 '기술'을 익혀 최종적으로 그것을 완전히 숙달해야 한다는 것이다. '버리고 떠나 있음'은 무의식적이고 본능적으로 무엇을 해내는 완전한 숙달로 이끄는 반복적이고 지속적인 연습을 통하여, 단순한 가능성에서 습성으로 도달하는 것이다. 글을 쓰는 사람은 처음에는 글자, 한 자 한 자의 각각의 '꼴'을 그리듯이 써야 한다. 하지만 숙달되면 글자의 내적인 '꼴'에 따라 익숙하게 글을 쓴다. 독일어 설교 I, 24번(DWI, Nr. 24), 415쪽 6행 이하. "내 속에 있는, 곧 내 영혼 속에 있는 알파벳이라는 상에 따라, 나는 글자를 쓰지만, 나의 영혼에 따라 글자를 쓰는 것은 아니다."

는 않는다고 하더라도, 그는 자신의 연주를 완벽하게 수행해내고, 그가 연주 중 무슨 생각을 할 수 있겠지만, 숙달된 능력으로 연주를 (성공적으로-역주) 해낸다.

그가 아무런 노력도 수고도 하지 않지만, 자신에게 신의 현전하심이 두루 비추어질 수 있도록, 그리고 더 나아가 자신이 모든 것들에서 풀려나(eine blôzheit), 모든 것에 완전히 자유롭게(lecic) 머물 수 있도록, 인간은 신의 현전하심에 폭 잠겨 들어야 한다. 자기가 사랑하는 신의 모습에 의해 철저하게 모습이 바뀌어야 하고, 존재하는 그대로의 신 가운데 자리 잡고 있어야 한다. 물론 초보일 때는 이를 위해 반드시 생각하고 신경을 써서 하나하나 익힐 수밖에 없다. 마치 글쓰기를 익히는 학생처럼, 그렇게 해야 한다.

-7-
어떻게 사람은 자신의 행위를 가장 이성적으로(vernünfticlîchen) 행할 수 있는가?

그가 관계하고 있는 (세상의) 사물들이 그를 방해하지 못하게 하고, 집요하게 달라붙어 있는 어떠한 생각이 자신 속에 파고들어 자리 잡지 못하게 하는 경우를 우리는 많은 사람에게서 볼 수 있고, 원하기만 하면 그는 이런 상태에 쉽게 도달할 수 있다.[177] 왜냐하면, 만약 사람의 마음이 신

---
177) 우리가 관계하는 사물들에 내적으로 방해받지 않는 것이 중요한 것이 아니라, 오히려 사물에 대한 올바른 태도와 사물을 올바르게 사용함으로써 인간의 모든 활동에서 신이 '모습을 드러내도록' 하는 것이 중요한 것임을 이 장은 강조하고 있다.

으로 가득 차 있다면, 피조물들은 (그 사람 속에-역자) 어떠한 자리를 차지할 수도, 발견할 수도 없기 때문이다. 하지만 우리는 단순히 이에 만족해서는 안 된다. 그것이 무엇이든, 우리가 어디에 있고 무엇을 보거나 듣든, 그것이 아무리 낯설고 부적합하든지 간에, 우리는 (세상의) 모든 것들을 높은 수준으로 충분히 사용할 수 있어야 한다. 그때야 비로소 우리는 올바르게 되고, 그 이전에는 그렇지 못하다. 따라서 우리는 결코 사물들이 우리를 방해하지 못하게 하거나, 어떤 특정 생각이 우리 안에 들어와 머물지 못하도록 하는 데서 끝나지 말아야 한다. 오히려 우리는 그런 상태에서 끊임없이(âne underlâz) 성장할 수 있고, 참된 성장을 하는 가운데 점점 높은 단계에 도달할 수 있어야 한다.

(210) 그런데 인간은 자신의 모든 행위와 모든 사물에서 자신의 이성(vernunft)을 곰살궂게 사용해야 하고, (세상의-역자) 모든 것에서 자기 자신과 자신의 내면성을 성찰하는 이성적 통찰력(ein vernünftigez mitewizzen)을 가져야 하고, (세상의-역자) 모든 것에서 가능한 최고의 방식으로 신을 읽어 내릴 수 있어야 한다. 왜냐하면, 우리는 우리 주님의 말씀과 같이 다음과 같이 되어야 하기 때문이다. "너희들은 언제나 깨어 있어 주인을 기다리는 사람들처럼 되어야 한다."(루카 12, 36) 참으로, 이같이 기다리는 사람들은 깨어있어, 자신들이 기다리는 주인이 어디서 올 것인지 이리저리 둘러본다. 그들은 자신들에게서 너무 멀리 있어 누가 오는지 모를지라도, 그리고 자신들이 기다리는 주인이 그들 중에 없을지 모르더라도, 어떤 상황에서도 주인을 기다린다. 그러므로 우리도 (세상의-역자) 모든 것에 의식이 깨어있어, 우리 주님이 오기를 기다리며 내다보아야 한다. 그러기 위해 우리는 온갖 노력을 기울여야 하고, 감각 능력과

그 밖의 모든 능력으로 할 수 있는 모든 것을 다 해야 한다. 그럴 때 사람들은 올바르게 될 것이다. 그리고 그들은 (세상의-역자) 모든 것에서 똑같이 신을 포착할 것이고, (세상의-역자) 모든 것에서 똑같이 신을 발견할 것이다.

물론 하나의 행위는 다른 행위와 다르다. 하지만 행위들이 (한결같이-역자) 똑같은 마음에서 행해진다면, 참으로 이 행위들도 모두 같은 것이 될 것이다. 그는 올바르게 서 있게 될 것이고, 신은 참으로 그와 하나 될 것이다. (211) 참으로, 신은 가장 신적인 행위에서뿐만 아니라, 세속적인 행위에서도 그를 낱낱이 비추어줄 것이다. 하지만 참으로, 이러한 말은 인간이 직접 어떤 세속적인 것이나, 부적절한 것을 해야 한다는 말로 이해되어서는 안 된다. 오히려 그가 외적으로 보고 듣는 것을 신께 돌려야 한다는 말로 이해되어야 한다. (세상의-역자) 모든 것에서 신의 현존을 느끼는 사람, 자신의 이성(vernunft)을 가장 잘 다스리고 이용하는 사람만이 참된 평화가 무엇인지 알고, 올바른 하늘나라를 갖게 될 것이다.

우리는 모든 일 가운데서 신을 발견하고 배우기를 고수하거나, 모든 일을 (손에서-역자) 놓아 버릴 수도 있다. 이 경우, 두 가지 중에서 하나만 행해야 한다면, 어느 쪽이 과연 올바른 길일까. 사람은 이 세상에 사는 동안 일하지 않고는 살 수는 없다. 일은 일단 인간 존재에 속하는 것이다. 일에는 다양한 종류가 있다. 그 때문에 인간은 (세상의-역자) 모든 것에서 자신의 신을 갖고, 거리낌 없이(방해받지 않고-역자) 모든 일과 모든 장소에 머물기를 배워야 한다. 그 때문에, 우리가 사람들과 함께 어떤 일을 시작해야 할 때, 그는 미리 힘차게 신으로 무장하고 신을 확고하게 자신의 마음속에 모셔야 한다. 다른 것이 자신을 형성할 수 없도록, 그는 자신의 모든 의도, 생각, 뜻 그리고 자신의 능력들을 신과 하나 되게 해야 한다.

-8-
최고로 성장하기 위한 끊임없는 노력에 관하여

사람이 어떤 일을 제대로 수행했다고 좋게 판단하지 말아야 한다. 이는 일들에 더욱 자신만만해지거나 더욱 자기를 내세우는 사람이 될 것이고, 또한 그의 이성은 더욱 게을러지거나 마비될 것이기 때문이다. 이성과 의지(vernunft und wllen) 등 두 개의 능력을 갖고 계속 자신을 드높여야 한다. 그렇게 하는 가운데, 최고 수준에서 자신의 최상의 것을 포착해야 한다. 그리고 일체의 해악에 대하여 외적으로나 내적으로 이성적으로(vernünftichlîchen) 자신을 지켜내어야 한다. 그럴 때, 어떠한 것들도 결코 소홀히 하지 않고, 끊임없이 높은 수준으로 성장할 것이다.

-9-
어떻게 죄로 기울어지는 경향성이
인간에게 항상 도움이 되는가?

그대는 악덕을 저지르고 싶은 충동이 올바른 사람에게 결코 커다란 축복과 유익함이 없는 것이 아님을 알아야 한다. 이제 주목하라. 여기에 두 사람이 있다. 한 사람은 어떠한 약점도 없기에, 전혀 흔들림이 없거나,

있다고 해도 거의 없는 것에 가까운 그러한 종류의 사람이다. (213) 다른 한 사람은 본성상 시련과 유혹이 잘 들이닥치는 사람이다.[178] (견물생심이라는 말이 있듯이-역자) 어떤 것들이 바깥으로 눈에 뜨이게 드러나게 됨에 따라, 가령 분노든, 헛된 명예심이든, 어쩌면 관능이든 그에게 다가오는 것에 따라, 그의 외적 인간(ûzer mensche)이 자극을 받게 된다. 그러나 그는 자신의 최고 능력(obersten kreften)을 갖고 아무런 흔들림도 없이 확고하게 서 있다. 그리고 화를 낸다든지 죄를 짓는다든지 하는, 어떠한 잘못도 저지르고자 하지 않고, 약점에 맞서 힘차게 싸운다. 아마도 본성에 깃들어 있는 약점이 문제가 되고 있기 때문일 것이다. 이 경우, 많은 사람이 성격상 쉽게 화를 내거나, 교만하거나, 또는 그 이외의 약점들이 있으면서도, 죄를 범하지 않고자 하는 경우에 해당한다. 이러한 사람은 더욱 칭찬받을 것이고, 그가 받을 상은 더욱더 클 것이며, 그의 덕은 첫째 경우의 사람보다 더 고귀할 것이다. 왜냐하면, 완전한 덕은, 성 바오로가 "덕은 약점이 있는 가운데 완수된다."(2코린토 12, 9)라고 말했듯이, 갈등에서만 생기기 때문이다.

(214) 죄로 기울어지는 경향성 자체가 죄는 아니지만, 죄를 짓고자 의지하는 것(wellen)은 죄이다. 화를 내고자 의지하는 것은 죄이다. 정녕코 올바르게 살았으면 하는 뜻을 강하게 가진 사람이 있다면, 그는 죄로 기울어지는 경향성이 사라지기를 바라지 않을 것이다. 왜냐하면, 그런 경향성이 없다면, 사람은 (세상의-역자) 모든 것과 자신의 모든 일에서 확신을 갖지 못하고 살아가고, 모든 것에 무관심하게 살아갈 것이기 때문

---

[178] 이리저리 휘둘리는 낮은 능력을 지닌 사람과 확고하고 변함없이 머무는 최상의 능력을 지닌 사람과 대조. 역주.

이다. 또한, 투쟁으로부터 비롯되는 명예로움도 승리도 상급도 주어지지 않을 것이기 때문이다. 그리하여 부덕(untugent)에 의해 충동질 당하고 부덕에 의해 동요를 느끼는 것이 바로 노력하는 자에게 덕과 상급을 갖다 줄 것이다. 말하자면 죄로 기울어지는 이런 경향성이 (215) 바로 우리가 더욱 열심히 덕을 실행하도록 하고, 힘차게 덕으로 나아가게 한다. 이런 경향성이야말로 우리가 자신을 경계하고 덕을 쌓도록 밀어붙이는 매서운 채찍이다. 왜냐하면, 사람들이 허약하면 할수록, 더욱 강함과 극기로 무장할 수밖에 없기 때문이다. (우리 마음 가운데는-역자) 부덕과 마찬가지로 덕 또한 의지 가운데 자리하고 있기 때문이다.

– 10 –

어떻게 의지가 모든 것을 가능하게 한다는 말인가? 또한, 만약 의지가 올바르다면, 모든 덕목이 의지 가운데 놓여 있다고 하는데, 어떻게 그러한가?

사람은 올바른 의지 속에 자리하고 있는 한, 어떤 것에도 매우 놀라서는 안 되고, 어떤 일을 할 때, 의지를 충분히 발휘할 수 없었다고 괴로워해서도 안 된다. (216) 또한, 올바르고 선한 의지가 자신 안에 있는 것을 발견한다면, 자신을 덕과는 거리가 먼 사람으로 여겨서는 안 된다. 왜냐하면, 덕과 모든 선함은 선한 의지(gouten willen) 가운데 놓여 있기 때문이다. 만약 그대가 참되고 올바른 의지를 갖고 있다면, 사랑이나 겸손에서든 또는 어떠한 덕목에서든, 어떤 것에 있어서도 그대는 부족함이 없을 것이다. 오히려 그대는 온전한 의지를 갖고 열렬하게 원하는 것을 갖게 될 것이다. 만약 의지가 전적으로 올바른 신적 의지라면, 또한 현재(gegenwertic)로 향하는 의지라면, 신이든 어떤 피조물이든 그대가 열렬히 원하는 것을 빼앗아 갈 수 없을 것이다. "나는 단지 미래일 뿐인, 나중에 하고 싶다."가 아니라, 오히려 "나는 그것이 지금 당장 그렇게 되기를 원한다."가 중요하다. 다음에 귀를 기울여라! 어떤 것이 천 마일이나 멀리 떨어져 있다 하더라도, 만약 내가 그것을 갖고자 한다면, 나의 품에 지니고 있으면서도 갖고자 하지 않는 것보다도, 더 고유한 의미에서 나는 그것을 갖고 있다는 것을.

악함이 악한 사람에게 힘 있는 것 못지않게, 선함은 선한 사람에게 힘 있다. (217) 다음을 주목하라! 만약 내가 나쁜 일을 절대 하지 않는다고 하더라도, 만약 내가 악을 행하고자 하는 의지(wille ze dem boesen)를 갖는다면, 나는 죄를 지은 것이다. 나는 어떤 행위도 하지 않으면서도, 세상 전부를 죽일 수 있는 것과 같은 큰 죄를 단호한 의지 가운데서(in einem ganzen willen) 지을 수도 있다. 이와 같은 똑같은 일이 좋은 의지에는 도대체 왜 불가능하다는 말인가? 실로 이와 똑같은 일이 좋은 의지에도 많을 것이고, 비교할 수 없을 정도로 더 많을 것이다!

참으로, 나는 의지로 모든 것을 할 수 있다. 나는 모든 사람의 수고를 대신 질 수도, 모든 가난한 사람들을 배불리 먹일 수도, 모든 사람의 일을 다 해낼 수도 있다. 그대가 생각해낼 수 있는 그 무엇이든 나는 할 수 있다. 만약 당신이 의지에 결함이 없고 오히려 능력에만 문제가 있다면, 참으로 그대는 신 앞에서 모든 것을 행한 것이다. (218) 아무도 그대로부터 어떤 것도 빼앗아 갈 수 없을 것이다. 아무도 단 한 순간만이라도 그대를 방해하지 못할 것이다. (하고자 원한다면,-역자) 원하는 것을 나는 (즉각-역자) 행할 수 있는 까닭에, 하고자 '원하는 것'(wellen toun)과 '행한 것'(haben getân)은 신이 볼 때는 똑같다. 나아가 내가 마치 세상 사람 모두가 갖고 있는 의지만큼, 많은 의지를 갖고자 원한다면, 그리고 나의 의지에 대한 욕망이 크고 한없이 넓은 것이라면, 참으로 나는 의지를 갖고 있는 것이다. 왜냐하면, 내가 갖고자 하는(wil haben) 것을 나는 갖고 있기(hân) 때문이다. 또한, 내가 모든 사람이 얻은 사랑만큼 많은 사랑을 얻고자 한다면, 그리고 내가 모든 사람이 신을 칭송하는 만큼, 신을 많이 찬양하고 싶어 한다면, 그렇게 할 수 있게 될 것이다. 또는 그 이외에 그대가 생각해 낼 수 있는 무엇이든지 하기를 원한다면, 그대는 참으로 이 모든 것을 갖게 될 것이다. 만약 그대의 의지가 완전한 것이라면, 그렇게 될 것이다.

그렇다면 "언제 의지가 올바른 의지인가?"라고 여러분은 나에게 물을 수 있을 것이다. 의지가 자아에 매여 있지 않을(âne alle eigenschaft) 때, 그리고 의지가 자기 자신을 벗어나서(ûzgegangen), 신의 의지로 전환하여 신의 의지로 철저하게 다시 모습을 바꾸게 될 때(gebildet und geformieret), 그 의지는 온전히 올바르게 된다. 실로 의지가 더욱 그렇게 되면 될수록, 의지는 더욱 올바르고 참된 것이 된다. 사랑이든 또는 원하는 무엇이든 이러한 의지 가운데서 그대는 모든 것을 할 수 있게 될 것이다.[179]

• • •
179) 니체는 『차라투스트라는 이렇게 말했다』에서 생각(Gedanke)과 행위(That) 그리고 행위에 대한 사후 생각 또는 평가(das Bild der That) 사이에는 필연적 인과 관계가 없다고 주장한다(F. Nietzsche, Also sprach Zarathustra, hrsg. von G. Colli und M. Montinari, München: Deutscher Taschenbuch Verlag, 1988. 45쪽 이하 참조). 하지만 에크하르트는 의지와 행위 사이의 일치를 주장하고 있다. 그러나 이러한 일치는 의지가 올바른 의지일 경우에 한정된다. 어떤 의지가 올바른 의지인가? 올바른 의지는 자아에서 풀려나, 신적 의지로 꼴바꿈할 때, 생기(生起)하는 의지이다. 이런 논의는 의상조사(義湘祖師)의 법성게(法性偈)에 나오는 初發心時, 便正覺(초발심시, 변정각/첫발심 했을 때가 바른 깨달음)이라는 구절을 떠올리게 한다. 역주.

이제 그대들은 묻는다. (219) "위대한 업적을 이룩한 많은 사람에게서 위대한 헌신과 함께 놀랍게도 내가 갖고 있지 못한 것을 보는 것과 마찬가지로, 내가 사랑을 느끼지도 확신하지도 못하고 있는 데, 어떻게 과연 내가 사랑을 얻을 수 있을까?"라고

여기서 사랑의 경우, 두 가지 종류밖에 없음을 그대들은 주목해야 한다. 하나의 경우는 (신적 존재에서 비롯되는-역자) 본질적 사랑(wesen der minne)이며, 다른 하나는 (부자 관계처럼, 인간의 자연스러운-역자) 사랑의 작용 또는 (주관적 감정에서 비롯되는-역자) 사랑의 표출(ein werk oder ein ûzbruch der minne)이다. 본질적 사랑이 머무는 자리는 오로지 (신적 의지로 꼴을 바꾼-역자) 의지이다. 이러한 의지를 더 많이 갖고 있는 사람은 또한 더 많은 사랑을 갖고 있다. 그러나 누가 더 많은 의지와 사랑을 갖고 있는지는 아무도 알지 못한다. 그것은 신이 감추어진 채, 자리하고 있는 영혼의 근저(grunt der sêle) 가운데 숨겨져 있기 때문이다. 이러한 사랑은 전적으로 그리고 온통 (신적 의지로 꼴을 바꾼-역자) 의지 가운데 자리 잡고 있다. 이러한 의지를 더 많이 갖고 있는 사람은 또한 사랑도 더 많이 갖고 있는 것이다.[180]

이제 두 번째 사랑의 경우는 (주관적 감정에서 비롯되는-역자) 사랑의 표출 또는 (인간의 자연스러운-역자) 사랑의 작용이다. (220) 그것은

---

180) 여기서 에크하르트는 자아에 벗어나서 신적 의지로 꼴을 바꾼 올바른 의지에서 비롯되는 사랑인 '본질적 사랑'(고유한 의미에서의 사랑)을 부자 관계 등에서 볼 수 있는 자연스러운 사랑의 작용이나, 주관적인 감정에서 비롯되는 사랑의 표출 등과 구분하고 있다. 그리고 신적 꼴로 바꾼 의지를 많이 갖고 있는 사람일수록, 더 많은 사랑을 갖고 있다고 한다. 그러나 이러한 사정을 일반인들은 알아채지 못한다. 왜냐하면, 이러한 의지와 사랑은 신이 감추어진 채, 거주하는 '영혼의 근저'에 감추어져 있기 때문이다. 여기서 이미 에크하르트의 제2 파리 체류 후기의 작품들에서 본격적으로 등장하는 '영혼의 근저' 개념이 등장하고 있다. 이렇게 본다면, 그의 사변적 신비주의는 이미 초기에서부터 태동하고 있다고 보아야 한다. 역주.

(겉으로 드러나는–역자) 내면의 생각과 즐거움 등과 같이, 겉으로 드러나 곧장 눈에 곧장 띄는 것이다. 하지만 항상 최선의 것은 아니다. 왜냐하면, 이러한 두 번째 경우의 사랑은 결코 (본질적-역자) 사랑에서 비롯되는 것이 아니라, 오히려 우리의 호감과 달콤한 느낌으로부터 비롯되기 때문이다. 이러한 호감과 달콤한 느낌은 (각각의–역자) 성품(natûre)에서 비롯된다. 그 성품은 천성에 기인하는 것일 수도 있고, 감각을 통해 안으로 들어온 것일 수 있다. 우리는 그것이 항상 최선의 것은 아니라는 것을 흔히 경험한다. 그리하여 비록 두 번째 경우의 사랑이 실제로 신에게서 오는 경우가 있다고 하더라도, 우리 주님은 어떤 사람을 회유하고 끌어당기기 위해서만, 이를 허용하셨다. 그리고 또한 우리가 그를 통해 다른 사람과 올바르게 거리를 두게끔, 이를 허용하셨다. 만약 이렇게 회유된 사람이 그 후에 사랑에 있어 성장하게 된다면, 그 사람들은 더는 이전에 가졌던 만큼의 감정과 느낌을 더는 갖지 않게 되는 게 쉬울 것이다. 이러한 사실로부터 비로소 다음의 사실이 명백해질 것이다. 그 사람들이 머뭇거림 없이 전적으로 그리고 확고하게 신에 대한 신심을 간직할 때, 그들이 (본질적–역자) 사랑을 가지게 될 것이라는 사실이.

(221) 전적으로 충만한 사랑이 있다고 하더라도, 그것이 최상의 것은 아니다. 이는, 우리가 (본질적–역자) 사랑에서 비롯하는 더 나은 것을 위하여, 그러한 기쁨을 때때로 포기해야만 한다는 사실에서, 그리고 그것이 정신적이든 육체적이든 필요로 할 경우, 드높은 사랑의 과업을 수행하기 위해 그러한 기쁨을 종종 포기해야만 한다는 사실에서 명백하게 드러난다. 이러한 사정은 내가 또한 이미 다른 곳에서 다음과 같이 말했을 때의 경우와 같다. 만약 어떤 사람이 마치 성 바오로가 그러했듯이, 환희

(inzucke)에 차 있다고 하자. 그런데 그 사람이 자신에게 작은 죽 한 사발을 요구하는 아픈 사람을 알고 있다고 하자. 나는 그 사람에게 죽을 한 사발을 주는 것이 환희에 차 있는 것보다 훨씬 좋은 일이라 생각한다. 그대는 사랑 때문에 환희에서부터 벗어나서, 죽을 요구하는 사람을 더욱 큰 사랑 가운데서 돌보아 주어야 할 것이다.

(222) 우리는 그가 그런 일(환희를 포기하고 아픈 사람에게 죽을 주는 일-역자)을 하면서, 은총을 놓치는 것이 아닌가 하고 잘못 생각해서는 안 된다. 왜냐하면, 우리가 사랑하는 마음에서 기꺼이 버릴 때, 더욱 많이 엄청나게 되돌려 받을 것이기 때문이다. 마치 "나 때문에 어떤 것을 버리는 사람은 백배로 되돌려 받을 것이다."(마태오 19, 29)[181]라고 그리스도께서 말씀하신 것처럼, 참으로 우리가 신을 위하여 버리고 포기한 것은 무엇이든 그러할 것이다. 만약 어떤 사람이 그러한 위로의 감정과 내면성(내면적인 달콤함-역자)을 열렬하게 요구한다면, 그리고 또한 이를 위해 자신이 할 수 있는 모든 일을 한다고 하더라도, 신은 이를 그에게 주시지 않을 것이다. 신은 그에게 이런 바람을 거부할 것이다. 따라서 당신들은 신의 의지를 위해 이를 기꺼이 포기해야 한다. (233) 이미 주어진 많은 재물을 완전하게 소유하고 있으면서도, 기꺼이 신을 위해 자신의 것을 양도하고 (자신의 재산을-역자) 거부하고 내놓으려고 하는 경우처럼, 참으로 그는 신 가운데 자신이 찾는 것을 충분히 얻게 될 것이다. 그는 백배로 되돌려 받을 것이다. 왜냐하면, 신체적이든 또는 정신적이든, 사람이 무엇인가 갖고 있으면서도, 신을 위해 기꺼이 단념하고 포기하는 그 모든

---

181) 참조. "그리고 내 이름 때문에 집이나 형제나 자매, 아버지나 어머니, 자녀나 토지를 버린 사람은 모두 백 배로 받을 것이고 영원한 생명도 받을 것이다." 마태오 19, 29. 역주.

영적 강화(靈的 講話 : Die Rede der Underscheiduge)

것을 그는 신 가운데서 얻게 될 것이기 때문이다. 이는 마치 우리가 재산을 소유하고 있으면서도, 자신의 것을 기꺼이 내놓는 것과 같다. 이리하여 우리는 신을 위하여 모든 것을 빼앗겨야 한다. (본질적-역자) 사랑 가운데 모든 (개인적-역자) 위로를 거절해야 한다. 사랑에서 모든 것을 내놓아야 한다.

우리는 이러한 (위로나 환희의-역자) 감정을 사랑 때문에 때때로 포기해야만 한다. 이를 뜻하는 말을 우리가 사랑하는 바오로가 (224) "나의 형제들에 대한 사랑 때문이라면, 그리스도에게서 떨어져 나갔으면 하고 바랐습니다."(로마 9, 3)[182]라고 우리에게 말하고 있다. 이때 이러한 식으로 그가 사랑의 첫 번째 방식(사랑의 본질-역자)에 반하고자 한 것은 아니었다. 왜냐하면, 그는, 하늘과 땅에 무슨 일이 일어나든 관계없이, 사랑의 첫 번째 방식과 한순간도 떨어져 있고자 하지 않았기 때문이다. 따라서 (그리스도에게서 떨어져 나갔으면 하고 바랍니다.-역자)라는 말의 뜻은 다름 아닌 '위로에서 떨어져 나갔으면 하고 바랍니다.'라는 말이다.

그대들은 신의 친구(die vriunde gotes)가 되는 사람이 결코 위로 없이 있을 수 없다는 것을 당연히 알아야 한다. 왜냐하면, 위로든 위로가 아니든 관계없이, 신이 원하는 것이 바로 그대들에게 최상의 위로이기 때문이다.

⋯

182) 참조. "사실 육으로는 내 혈족인 동포들을 위해서라면, 나 자신이 저주를 받아 그리스도에게서 떨어져 나가기라도 했으면 하는 심정입니다." 로마 9, 3. 역주

-11-
인간이 신을 그리워하는데
신이 모습을 숨긴다면, 어떻게 해야 하는가?

　더 나아가서 그대들은 선한 의지(der goute wille)는 결코 신을 잃어버리 수 없다는 것을 알아야 한다. 그러나 마음의 (개인적-역자) 느낌(das enpfinden des gemüetes)은 가끔 신을 그리워하면서, 흔히 신이 사라졌다고 생각하기도 한다. 그때 당신은 어떻게 해야만 하겠는가? (225) 당신이 최고로 위안을 받는 가운데 있다면, 그대가 했을 것 같은 행동을 그대가 가장 고통스러운 순간에도 똑같이 하기를 배워라. 그대가 전자의 경우에 처신했던 것과 전적으로 똑같이 처신하라. "신을 찾기 위해서 사람들이 신을 떠나 버리는 바로 그곳에서, 신을 찾아라."라는 충고보다 더 좋은 충고는 없다. 신을 찾지 못하고 있을 때도, 신을 가지고 있을 때의 그대처럼, 그렇게 행동하라. 그러면 그대는 신을 만날 것이다. 하지만 선한 의지는 (어떤 경우에도-역자) 결코 신을 잃어버리거나, 신이 사라졌다고 여기고, 신을 그리워하지 않는다. 많은 사람은 "우리는 선한 의지를 갖고 있다."라고 말한다. 하지만 그들은 신의 의지(gotes willen)를 가지고 있는 게 아니라, 그들 자신의 (개인적-역자) 의지를 갖고 있다. 그들은 자신의 주님이 이렇게 또는 저렇게 해주기를 주님께 가르치려고 한다. 이러한 의지는 결코 선한 의지가 아니다. 우리는 신에 있어서 신의 최고의 사랑스러운 의지를 추구해야 한다.[183]

• • •
183) 여기서 개인적 의지와 신의 의지가 대조되고 있다. 개인적 의지는 내 마음대로 하려고 하는 주관적 아집과 관계하는 반면, 우리가 아집에서부터 벗어났을 때, 갖게 되는 의지가 신의 의지로부터 비롯되는 신적 의지이다. 이 신적 의지가 바로 선한 의지이다. - 역주.

신은 어떠한 경우든, 우리가 우리 자신의 (개인적-역자) 의지를 버리기를 바라신다. 성 바오로는 우리 주님과 많은 이야기를 나누었고, 우리 주님도 그와 많은 이야기를 나누었다. 하지만 그가 자신의 (개인적-역자) 의지를 버리고 "주여, 당신은 내가 무엇을 하기를 원합니까?"라고 말하기 전까지는, 아무것도 그에게 전달되지 않았다. 물론 우리 주님은 바오로가 무엇을 해야 하는지를 알고 있었다. (226) 또한, 천사가 동정녀에 나타났을 때도 마찬가지였다. 곧, 천사나 (개인적으로-역자) 그녀가 말하고 싶었던 모든 것이 그녀가 신의 어머니(천주의 모친-역자)가 되게 한 것은 절대 아니었다. 하지만 자신의 (개인적-역자) 의지를 포기하자마자, 그녀는 즉각 영원한 말씀(ewigen worte)의 어머니가 되었고, 포기하는 대신 신을 수태하게 되었다. 신은 자연스레 그녀의 아들이 되었다.[184] (자신의 개인적-역자) 의지를 버리는 것 외에, 그 어떤 것도 우리로 하여금 참된 인간이 되게 하지 않는다. 참으로, 모든 경우에 (자신의 개인적-역자) 의지를 버리지 않고서는 신과 함께 우리는 아무것도 이루어내지 못할 것이다. 우리가 우리의 (개인적-역자) 의지를 전적으로 포기하고, 외적이든 내적이든 모든 것을 신을 위해 내버릴 용기가 있다면, 우리는 모든 것을 행한 것이 될 것이다. 하지만 그렇게 하기 전에는 그렇지 않을 것이다.[185]

• • •

184) 참조. 독일어 설교 I (DW I) 375쪽 10행 이하. "나는 마리아가 신을 무엇보다도 먼저 정신적 (geistliche)으로 낳지 않았다면, 신은 결코 그녀에게서 육체적으로도 태어나지 않았을 것이라고 말한다. 한 부인이 우리 주님께 '당신을 낳은 몸은 복되다'라고 말했다. 그러자 우리 주님께서 '나를 낳은 그 몸만 행복한 것이 아니다. 신의 말씀을 듣고 지키는 사람들도 행복하다'라고 말씀하셨다."(루카 11, 27-28).
185) 이를 Büttner는 "신이 아니라, 우리가 세계를 창조했을 것이다."라고 번역했다.

의식적이든 무의식적이든, (229) 더욱 큰 것을 받게 되기를 기꺼이 바라지 않는 사람을 만나기는 어렵다. 이들은 지혜와 선을 기꺼이 바랄 것이다. 하지만 이 모든 것은 (개인에-역자) 고유한 의지인 아집(ein eigen wille)에 지나지 않는다. 그대는 모든 것을 전적으로 신께 내맡겨야 한다. 그리고 신이 그대의 것을 갖고 무엇을 행하든, 당신은 거기에 신경 쓰지 말아야 한다. 완전하게 자신의 의지를 버리지 못했던 수많은 사람이 죽어 하늘에 있지만, 아집 없이(âne eigenen willen) 더욱 완전하고 보다 참된 의지를 지닌 사람들만 신의 의지(gotes willen) 가운데로 들어서게 될 것이다. 그러나 이들 가운데 (자신의 개인적 의지를 버리는 데에 있어-역자) 더 많이 이루어낸 사람들은 더욱 많이, 그리고 더욱 참되게 신 가운데 자리할 것이다. 자기 자신을 비운다는 마음으로 바쳐진 성모송이, 그런 마음 없이 시편을 수천 번 읽는 것보다 더 값진 법이다. 자신을 비우는 마음으로 바치는 성모송 없이 바다를 건너는 것보다, 자신을 비우는 마음으로 성모송을 바치면서 한 걸음 옮기는 것이 더욱더 나을 것이다.[186]

(228) 전적으로 자기의 모든 것을 포기할 수 있다면, 사람은 완전하게 신 안에 자리하게 될 것이다. 우리가 또한 사람을 움직이고자 한다면, 무엇보다도 먼저 신을 움직여야 할 것이다. 왜냐하면, 나의 모자가 나의 머리를 둘러싸고 있듯이, 사람은 신 둘레에 자리 잡고 있고, 신은 사람 둘레에 자리 잡고 있기 때문이다. 나를 잡고자 하는 사람은 무엇보다 먼저 내 옷을 건드려야 한다. 내가 물을 마시려고 한다면, 우선 물이 혀를 넘어서 흘러들어야 한다는 것도 이와 마찬가지이다. 혀는 물맛을 받아들인

---

186) 참조. Pf. III, 43, 611쪽 26~28행 (Diederichs, Diss. 81쪽).

다. 만약 혀가 쓴맛으로 둘러싸여 있다면, 포도주 자체가 아무리 단 것이라 할지라도, 포도주는 나에게 도달하는 통로인 혀에 의해 끊임없이 쓴맛을 낼 수밖에 없음은 그야말로 참이다. 만약 어떤 사람이 자신의 것을 전적으로 내버리고자 한다면, 그는 (마치 혀가 특정한 맛으로 둘러싸여 있듯이), 신으로 둘러싸일 것이다. 모든 피조물은 먼저 신을 경유하지 않고는, 신에 접할 수 없을 것이다. 신에 도달하고자 하는 것은 신을 통하여 신에 도달할 수밖에 없을 것이다. (229) 따라서 만약 그가 신의 맛을 받아들이면, 신적으로 될 것이다. 아무리 고통스럽다 하더라도, 그 고통은 신을 거쳐서 나에게 온다. 따라서 신이 먼저 그 고통을 당하는 것이다.[187] 신 자신이 진리인 그러한 진리의 측면에서 본다면, 아무리 사소한 고통이라 하더라도, 인간을 덮치는 고통은, 그것이 불운이든 모순이든 관계없이, 우리가 그 고통을 신께 맡기는 한, 인간에게 영향을 미치는 것보다, 이루 헤아릴 수 없을 정도로 더욱 신에게 영향을 미치지 않을 수 없다. 고통이 인간에게 적대적인 것보다, 신에게 훨씬 더 적대적이지 않을 수 없기 때문이다. 하지만 신이 불행과 불운 속에서 그대를 위해 미리 마련하여 둔 그러한 선함 때문에, 신은 그러한 고통을 견디어 낼 것이다. 그대는 신이 당하는 고통을 기꺼이 감수하기를 원해야 한다. 그대는 신을 거쳐서 당신에게 전달되는 것을 (그것이 무엇이든-역자) 기꺼이 감수

• • •

187) 참조. 신은 인간을 위하여 그리고 인간과 함께 고통을 당한다는 사상이다. DWI, 37쪽 1행 이하. "신 때문에, 순수하게 신만을 위해서만 고통을 당하고자 하는 사람에게 모든 인간이 이때까지 겪은 모든 고통과 온 세상이 더불어 겪은 모든 고통이 한꺼번에 밀어닥친다고 하더라도, 이것이 그를 슬프게도 힘들게 하지도 않으리라는 것은 전적으로 참이다! 왜냐하면, 신이 그 짐을 (대신-역자) 져주시기 때문이다. 누가 내 목덜미에 100파운드를 얹고, 다른 사람이 나의 목을 지탱해준다면, 나는 기꺼이 100파운드를 1파운드인 것처럼 가볍게 지고 갈 것이다. 왜냐하면, 이러한 일은 나에게 어렵지도 힘들지도 않기 때문이다. 요컨대 인간이 무엇이든 신 때문에, 신만을 위해 고통을 당하는 것 모두를 신은 그를 위해 가볍고 달콤하게 만든다는 것이다." 역주.

하기를 원해야 한다. 그럴 때, 경멸이나 존경이나, 쓴 것이나 단것이나, 아무리 어둡거나 밝은 것이라도, 다 자연스레 신적인 것이 된다. (230) 모든 것은 자신의 입맛을 신으로부터 받아들이면서 신적으로 된다. 왜냐하면, 우리 인간에게 주어지는 모든 것은 모두 다 신을 쫓아 이루어지기 때문이다. 따라서 인간은 실로 신 이외의 다른 것을 좋아하며 살아서는 안 된다. 인간은 다른 어떤 것이 아니라, 신을 맛보아야 한다. 그럴 때, 그는 지독하게 쓴 것이든 최고로 달콤한 것이든, 그것들 속에서 신을 포착할 것이다.

빛은 어두움 속에서 (더욱더-역자) 빛난다. 우리는 어둠 속에서 빛을 지각한다. 이러한 가르침이 빛을 사람들이 이용하지 않는 한, 무슨 소용이 있겠는가? 사람들은 어두움이나 고통 속에 있을 때, 빛을 보게 될 것이다.

실로 우리가 우리 자신에 사로 잡혀있으면 있을수록, 우리는 신을 더욱 적게 갖게 될 것이다. 자신의 것에서 벗어나 있는 사람은 결코 어떠한 행위에서도 신을 잃어버릴 수 없을 것이다. 만약 우리가 발을 헛디디거나 잘못 말을 하거나 (231) 올바르지 못할 수 있는 상황으로 떨어질 수 있다고 하더라도, 신은 그러한 일의 시초부터 거기에 있었기 때문에, (이와 관련하여 발생하는-역자) 피해를 신 자신이 어쩔 수 없이 직접 떠맡을 수밖에 없을 것이다. 따라서 그대는 그러한 일이 발생했다고 하여, 그 일에서 떠나서는 안 된다. 이러한 사정에 대해서는 우리는 성 베르나르와 그 밖의 많은 성인에서 숱한 사례를 찾아볼 수 있다. 우리는 살아가면서 이러한 좋지 않은 사건들로부터 전혀 해를 입지 않고, 살아갈 수는 없다. 독초의 씨앗이 (좋은-역자) 씨앗들이 심겨 있는 땅에 떨어진다 해서,

그 때문에 우리는 좋고 고귀한 씨앗을 파서 다른 곳에 심지는 않는다.[188] 참으로, 그가 올바른 뜻을 가진 사람이라면, 그리고 신을 충분히 제대로 이해하는 사람이라면, 그 사람에게는 모든 고통과 좋지 않은 사건들이 위대한 축복으로 뒤바뀔 것이다. 왜냐하면, 선한 사람들에게는 모든 것이 좋게 바뀌기 때문이다. 이는 성 바오로(참조, 로마서 8, 28)가 말했던 것과 같고[189], 성 아우구스티누스가 '실로 죄 자체들조차도'라고 표현했던 것과 같다.[190]

- 12 -
이것은 죄에 관한 이야기이다. 만약 우리가 죄 가운데 있다면, 어떻게 처신해야 할 것인가?

참으로 만약 우리가 죄를 (진심으로-역자) 뉘우친다면, 죄를 범한 것이 죄가 아니다. 우리는 죄를 짓고자 의지해서도 원해서도(wellen) 안 된다. 시간 속에 일어날 수 있는 일이나 영원 가운데서 일어날 수 있는 일이나 관계없이, 어떤 것 때문에 죄를 짓고자 의지하거나, 원해서는 안 된다. 그것이 죽을 죄든 사소한 일상적인 죄든 어떠한 죄든, 죄를 짓고자 의지하거나, 원해서는 안 된다. 만약 신 앞에 올바로 서 있는 사람이라면,

•••
188) "raten under daz korn vellet"가 여태까지 나 자신에 의해서조차 오해되어, 다음과 같이 해석되었다. "쥐들이 씨앗들 사이로 떨어졌다." 그러나 실제로는 raten은 먹지 못하는 독초를 뜻한다. 그 씨앗이 자주 좋은 씨앗 사이에 떨어져 함께 자란다.
189) 참조. "하느님을 사랑하는 이들, 그분의 계획에 따라 부르심을 받은 이들에게는 모든 것이 함께 작용하여 선을 이룬다는 것을 우리는 압니다." 로마 8, 28. 역주.
190) 참조. Augustinus, De corruptione et gratia, n. 24(PL 44, 930).

그는 진실하시고 (모든 것을-역자) 사랑하시는 신께서 인간을 죄 많은 인생으로부터 신적인 삶으로 이끌어 주실 것임을, 그리고 적으로부터 친구를 만들어 주실 것임을 항상 눈여겨보아야 할 것이다. 이는 새로운 땅을 창조하는 것보다, 더 고귀한 일이다. (우리가 가져야 할-역자) 이러한 자세야말로 (233) 인간을 전적으로 신 가운데로 자리 잡게 할 가장 강한 동력 중의 하나일 것이다. 이러한 자세가 우리가 우리 자신을 완전히 비우도록, 우리 인간으로 하여금 강하고 위대한 사랑 가운데 얼마나 강하게 불을 지필 것인가에 우리는 놀랄 수밖에 없을 것이다.

실로, 신의 뜻에 올바르게 자리하고 있는 사람이라면, 그는 (한때-역자) 거리로 떨어졌던 죄가 (다시는-역자) 발생하지 말았으면 하고, 원하지 않을 것이다.[191] 물론 죄가 신에게 반대되지 않는다는 점에서가 아니라, 그대가 죄를 통해 더욱더 큰 사랑과 엮이게 되고, 그대가 죄를 통해 더욱 낮아지고 겸손하게 되는 한에서, 그대는 그래야 한다. 그러므로 인간이 신에 반대해 처신하기 위해서, 그래야 한다는 것은 아니다. 그대는 신이 죄로부터 그대의 최선의 것을 끌어내고자 원하지 않고서는, 죄가 당신에게 덮치도록 내버려 두지 않는다는 사실을 깨닫는 가운데 신께 자신을 올바로 내맡겨야 한다. 하지만 내가 만약 (특정한-역자) 죄들로부터 완전히 벗어난다면, 그리고 그러한 (특정한-역자) 죄들로부터 완전히

•••

191) 참조. 1329년의 교황 칙서(Bulle art. 15)(Arch. II 638쪽) "Si homo comimisisset mille peccata mortalis, si talis homo esset recte dispositus, non deberet velle se ea non commisse" (인간이 죽을죄를 수도 없이 지었다 하더라도, 만약 올바르게 자리하고 있다면, 그 죄들을 짓지 말기를 원해야 할 필요가 없을 것이다.) 교황 칙서의 이 항목에 나오는 정확한 말마디들은 여태까지 알려진 에크하르트의 작품 어느 곳에서도 보이지 않는다. 이 항목은 〈변론서/RS.〉에도 〈신학자들의 견해(Gutachten)〉에도 등장하지 않는다. 우리는 이 명제를 RdU의 이곳과 연결시켜 생각해 볼 수 있겠다.

눈을 돌리게 된다면, 참된 신은 마치 내가 그러한 죄들에 떨어졌던 적이 없었던 것처럼, 우리를 대할 것이다. (234) 신은 (이미 내가 저질렀던) 나의 모든 죄에 대해 결코 한순간도 내가 대가를 치르도록, 내 버려두지 않을 것이다. (내가 저질렀던-역자) 죄들이 마치 모든 인간이 모두 다 함께 저질렀던 죄 만큼 크다고 하더라도, 그러하실 것이다. 신께서 나에게 결코 그 잘못을 기워 갚으라고 하지 않을 것이다. 아마도 신께서는 그러한 나를 아무런 허물없이 극진히 대해 주실 것이다. 신께서 이미 항상 아무 허물없이 모든 피조물을 대하듯이, 나를 친밀하게 대해 주실 것이다. 달리 말한다면, 신께서는 지금의 나만 눈여겨보시기 때문에, 내가 이전에 어떠했는지는 마음에 두지 않으신다. 신은 현재의 신(got der gegenwerticheit)이다. 그분이 그대를 보신다면, 그대가 과거에 어떠했느냐로 그대를 보지 않고, 오히려 지금 그대가 어떠한가로 그대를 받아들이고 취할 것이다. 신은 모든 죄에 의해 당할 수 있는 모든 수치와 모욕을 스스로 기꺼이 당하고자 하실 것이다. 그리고 오로지 인간이 (죄를 범하고 난 후에-역자) 신의 사랑을 크게 인식하도록, 신은 수많은 세월 동안 (이미 이런 일을 계속-역자) 당해 오셨다. 그리고 그와 함께 우리 자신의 사랑과 감사가 더욱 커지게끔 하기 위해, 그렇게 당해 오셨고, 우리의 열성이 더욱 불붙게끔, 그렇게 당해 오셨다. 이러한 것(우리 자신의 사랑과 감사가 더욱 커지고 열성이 불붙는 것-역자)은 가끔 죄를 범하고 난 다음에, 자연스럽게 일어나곤 한다.

그 때문에 신은 죄로 인한 손실들을 기꺼이 참아내신다. 신은 그러한 손실을 이미 자주 참아내셨다. 그리고 신은 죄로 인한 이러한 손실을, 당신의 뜻에 따라, 보다 큰일로 인간을 이끌어 올리기 위해, 자신이 선택한 사람에게 아주 자주 허용하기도 하신다. 주목하라. 사도들보다 우리 주님께 더 사랑받고 더 신뢰받은 사람이 과연 누가 있겠는가. 그런데 사도들 가운데 아무도 죽을죄에 떨어지지 않은 사람은 하나도 없다. 그들 모두가 죽을죄에 떨어졌다. 또한, 신은 신·구약성경에서 (죄를 짓고 난 다음에-역자) 훨씬 더 신께 가장 사랑스러운 사람들이 된 자들에게서 이러한 사실을 흔히 보여주셨다. 그리고 오늘날에도 우리는 먼저 잘못된 길을 가지 않고서, 큰일로 나아간 사람을 거의 볼 수 없다. 이로 미루어 보면, 우리 주님은 죄를 통해 우리가 주님의 큰 자비심(barherzicheit)을 인식하기를 의도하신다. 주님은 우리가 죄를 통해 더욱 크고 보다 참된 겸손과 경건함으로 나아가기를 권고하고 계신다. 왜냐하면, 새로 뉘우치게 된다면, 사랑 또한 왕성하게 커질 것이고 새로워질 것이기 때문이다.

― 13 ―
두 가지 종류의 참회에 대하여

(236) 두 가지 종류의 참회가 있다. 하나는 시간적이거나 감각적인 참회(zîtlich oder sinnelich)이고, 다른 하나는 신적이고 초자연적인 참회(götlich und übernatiurlich)이다. 시간적인 참회는 항상 더욱 큰 고통으로 우리를 끌고 간다. 그리고 우리가 지금 절망할 수밖에 없는 비탄에 떨어지게 한다. 여기서 참회는 고통 속에서 어슬렁거린다. 그 이외 어떤 것도 더 기대할 수 없다. 거기로부터 그 이외 어떤 것도 나오지 않는다.

하지만 신적 참회는 전적으로 다르다. (신적 참회의 경우-역자) 우리가 잘못에 떨어지자마자, 우리는 신을 향해 자신을 일으켜 세워 (237) 흔들림 없는 의지 속에서 모든 죄로부터 영원히 돌아서게 된다. 그리고 그 가운데서 신에 대한 큰 신뢰로 드높여지며, 큰 확신을 얻게 된다. 영혼을 모든 고통과 비탄으로부터 드높여, 신과 굳게 맺어 주는 그러한 정신적 기쁨이 여기서 나온다. 왜냐하면, 우리가 더욱 많이 잘못을 범하고, 더욱 죄에 떨어지면 떨어질수록, 어떠한 죄도 잘못도 없는 신에 대한 떼려야 뗄 수 없는 사랑과 묶이게 되는 원인을 우리는 더욱 갖게 되기 때문이다. 만약 우리가 신께 완전한 기도를 하는 가운데 최상의 단계로 가고자 한다면, 우리가 갈 수 있는 그러한 단계는 신적 참회 덕분에 죄 없이 있는 것이다.

그리고 우리가 더욱 어렵게 죄를 물리친다면, 신은 (우리-역자) 죄를 용서하실 준비, 우리 영혼에 오실 준비, 그리고 죄를 몰아내실 준비가 더욱 되어있는 셈이다. (238) 따라서 각자는 각자에게 가장 적대적인 것을 없애기 위해 최고로 힘써야 한다. 그리고 죄가 더욱 크고 무거울수록, 신은 이루 헤아릴 수 없을 정도로, 더욱 기꺼이 그리고 보다 빨리 죄를 용서해주신다. 죄는 신에게도 대립 되는 것이기 때문이다. 만약 신적인 방식으로 참회하는 사람이 신으로 고양된다면, 내가 눈을 감았다 뜨는 것보다 더 빠르게 신의 심연(abgründe gotes) 가운데서 모든 죄는 사라지고 말 것이다. 그리고 나면, 마치 죄가 전혀 생기지 않았던 것처럼, 죄는 완전히 사라지고 말 것이다. 하지만 이러한 사정은 단지 완전한 참회일 경우에만 그렇다.

- 14 -
참된 신뢰(zuoversiht)와 희망에 대하여

우리가 신에 대한 큰 희망과 큰 신뢰를 가지고 있는가 그렇지 않은가의 여부에서, 우리는 참되고 완전한 사랑을 확인할 수 있다. 우리가 과연 온전한 사랑을 갖고 있는가 또는 그렇지 않은가를 신뢰(getriuwenne)를 빼놓고 어디서도 더 잘 확인할 수 없기 때문이다. (239) 왜냐하면, 만약 누군가가 다른 사람을 내적으로 완전히 사랑한다면, (그들 사이에 이미 형성된-역자) 신뢰가 그렇게 하는 것이기 때문이다. 왜냐하면, 우리가 신에 있어서 믿고자 하는 모든 것을 참으로 신 가운데서 천 배나 더 많이 찾을 수 있기 때문이다. 어떤 사람이 신을 아주 많이 사랑할 수 없다면, 그는 또한 신을 그다지 많이 신뢰할 수도 없을 것이다. 우리가 그 이외에 할 수 있는 모든 것은 신에 대한 큰 신뢰에 비하면, 그리 중요한 일이 아니다. 실로 신은 자신을 크게 신뢰하는 사람들을 내버려 두지 않으시고, 그들과 함께 큰일을 행하신다. 신은 이런 모든 사람에 있어 이러한 신뢰가 사랑에서 나온다는 것을 전적으로 분명히 하셨다. 왜냐하면, 사랑은 단지 신뢰뿐만 아니라, 참된 지식과 의심에서 벗어난 확신도 갖고 있기 때문이다.[192]

• • •

192) 여기서 신에 대한 신뢰와 사랑은 서로 순환 관계처럼, 서로 깊은 연결 고리를 갖고 있음을 말하고 있다. 그리고 사랑, 신뢰, 참된 지식과 확신은 서로 한 덩어리 얽혀 있는 관계라는 것도 언급하고 있다. 그런데 신에 대한 희망에 대한 논의는 언급되고 있지 않다. - 역주.

영적 강화(靈的 講話 : Die Rede der Underscheiduge)

- 15 -
영원한 생명에 대한 두 가지 종류의 확신에 대하여

(240) 이 세상의 삶에는 영원한 생명에 대한 두 가지 종류의 지식(wizzen)이 있다. 하나는 신 자신이 인간에게 지식을 (직접-역자) 말하거나, 천사를 통해 인간에게 전달하거나, 또는 특이한 조명으로 계시함으로써 성립하는 것이다. 하지만 이러한 경우는 드물게 일어나며, 극히 소수의 사람에게만 일어난다.

다른 하나의 지식은 위의 지식과 비교할 수 없이 더 낫고 유용하며, 완전히 사랑하는 모든 사람에게 가끔 일어나는 지식이다. 이러한 지식은 인간의 신에 대한 사랑과 친밀함으로부터 비롯된다. (241) 그리고 이러한 지식은 신과 서로 신뢰하는 교류를 통해, 신을 (전혀-역자) 의심할 수 없을 정도로 완전히 신뢰하고 확신하는 데서 비롯된다. 그가 그렇게 확신을 갖게 된 것은 모든 피조물 가운데서 (어떤 경우든-역자) 아무런 분별심 없이(âne underscheit) 신을 사랑하고 있기 때문이다. 만약 모든 피조물이 신을 거부한다고 하더라도, 신과 결별을 선언한다고 하더라도, 그리고 신 자신이 그를 거부한다고 하더라도, 그는 불신하지 않을 것이다. 왜냐하면, 사랑은 불신할 수 없는 것이기 때문이다. 사랑은 모든 좋은 것을 신뢰하기 때문이다. 우리는 사랑하는 사람들과 사랑받는 사람들에게 어떠한 것을 드러나게 말할 필요가 없다. 왜냐하면, 신은 인간이 자신의 친구라는 사실을 받아들임으로써 인간에게 좋은 것이 무엇인가, 그리고 무엇이 인간의 행복에 속하는가 하는 모든 것을 동시에 알고 계시기 때문이다. 그러므로 비록 그대가 신에게 아무리 호의적이라 하더라도, 신은 헤아릴 수 없이 더욱더 많이 그리고 더욱더 강하게 그대에게 호의적이며, 비교할 수 없을 정도로, 훨씬 더 그대를 신뢰하고 계신다는 사실을 이해해야 할 것이다. (242) 이는 신은 신뢰(diu triuwe) 자체이기 때문이다. 인간은 신을 신뢰해야 한다. 신을 사랑하는 모든 사람도 마땅히 그래야 한다.

이러한 확신은 첫 번째 지식에서 비롯되는 확신보다 훨씬 크고, 더욱 완전하며 보다 진지하다. 이러한 확신은 결코 우리를 기만할 수 없다. 이에 반해 신으로부터 (직접-역자) 우리에게 주어지는 지식은 우리를 속일 수도 있다. 흔히 잘못된 조명일 수도 있다. 하지만 지금까지 말해온 이러한 확신을 우리는 영혼의 모든 능력 가운데서(in allen kreften der sêle) 받아들인다. 이러한 확신은 신을 진심으로 사랑하는 사람들에게는 기만적일 수 없다. 사랑은 모든 두려움과 의심을 쫓아내기 때문에, 신을 진심으로 사랑하는 사람들이라면 신을 의심하는 일이 없듯이, 또한 이러한 사실에 대해서도 전혀 의심하지 않는다. 성 바오로가 말하듯이 "사랑은 어떠한 두려움도 모른다."(1요한 4, 18). (243) 그리고 또 "사랑은 무수한 죄를 덮어 버린다."(1베드로 4, 8)는 말도 있다.[193] 죄가 발생하는 곳에서는 완전한 신뢰도 사랑도 있을 수 없기에 사랑은 죄를 완전히 덮어버린다. 그 까닭에 사랑은 죄에 대해 아무것도 알지 못한다.[194] 인간이 전혀 죄를 범하지 않아서 사랑이 죄에 대해 알지 못하는 것이 아니라, 오히려 사랑

---

193) 참조. "사랑에는 두려움이 없습니다. 완전한 사랑은 두려움을 쫓아냅니다. 두려움은 벌과 관련되기 때문입니다. 두려워하는 이는 아직 자기의 사랑을 완성하지 못한 사람입니다." 1요한 4, 18. : "무엇보다도 먼저 서로 진정으로 사랑하십시오. 사랑은 허다한 죄를 덮기 때문입니다." 1베드로 4, 8. 역주.
194) Pf. 235쪽 20행 이하 참조.

은 마치 죄가 전혀 없었던 것처럼 죄를 완전히 소멸하고, 죄를 모두 밀어내는 방식으로 죄를 알지 못하는 것이다. 신이 하시는 모든 일은 전적으로 완전하고 풍부하게 흘러넘치기 때문에, 자신이 용서하는 사람에게 신은 완전하게 전적으로 용서하며, 적은 것이 아니라 무한히 큰 것을 기꺼이 베푸신다. 이것이 바로 (신과 나 사이에-역자) 완전한 신뢰를 형성하게 한다. 나는 첫 번째 지식이 아니라 두 번째 지식에서 비롯되는 것을 비교할 수 없을 정도로, 더욱 좋은 것이라고 여긴다. 이 후자의 것이 더 많은 상급을 가져오며 또한 전자보다 더욱더 순수한 것이다. 후자에 있어서는 죄도 그 밖의 그 어떠한 것도 방해 요인이 될 수 없기 때문이다. (244) 이는 신이 한결같은 사랑으로 챙기는 사람을 온전히 전적으로, 또한 아무런 잘못이 없었던 것처럼 판단하시기 때문이다. 더 많이 용서받은 사람은 또한 더 많은 사랑을 받게 될 것이다. 이는 우리 주 그리스도께서 "더 많이 용서받은 사람이 또한, 더 많이 사랑할 것"(루카 7, 47)이라고 말씀하신 것과 같다.[195]

- 16 -
진실한 참회(pênitencie)와 복된 삶에 대하여

많은 사람은 단식, 맨발로 걷기 그리고 더 나아가 참회라고 부르는 행위 등과 같은 눈에 띄는 대단한 행위를 외적으로 해야 한다고 생각하는

---

195) 참조. "그러므로 당신에게 이르거니와, 이 여자는 많이 사랑했기 때문에 많은 죄를 용서받았습니다. 적게 용서받는 사람은 적게 사랑합니다." 루카 7, 24. 역주.

것 같다. 하지만 힘차게 그리고 최고의 수준에서 더 나은 개선을 가져다 주는 최상의 진실한 참회는 우리가 전적으로 신이 아닌 것, 자기 자신이나 모든 피조물에서 신적이지 않은 모든 것으로부터 우리가 전적으로 돌아서는 데(abekêren)에 있다. (245) 또한, 기도와 신에 대한 열망이 더욱 커지게끔, 흔들리지 않는 사랑 가운데서 사랑하는 신께로 전적으로 자신을 되돌리는 데(zuokêren)에 있다. 이러한 자세를 갖는 가운데 그대가 더욱 그렇게 할수록, 그대는 또한 더욱더 올바른(gereht) 사람이 될 것이다. 더욱 그렇게 하면 할수록, 참회도 더욱더 올바른 것이 될 것이다. 참회는 더욱더 죄를 소멸할 것이고, 실로 모든 벌 자체마저도 없애버릴 것이다. 참으로 그대는 이른 시간 안에 신속하고 힘차게, 진지한 혐오감을 느끼고서 모든 죄로부터 돌아설 수 있다. 그리고 동시에, 비록 그대가 아담 시대로부터 계속하여 생겨났고, 또 앞으로 계속 생겨날 모든 죄를 범했다고 할지라도, 그대는 벌을 포함해 모든 것이 용서되게 힘차게 신으로 방향을 돌릴 수 있다. (246) 그대가 지금 죽는다고 하더라도, 그대를 신의 앞으로 나아가게 할 수 있을 만큼, 모든 것이 용서되게끔 그렇게 할 수 있다.

이것이 진실한 참회이다. 진실한 참회는 특히 그리고 가장 완전하게 우리 주 예수 그리스도의 완전한 참회 행위 가운데서 드러난 소중한 수난에 바탕을 두고 있다.[196] 우리가 더욱 진실한 참회 가운데 우리가 그분의 모습으로 바뀌면 바뀔수록, 더욱 죄와 그에 해당하는 벌이 우리에게서 떨어져 나갈 것이다. 또한, 우리는 우리의 모든 행위에서 항상 우리 주 예수의 삶과 행적으로 들어가, 다시 자신의 모습을 그분의 모습으로 바꾸는

---

196) 참조. 에크하르트는 여기서 참된 참회는 그리스도의 완전한 참회 행위인 수난에 함께 참여하는 것이라고 말하고 있다.

데에 익숙해져야 한다. 우리의 모든 행동거지와 고통과 삶 가운데서 그렇게 하는 데 익숙해져야 한다. 그리고 여기서 항상 예수 그리스도를, 마치 그가 우리를 자신의 눈앞에서 가졌던 것처럼, 그를 우리 눈앞에 가져라.

이러한 참회는 무엇보다도 지속적이고 전적으로 신께로 자신을 고양하는 심정이다. 진실한 참회 행위 가운데서 그대는 신으로 고양된 심정을 가장 잘 가질 수 있을 것이다. 전적으로 솔직한 참회 행위를 통해 그대는 이러한 심정을 가질 것이다. 단식이든, 밤샘 기도든, 영적 독서든 또는 무엇이든 간에, 참회 행위에 있어 외적인 행위(ûzerlich werk)가 그대를 방해한다면, 당신이 혹시 참회를 게을리하는 것은 아닌가 하는 걱정을 버리고, 미련 없이 그런 것에서 떠나라. 왜냐하면, 신은 그 참회 행위가 어떠한 것인지를 눈여겨보지 않으시고, 오히려 그 참회 행위 가운데 오로지 사랑과 기도와 심정이 어떠한 것인지만을 눈여겨보시기 때문이다. 신은 우리의 행위에는 그리 신경을 쓰지 않으신다. 오히려 우리의 모든 행위에 깃들어 있는 우리의 심정만을 눈여겨보신다. 우리가 모든 경우에 있어서 신만을 사랑하고 있는지의 여부에만 귀 기울이신다. 왜냐하면, 신은 너무 욕심 많은 사람에게 만족하시지 않기 때문이다. 그대의 신이 그대의 행위들을 인정함으로써, 그리고 그대가 행위들 가운데서 신을 사랑함으로써, 그대의 모든 행위가 보상받도록 해야 할 것이다. 이렇게 된다면, 그대는 항상 만족할 것이다. 그리고 더욱 사심 없고도 더욱 단순하게 그대가 신을 사랑한다면, 더욱 고유한 의미에서 그대의 모든 행위가 모든 죄를 참회하여 없앨 것이다.

그대들은 또한, 신이 세계 전체를 해방한 보편적 구원자라고 생각해야 한다. 신이 나만을 오직 구원해주었을 경우보다도, 바로 이 사실에서 나는 신께 더욱 많이 은혜를 입고 있다. 하지만 동시에 그대도 그대의 죄를 통해 그대를 손상한 모든 것으로부터 그대를 해방하는 보편적 구원자가 되어야 할 것이다. 모든 힘을 다하여 전적으로 신께 매달려라. 왜냐하면, 그대는 죄로 인하여 그대의 모든 것, 곧 마음, 몸, 신체, 영혼, 능력들 그리고 그 밖의 그대에게 속해 있는 다른 것 등을 망가뜨렸기 때문이다. 그대의 모든 것이 전적으로 병들고 망가져 있다. 따라서 어떠한 손상도 결핍도 없고, 오직 순전히 선만 있는 신께로 달아나라. 그렇게 하여 신이 안팎으로 죄에 의해 망가진 그대의 모든 것에 대한 보편적 구원자가 되도록 하라.

― 17 ―
그리스도와 많은 성인이 그랬듯이,
우리가 외적으로(ûf ûzerlîcher) 노력하지 않는다면,
어떻게 평화롭게 지낼 수 있을까;
어떻게 우리가 신을 따라 살 수 있을까?

(249) 사람들은 우리 주 예수 그리스도와 성인들의 삶이 너무 엄격하고 노력하는 삶이었다는 것에 두려움을 느끼고 맥이 풀릴 수 있을 것이다. 우리는 그들처럼 살아갈 능력이 너무나 떨어지고, 그러한 삶으로 자신이 매진하고 있다고 느끼지도 못한다. 그러므로 우리는 이런 점에서 (이들과―역자) 너무 멀리 떨어져 있다고 느낄 때, 가끔은 신과 멀어졌다고 느끼기도 하고, 신을 따라 살 수 없을 것 같다고도 느끼기도 한다. 이

럴 때, 우리는 자신을 경멸하곤 한다. 아무도 이렇게 생각해서는 안 된다. 우리는 어떤 식으로든 자신이 신으로부터 멀어졌다고 여겨서는 안 된다. 잘못을 범했을 때도, 자신의 약점 때문에도, 그리고 그 밖에의 어떤 것 때문에도, 그렇게 되었다고 생각해서는 안 된다. (250) 만약 그대가 큰 잘못을 아주 많이 범했다고 하더라도, 그 때문에 그대는 자신이 신 가까이에 있지 않다고 여겨서는 안 된다. 그러므로 (어떠한 경우라도-역자) 그대는 여전히 신과 가까이 있다고 생각해야 한다. 왜냐하면, 우리가 신을 멀리 밀쳐놓는 바로 거기에 큰 잘못이 있기 때문이다. 왜냐하면, 우리가 때로는 신으로부터 멀리 또는 때로는 신 가까이로 왔다 갔다 할지라도, 신은 결코 멀리 나가시지 않는다. 이는 신이 늘 우리 가까이 머무시기 때문이다. 비록 신이 우리 안에 머무시지 않는다고 하더라도, 여전히 신은 대문 앞보다 더 멀리 우리와 떨어져 계시지는 않으신다.

신을 따라 사는 일의 어려움에 관한 이야기를 해보자. 그대가 신을 따라 사는 일이 어디에서 성립될 수 있는지에 대해 주의를 기울여라. 신이 그대가 어느 방향으로 살았으면 하고, 가장 권하는 쪽이 무엇인지를 당신은 인식하고 귀 기울여야 한다. 왜냐하면, 성 바오로가 말했듯이(1코린토 7, 24), 사람은 모두 다 신에 이르는 단 하나의 길로만 부름을 받은 것은 아니기 때문이다.[197] (251) 만약 신에 이르는 그대의 가장 가까운 길(naehster wec)과 수많은 외적인 업적들(ûzerwendiger werk)과 대단한 노동(grôzer arbeit) 또는 궁핍(darbenne)을 거쳐 이어지는 것이 아님을

---

197) 참조. "형제 여러분, 각자는 부르심을 받았을 때의 처지에 그대로 눌러있으면서 하느님을 모시고 사시오." 1코린토 7, 24. 역주.

그대가 알아차리기만 한다면, 단적으로 그런 것들은 그다지 중요하지 않다. 우리는 각자의 고유한 방식으로 신에 의해 신께 이르게 될 것이며, 내면의 동요 없이(âne irrunge sîner inwendicheit) 이러한 것을 올바르게 수행할 힘을 갖게 될 것이다. 그리고 만약 그대가 위대한 업적이나 대단한 수고나 궁핍 등을 거쳐야 신에 도달한다는 생각을 갖지 않게 된다면, 그대는 전적으로 평화로움을 맛보게 될 것이다. 그런 것에 대해 사로잡혀 있지 않도록 하라.

그대들은 그러한 것들에 사로잡히지 말라고 했는데, 그렇다면 우리의 선조인 많은 성인은 "왜 그러한 일들을 행하였는가?"라고 나에게 물을 수도 있을 것이다.

우리 주님께서는 성인들에게 이러한 방식을 주셨고, 이와 동시에 주님은 그들이 이러한 방식을 계속 고수하며 행동할 수 있는 능력도 주셨다고 생각하라. 바로 그렇게 하심으로써, 우리 주님은 그들에게서 자신의 마음에 드는 것을 찾으신다고 생각하라. 이런 가운데서 성인들은 자신의 최선의 것에 이를 수 있었을 것이다. 왜냐하면, 신은 어떠한 특정한 방식과 결부시켜 인간들에게 구원하시지 않기 때문이다. 하나의 방식이 갖는 것을 다른 방식은 갖고 있지 않다. 신은 모든 좋은 방식들을 수행해낼 수 있는 능력을 부여하지는 않으신다. 좋은 방식이라면, 그 어느 것도 거부되지 않는다. 왜냐하면, 하나의 좋은 것은 다른 좋은 것과 반대되는 것이 아니기 때문이다. (252) 우리는 가끔 좋은 사람이 우리의 방식을 따르지 않는다는 것을 보거나 듣는다. 그리고는 우리 관점에서 그가 행하고 있는 모든 것이 쓸모없는 것이라고 여긴다면, 우리가 잘못하고 있다는 걸 명심해야 한다. 그의 방식이 우리의 마음에 들지 않는다고 해서, 그가 행하는 좋은 방식과 그의 좋은 의도를 무시해서는 안 된다. 그렇게 하는 것은 올바르지 못하다! 사람들은 자신의 방식에서 좋은 신심(andâht)을 갖고 산다는 사실에 우리는 더욱 주목해야 한다. 그리고 어떤 방식도 무시하지 않아야 한다는 사실에 더욱 주목해야 한다. 모든 이가 단지 하나의 방식만을 갖고 살 수 없는 법이다. 이는 모든 사람이 하나의 방식을 갖고 살 수 없을 뿐만 아니라, 한 사람이 모든 방식을 갖고 살거나 각각의 다른 방식을 다 갖고 살 수도 없기 때문이다.

각자는 자신에게 좋은 방식을 유지해야 할 것이다. 자신의 방식 가운데서 각자는 모든 다른 방식과 관계를 맺고, 모든 좋은 것들과 모든 좋은 방식들을 알아나가야 할 것이다. 살아가는 방식을 바꾸는 것은 기존의 나의 방식과 심정을 불안정한 것으로 만든다. 하나의 방식이 그대에게 줄 수 있는 것을 그대는 다른 방식으로도 도달할 수 있다. 만약 그 방식이 오로지 선하고 칭찬받을 만하고, 신만을 눈앞에 갖는다면, 그럴 수 있을 것이다. 게다가 모든 사람은 하나의 길만을 따라 살아갈 수 없는 법이다. (253) 이런 사정은 또한 성인들의 엄격한 인생 역정을 본받아 살아야 한다고 말하는 경우에도 해당한다. 그들이 살아간 방식을 그대는 충분히 사랑해야 한다. 그리고 그대가 그들의 삶의 방식을 그대로 본받아 살아갈 필요는 없다고 하더라도, 그들의 삶의 방식이 그대의 마음에 들 수도 있다.

이제 그대들은 항상 우리는 당연히 최고의 방식(hoehste wîse)을 가지고 사셨던 우리 주 예수 그리스도를 쫓아서 살아야 할 것이라고 나에게 말할 수 있을 것이다.

이는 물론 맞는 말이다. 우리는 당연히 우리 주님을 따라 살아야 한다.

하지만 모든 방식에서 그럴 수는 없다. 우리 주님은 40일 동안 단식하셨다. 하지만 아무도 이를 쫓아 할 수 있는 일이 아니다. 그리스도는 우리가 육체적으로(lîplîchen)가 아니라, 정신적으로(geistlîchen) 자신을 따라야 한다는 생각에서 수많은 일을 행하셨다. 따라서 우리는 정신적인 방식으로 그를 따를 수 있도록 노력해야만 한다.[198] 왜냐하면, 그는 우리의 업적들보다 우리의 사랑을 더 바라시기 때문이다. 우리는 각자 나름의 고유한 방식으로 그를 따라 살아야 한다.

그렇다면 어떻게?

귀를 기울여라. 모든 일에서! ─어떻게, 그리고 어떤 방식으로?

(254) 나는 이미 자주 말하였다. 나는 육체적인 일보다는 정신적인 일을 훨씬 더 낫게 여긴다고.

어째서 그러한가?

그리스도는 40일간 단식하셨다. 그대가 주로 하고 싶은 일이 무엇인지, 또는 그대가 가장 잘 할 준비가 된 게 무엇인지 주목하면서, 그대는 그리스도를 따라야 한다는 점을 잘 알아야 한다. 그대 자신을 주의 깊게 살피며 알아들어야 한다. 그대가 모든 먹을거리를 전적으로 금하기보다, 그렇게 하겠다는 생각을 군소리 없이 버리는 것이 가끔은 그대에게 더 나을 수도 있다. 우리가 모든 말을 참고 안 하기보다, 단 한마디의 말을 침묵하는 것이 많은 경우 그대에게 또한 더 어려울 수도 있다. 아마도 우리로 하여금 맞붙어 싸우게 하는 강력한 주먹질보다도 아무것도 아닌 작은

• • •

198) 참조. "그러므로 형제 여러분, 내가 하느님의 자비에 힘입어 여러분에게 권고합니다. 여러분의 몸을 하느님 마음에 드는 거룩한 산 제물로 바치십시오. 이것이 바로 여러분이 드려야 하는 합당한 예배입니다." 로마 12, 1. 역주.

욕지거리를 참아내는 것이 많은 경우 우리에게는 더 어려울 수도 있다. 수도원의 작은 골방에 있는 것보다도 군중 속에서 홀로 있는 것이 우리에게 훨씬 더 어려운 법이다. 가끔은 어떤 위대한 일보다도 어떤 작은 일을 버리는 것이 우리에게 더 어렵다. (255) 사람들이 대단하게 여기는 일보다 작은 일을 버리는 것이 우리에게 가끔은 더 어렵다. 그러므로 우리는 우리의 나약함에도 우리 주님을 올바르게 뒤따를 수 있다. 우리는 주님을 따라가려면 아직 아득히 멀다고 여길 필요가 없다. (자신의 허약성에도 나름의 방식으로 주님을 따라 살면 되니까—역자).

– 18 –
자연 습성에 따라 우리가 집착하는 맛있는 음식, 우아한 옷, 유쾌한 벗을 우리가 어떤 방식으로 받아들이는 것이 좋은가?

음식이나 옷이 그대에게 너무 좋게 생각될 정도까지, 음식과 옷 등에 마음을 빼앗길 필요가 없다. 오히려 그대는 그것들보다 아득히 높이 있는 그대의 (가장 내적인-퀸트) 근저(grunt)와 그대의 마음(gemüete)에 다가가는 데 익숙해져야 한다. 그대의 마음이 신 이외 것에 대한 즐거움이나 탐닉에 기울어지지 않도록 해야 한다. 곧, 그대의 마음이 모든 것을 아득히 넘어서 있도록 해야 한다.

(256) 왜 그러해야 하는가?

왜냐하면, 외적인 옷을 통해서만 제대로 설 수 있는 사람은 내면이 허약한 사람이기 때문이다. 오히려 그대의 힘이 닿는 대로, 내적인 것(daz inner)이 외적인 것(daz ûzer)을 바르게 규정하도록 해야 한다. 외적인 것(곧, 외적인 옷-퀸트)이 그대에게 다르게 주어진다고 하더라도, 그대는 그대의 가장 내적인 근저로부터 다음과 같은 방식으로 좋게 받아들일 수 있어야 한다. 곧, 이 외적인 것이 다시금 다르게 주어진다고 하더라도, 그대가 또한 이 사실을 기꺼이 기분 좋게 받아들이고자 하는 방식으로 그 사실을 좋게 받아들여야 한다. 이러한 사정은 또한 음식과 동무들, 친척들이나 신이 그대에게 주고받고자 하는 모든 것에 다 해당하는 이야기이다.[199]

나는 우리가 모든 것을 신께 의탁하는 것이 다른 모든 것보다 훨씬 더 낫다고 생각한다. 그리하여 그것이 수치든 수고스러움이든 또는 그것이 그 밖의 고통에 해당하는 어떤 것이라 하더라도, 신께서 우리에게 부과하시고자 하는 것이라면, 우리가 그것을 기쁨과 감사하는 마음으로 받아들일 수 있도록 말이다. 그리고 우리가 스스로 그 일을 감당하고자 하는 것보다, 오히려 스스로를 신에 의해 인도되도록 내 버려둘 수 있도록 말이다. (257) 또한, 그로 인해 어떠한 경우든지 간에, 신에게서 기꺼이 배워야 한다. 신을 따라야 한다. 그렇게 할 때, 여러분은 의로운 사람이 될 것이다. 이럴 때, 여러분은 명예와 여유로움을 받아들일 수 있게 될 것이다. 만약 여러분에게 어려움과 불명예스러운 일이 발생한다고 하더라도, 그대들은 그것 또한 참아야 한다. 그리고 기꺼이 참기를 원해야 한다. 그러므로 누군가가 (이러한 마음으로-역자) 올바르게 금식할 준비가 되어 있다면, 이 사람들은 안심하고 먹을 충분한 권리가 있는 셈이다.

• • •
199) 이장의 표제 참조.

그리고 이것(올바른 의지와 좋은 의지-역자)이 바로 신이 자신의 벗들을 크고 많은 고통에서 해방하는 근거이기도 하다. 만약 그렇지 않다면 (올바른 의지와 좋은 의지 때문이 아니라면-역자), 이들에 대한 신의 헤아릴 수 없는 신뢰가 크고 많은 고통에서 이들을 해방하는 것을 절대 용납하지 않았을 것이다. 왜냐하면, 고통 가운데는 대단히 큰 승리가 놓여 있기 때문이다. (258) 또한, 신은 자신의 사람이 좋은 것을 소홀히 하도록 내 버려두지도 않고, 내 버려둘 수도 없기 때문이다. 신은 좋고 올바른 의지(einem guoten gerehten willen)를 보고서 충분히 만족해 하신다. 만약 이들 의지가 아니라면, 신은 고통 가운데 있는 말로 표현할 수 없는 승리 때문에, 자신의 사람들에게 어떤 고통도 면하게 하지 않을 것이다.

그러므로 신이 마음에 들어 하는 것이라면, (그대도-퀸트) 그것에 만족해야 한다. 만약 신이 그대를 다른 식으로 마음에 들어 하시면, 그것에도 그대는 만족해야 한다. 왜냐하면, 인간은 자신의 전적인 의지를 갖고 완전히 내적으로(inwendic) 신에 속해야 하기 때문이다. 인간이 방식이나 행위의 문제를 갖고 그다지 불안해하지 않도록 하게끔 말이다. 하지만 이와 동시에 그것이 옷이든, 음식이든 -대단한 말을 한다고 해서- 그 말들이든 간에, 그대는 모든 개별적인 특이한 취향(sunderlîcheit)으로부터 달아나야 한다. (259) 또는 아무런 쓸모도 없는 특이한 처신을 피해야 한다. 하지만 모든 개별적인 특이한 취향이 그대에게 다 금지되어 있지는 않다는 것도 그대는 알아야 한다. 많은 경우와 많은 사람에 있어서 우리가 참아내야만 하는 특이한 취향들이 대단히 많다. 왜냐하면, 특이한 취향에 (이미-역자) 물든 사람은 많은 경우 다양한 방식으로 그 특이한 취향을 많이 행할 수밖에 없기 때문이다.

우리는 모든 경우에 내적으로 우리 주 예수 그리스도 안으로 들어가서, 그의 모습으로 바뀌어야 한다. 예수 그리스도 안에서 그의 모든 행적의 반영과 그의 신적 모습을 찾아볼 수 있으려면, 우리는 그렇게 해야 한다. 우리는 가능한 한, 그리스도와 완전히 같아지는 가운데, 그리스도의 모든 행적을 자신 속으로 옮겨와야 한다. 그대는 그렇게 해야 한다. 그대가 그렇게 하면, 그리스도가 (그대를-역자) 받아들일 것이다. 그대는 자신을 완전히 헌신하는 온전한 마음에서 우러나서 그대의 일을 하라. 곧, 그대가 모든 일에서 언제라도 예수 그리스도 안으로 들어가서 그의 모습으로 바뀌는 일에, 그대의 마음이 익숙해지도록 하라.

- 19 -
왜 신은 참으로 좋은 사람이 자신의 좋은 일 때문에 때때로 방해받도록 허용하시는가?

신뢰하올 신께서, 자신의 벗들이 자신을 거기에 기대고, 자신을 거기에서 지탱할 수 있게 해주는 모든 거점이 그들로부터 제거되도록 하게끔, 자신의 벗들이 가끔은 나약해지는 것을 허용하신다. 만약 신의 사랑을 받는 사람이 밤샘 기도에서든, 단식에서든, 다른 수행에서든 또는 대단히 어려운 특수한 경우들에서든 간에, 무엇이든 대단한 일을 많이 수행할 수 있다면, 이러한 것은 (그들에게-역자) 큰 기쁨일 것이다. 이는 그들에게 큰 기쁨이며 버팀목이며 희망이다. (261) 그리하여 그들에게 자신의 행적이 거점, 자신을 지탱하는 지점 또는 믿고 신뢰하는 지점이게 된다. 그런데 우리 주님께서는 바로 이것을 그들로부터 떼어내고자 하신다. 우리 주님께서는 자신만이 우리의 거점이고, 우리가 신뢰해야 할 지점이기를 바라신다. 주님께서 이러한 일을 행하시는 까닭은 오로지 자신의 단순한 선성과 자비심(sîne einvaltigen güete und barmherzicheit) 때문이지, 그 이외의 다른 이유 때문이 아니다. 왜냐하면, 신은 어떠한 행적에서도 자신의 고유한 선성 이외에 다른 어떤 것도 원하시지 않기 때문이다. 따라서 우리들의 행적들은 신이 우리에게 어떤 것을 하사하거나, (우리를 위하여) 어떤 것을 하게 하는 것에 전혀 도움이 되지 않는다. 우리 주님께서는 자신의 벗들이 자신들의 행적에서 풀려나기를 원하신다. 따라서 주님 자신만이 그들이 서 있을 수 있는 유일한 거점이 되도록, 주님은 자신의 벗들에게서 그들이 서 있는 거점을 앗아가신다. 이는 주님께서 자신의 친구들에게 큰 것을 주고자 하시기 때문이다. 더구나 자신의 자유로운 선성으로부터만, 그렇게 하고자 원하시기 때문이다. (262) 당연히 주님이 우리들의 거점이고 위로일 수밖에 없다. 반면에 우리는 우리 자신이 온전히 아무것도 아님을 깨달아야 한다. 그리고 모든 것에서 신의 위대한 선물을 살펴보아야 한다. 따라서 우리의 심정이 (우리가 정한 거점에서-역자) 더욱 벗어나 있으면 벗어나 있을수록(blôzer), 그리고 더욱 비어 있으면 비어 있을수록(lediger), 우리는 신에게로 더욱 빠져들게 되고, 더욱 신으로 가득 채워진다. 우리가 더욱 깊게 신 안에 자리 잡고 있으면 있을수록, 더욱 우리는 가장 값진 신의 선물을 받게 된다. 이 까닭에 우리는 오로지 신을 토대로만 서 있어야 한다.

- 20 -
우리가 가끔 받아 모셔야 하는 우리 주님의 몸에 관하여. 우리는 어떤 방식과 어떤 신심으로 주님의 몸을 받아 모셔야 하는가?

우리 주님의 몸을 기꺼이 받아 모시고자 원하는 사람은 자신이 자신 속에 무엇을 느끼고 맛보았는지, 또는 자신의 내면이나 자신의 신심이 얼마나 대단했는지 꿰뚫어 볼 필요가 없다. (263) 오히려 그는 자신의 의지와 자신의 마음가짐이 어떠해야 하는지에 주목해야 한다. 그대는 자신이 느끼고 있는 것을 대단하게 여기지 말라. 오히려 그대가 무엇을 가장 사랑하는지와 무엇을 가장 추구하고 있는지를 대단한 것으로 여겨야 한다.

부담 없이 편안한 마음으로 우리 주님께 다가서고자 하고 다가설 수 있는 사람은 첫째, 죄들로 인한 양심의 모든 가책으로부터 자유로워야 한다. 둘째, 우리가 신과 완전히 신적인 것을 추구하는 것 이외에, 어떠한 것도 추구하지 않고, 신과 완전히 신적인 것에 이끌리는 것 이외에, 어떤 것에도 이끌리지 않기 위해서, 우리의 의지가 신께로 향해져야 한다. 그리고 신께 적합하지 않은 것에는 마음을 두지 말아야 한다. 왜냐하면, 이를 척도로 하여 우리는 또한 우리가 얼마만큼 신과 멀리 떨어져 있는지, 또는 얼마나 가까이 있는지 인식할 수 있기 때문이다. 그리고 (역으로-역자) 신과의 거리를 척도로 하여 우리가 이러한 태도를 얼마만큼 많거나 적게 지니고 있는지 인식할 수 있기 때문이다. 셋째, 성체 성사에 대한 사랑과 우리 주님에 대한 사랑이 자주 성체를 모심으로써 더 커지도록 해야 한다. (264) 그리고 여기서 자주 성체를 받아 모신다고 하여, 성체에

영적 강화(靈的 講話 : Die Rede der Underscheiduge)

대한 외경심이 줄어들지 않도록 해야 한다. 왜냐하면, 한 사람의 삶(우리의 삶-역자)이 흔히 다른 사람의 죽음(그리스도의 죽음-역자)이기도 하기 때문이다. 따라서 그대는 신에 대한 그대의 사랑이 성장하고 있는지의 여부와 외경심이 사라지고 있는지의 여부에 주목해야 한다. 그럴 때 그대가 더욱 자주 성체를 모시면 모실수록, 더욱 그대는 더 나아질 것이다. 그리고 성체 성사도 더욱 나아지고 더욱 그대에게 도움을 줄 것이다. 그러므로 그대의 신이 그대를 거부하고 그대에게 말을 걸지 않도록 해서는 안 된다. 왜냐하면, 그렇게 하면 할수록(성체 성사를 모시면 모실수록-역자), 그대는 더욱 나아지고 신에게 더욱 사랑스럽게 되기 때문이다. 우리 주님은 여전히 우리 안과 우리 곁에 살기를 원하신다.

이제 그대들은 "오, 주님, 저는 너무나 공허하고 냉담하고 태만하나이다. 그러므로 저는 우리 주님을 모실 자신이 없습니다."라고 말할 수도 있을 것이다.

(265) 이에 대해 나는 그러면 그럴수록, 그대는 더욱 그대의 신께로 나아갈 필요가 더 있다고 말한다. 왜냐하면, 그대는 신 안에서 불붙고 뜨거워질 수 있기 때문이다. 신 안에서 그대는 거룩하게 되고, 오로지 신과만 결합되고 신과 하나가 될 수 있기 때문이다. 그 밖의 어느 곳도 아닌 바로 성체 성사에서 그대는 은총을 맛볼 수 있을 것이다. 곧, 그대의 신체적 능력들이 우리 주님의 성체 안에서 신체적 방식으로 현존하는 고귀한 능력을 통해 고유한 모습으로 집중되는 은총을 맛볼 수 있을 것이다. 그리하여 산만하게 흩어져 있는 인간의 모든 감각과 심정이 성체 성사 안에서 본래의 모습으로 집중되게 된다. 그 자체로 있을 때는 분산되어 아주 낮은 쪽으로 기울던 감각들과 심정이 성체 성사 안에서 위로 향하게 되어,

신적 질서 속에 편입된다. 내 안에 거주하는 신(inwonende gote)으로 인해 감각들과 심정은 내적인 것에 따라 사는 데에 익숙해지고, (266) 시간적 사물들에 의한 신체적 억압에서부터 벗어나 신속하게 신적 사물로 된다. 단적으로 주님의 성체를 통해 그대의 몸은 강하고 새롭게 된다. 왜냐하면, 우리는 주님의 몸으로 전환되어야 하고 완전히 그 몸과 하나로 결합되어야 하기 때문이다(2코린토 3, 18. 참고).[200] 그리하여 주님의 것이 우리의 것으로 되고, 우리의 모든 것이 그의 것으로 되고, 우리의 심정과 그의 심정이 하나의 심정으로 되고, 또한 우리의 몸과 그의 몸이 하나의 몸이 되기 위해, 그렇게 되어야 한다. 따라서 우리가 그분을 받아들여 몸과 영혼의 모든 능력이 새롭게 되기 위해, 우리의 감각들, 의지와 노력, 능력과 지체들이 주님께 옮겨 들어가, 그분 모습으로 변해야 한다. 이제 그대들은 다음과 같이 말할 수 있을 것이다.

오, 주여, 저는 위대한 것들에 관한 어떤 것도 내 안에 찾아볼 수 없나이다. 오히려 내 안에서 가난만 찾아볼 수 있나이다. 그렇다면 제가 어떻게 당신께 감히 나아갈 수 있겠나이까? 라고.

(267) 진실로 말한다. 그대가 그대의 가난을 전적으로 바꾸기를 원한다면, 헤아릴 수 없는 온갖 부유함의 충만한 보고(寶庫)로 가라. 그러면 그대는 부유해질 것이다. 왜냐하면, 그대는 그대 자신 속에서 주님만이 보고임을 깨닫게 될 것이기 때문이다. 주님은 그대를 만족시키고 가득 채울 수 있다. 그래서 이런 말이 있다. "당신의 부유함이 나의 가난을 가득

●∙∙∗

200) "우리 모두 너울을 벗은 얼굴로 주님의 영광을 거울로 보듯 어렴풋이 바라보면서, 더욱더 영광스럽게 그분과 같은 모습으로 바뀌어 갑니다. 이는 영이신 주님께서 이루시는 일입니다." 2코린토 3, 18. 역주.

채우고 당신의 전혀 측량할 수 없음이 나의 빈자리를 채우고, 당신의 한없고 파악할 수 없는 신성이 너무 초라하고 타락한 나의 인간성을 가득 채우게끔, 나는 당신께 가고자 합니다."

"오, 주여, 저는 죄를 많이 지었나이다. 저는 그에 대해 속죄할 길이 없나이다."

(268) 바로 그 때문에, 그대는 주님께로 나아가라. 주님께서는 마땅히 모든 죄를 속죄하셨다. 그대는 하늘에 계신 아버지께 그대의 모든 죄를 위해, 그에 해당하는 희생 제물을 주님에게 충분히 바칠 수 있다.

"오 주여, 저는 기꺼이 당신을 찬미하고 싶나이다. 하지만 저는 찬미할 수 없나이다."

단지 주님께로 나아가라. 오직 그분만이 아버지가 받아들이는 아버지의 마음에 드는 감사이다. 오직 그분만이 온갖 신적 선성에 대한 측량할 수 없고, 진실하게 말해지는 완전한 찬미이다.

단적으로 만약 그대가 모든 잘못을 완전히 벗어버리고 덕과 은총으로 새 단장을 하고, 기쁜 마음으로 온갖 덕과 은총을 지닌 채 원천으로 인도되어 가고자 원한다면, 성체 성사를 합당하게 자주 받아 모실 수 있도록 처신하라. 그러면 그대는 주님께 속하게 되고, 주님의 몸 덕분에 고귀하게 될 것이다. 실로 영혼은 우리 주님의 몸을 받아 모심으로써 신께 아주 가까이 가게 된다. 그리하여 케루빔의 천사든 세라핌의 천사든 (269) 모든 천사가 자신들과 영혼 양자 사이에 어떠한 차이도 알 수 없고, 그 차이를 끄집어낼 수 없을 만큼, 영혼이 신과 가까이 있게 된다. 왜냐하면, 천사들이 신과 접촉할 때, 천사들은 영혼과도 접촉하기 때문이다. 영혼이 있는 곳에 신도 있기 때문이다. 하지만 신과 하나 되는 것보다 더 가까운 것은 결코 있을 수 없다. 왜냐하면, 한 사람의 인간을 구성하는 육체와 영혼의 결합보다도, 영혼이 신과 훨씬 밀접하고도 가깝게 결합되어 있기 때문이다. 이러한 일치는 어떤 사람이 한 방울의 물을 술통에 섞는 것보다 훨씬 밀접하게 결합 되어있는 일치이다. 물론 거기에는 물과 포도주가 있을 것이다. 하지만 물과 포도주는 어떠한 피조물도 차이를 알아낼 수 없을 정도로, 철저하게 하나로 바뀌어 있을 만큼, 하나로 섞여 있다.

이제 그대는 다음과 같이 말할 수 있을 것이다. 어떻게 이런 일이 있을 수 있는가? 나는 그런 사실에 대해 아무것도 느끼지 못하고 있는데 말이다! 라고.

(270) 그것이 무슨 문제인가? 그대가 더욱 적게 느끼면서도(enpfindest), 더욱 확고하게 믿는다면(gloubest), 그대의 믿음은 더욱 칭찬받을 만할 것이다. 그대는 더욱 존경받고 칭송받을 것이다. 왜냐하면, 인간에게는 (혹시 잘못되지는 않을까 하고-역자), 마냥 상상하는 것보다, 전적으로 믿는 것이 훨씬 낫기 때문이다. 전적으로 믿는 가운데서 우리는 참된 지식(wâr wizzen)을 얻을 수 있다. 참으로, 우리에게 부족한 것은 다름 아닌 올바른 신앙(wâren glouben)이다. 우리는 신앙보다는 (지식이나 사물 등-역자)에서 더 많은 좋은 것을 가질 수 있을 것으로 생각할 수도 있다. (하지만 이런 생각은 단지 외적인 가치 척도에서만 기인하는 생각일 뿐이다-역자). 여전히 지식이나 사물에 마음을 두는 것은 신앙 가운데 있는 것보다 더 낫지 않다. 그러므로 한결같이 믿는 사람은 그만큼 한결같이 받을 것이고, 그만큼 한결같이 얻을 것이다.

이제 그대는 다음과 같이 말할 수 있을 것이다. 어떻게 내가 그렇게도 높고 고상한 이야기들을 믿을 수 있단 말인가? 나는 그러한 높은 경지에 있지 못할뿐더러, 오류투성이며 많은 것에 정신이 산만하게 흩어져 있는데도 말이다.

보라, 그대들은 자신 안에 깃들여 있는 두 가지 상반된 능력을 주목해야 한다. 이러한 상반된 능력을 우리 주님 자신도 갖고 계셨다. 그 분도 가장 높은 능력들과 가장 낮은 능력들(die obersten und nidersten kreft)을 갖추셨다. 이러한 상반된 능력들은 또한 두 가지 방식으로 다른 작용을 한다. 그의 최상위의 능력들은 영원한 지복을 소유하고 향유할 수 있다. (271) 하지만 동시에 그의 최하의 능력들은 이 세상에서 가장 큰 고통과 투쟁 가운데 자리하고 있다. 하지만 (주님께는-역자) 높은 능력과 낮은 능력이 갖는 상이한 작용들은 결코 하나가 다른 하나를 침범하지 않고, 제각각의 영역을 지키고 있었다. 이러한 사정은 그대에게도 해당한다. 그대의 최고의 능력들은 신께로 고양되고 전적으로 신께 위탁하고 신과 결합되어 있는 것일 수밖에 없다. 더 나아가 참으로 우리는 신체와 가장 낮은 능력, 곧 감각들 때문에 온갖 고통을 당하지만, 정신은 자신의 능력을 온전히 사용함으로써 고양되고 (더 낮은 영혼의 능력들과 감각들로부터-역자) 자유롭게 되어, 신께 침잠할 수 있다. 더 나아가 감각들과 가장 낮은 능력들에서 기인하는 고통이나 공격이 정신을 움직이지는 못한다. 왜냐하면, 내면에서 일어나는 투쟁이 크면 클수록, 강하면 강할수록, 또한 승리와 승리로부터 비롯하는 명예는 더욱 크고 더욱더 칭송받을 만하기 때문이다. 왜냐하면, (정신에 대한 신체의-역자) 공격이 크면 클수록, 부-도덕적인 충동이 강하면 강할수록, 그런데도 그대가 그것을 극복한다면, (272) 덕은 더욱더 그대의 것이 되고, 그대가 믿는 하느님의 마음에 더욱더 들게 되기 때문이다. 만약 그대가 그러한 공격과 충동을 이겨

낸다고 한다면 말이다. 그러므로 만약 그대가 그대의 신을 귀하게 받아 모시려면, 그대의 최상의 능력들이 그대의 신께로 향하도록 노력하라. 그대의 뜻이 신의 뜻을 추구하도록 깨어 있어야 한다. 신께 모든 것을 의탁하고 신에 대한 그대의 신뢰가 확고하게 자리 잡을 수 있도록 항상 노력해야 한다.

하지만 인간은 이 정도로는 결코 우리 주님의 귀하신 몸을 받아 모실 수 없다. 그렇다면 주님의 몸을 받아 모시기 위해, 인간은 특별히 한없는 주님의 은총을 받아야 할 것이다. 자주 받아 모실수록, 우리는 더 많은 축복을 받을 것이다. 만약 우리가 노래하는 천사의 가장 낮은 반열에 도달해 그 속에 편입될 수 있다면, 딱 한 번 주님의 몸을 받아 모실 수 있으리라는 신심과 각오로 우리는 주님의 몸을 받아 모실 수 있을 것이다. 그럴 때 우리는 가장 낮은 단계보다 한 단계 더 높은, 노래하는 천사의 두 번째 반열로 올라갈 것이다. 실로 이러한 생각을 하면서, 그대는 주님의 몸을 (거듭-역자) 받아 모실 수 있을 것이다. 그럴 때 그대는 노래하는 천사의 여덟 번째 또는 아홉 번째 반열에 해당하는 사람으로 간주될 수 있을 것이다. (273) 그러므로 나는 다음과 같이 말할 수 있다. 만약 두 사람이 전 생애에 걸쳐 똑같은 삶을 살았다고 하더라도, 그중 한 사람이 다른 사람보다도 우리 주님의 몸을 합당하게 단 한 번이라도 더 받아 모셨다면, 그는 그 때문에 다른 사람보다 앞서, 광채로 둘러싸인 아들처럼 될 것이다. 그는 신과의 특별한 일치에 도달할 것이다.

우리 주님의 몸을 이같이 받아 모시고 복되게 향유하는 것에는 단지 외적으로(ûwenigem) 실제로 주님을 받아 모시는 즐거움만 있을 뿐 아니라, 또한 열망하는 심정과 신심 깊은 일치감에서 비롯되는 정신적

(gestlîchen) 즐거움도 있다.[201] 우리는 깊은 신심으로 가득 차, 우리 주님의 몸을 정신적으로나 내적으로 받아 모셔야 한다. 그럴 때, 우리는 이 세상의 누구보다도 은총에 있어 풍요로울 것이다. 주님을 내적으로 받아 모시는 일을 우리는 하루에도 수천 번 또는 그 이상으로 자주 할 수 있다. 우리가 어디에 있든, 아프든, 건강하든지 등과 관계없이. (274) 하지만 우리가 외적으로 성체를 받아 모시기 위해 그에 합당한 준비를 해야 하는 것과 마찬가지로, 내적으로 주님의 몸을 받아 모시기 위해서도 합당한 방식의 절차를 따라, 그리고 그분을 열렬히 바라는 사랑의 강도의 차이에 맞추어 마음의 준비를 해야 한다. 만약 우리가 그분에 대한 갈망이 전혀 없다면, 그분을 사랑할 수 있도록 마음의 준비를 하고, 마음에 자극을 주어야 한다. 그리고 그러한 마음의 준비에 상응해서 어떻게 살아가야 할지 결정해야 한다. 그럴 때, 우리는 시간 안에서 거룩하게 될 것이며, 영원 속에서 복되게 될 것이다. 왜냐하면, 신을 쫓아 나서서 그분을 추구하는 것이 바로 영원이기 때문이다. 진리의 스승이시여, 우리에게 영원을 주소서. 정결(kiuscheit)을 사랑하시는 분이시여, 우리에게 영원을 주소서. 영원한 생명이시여, 우리에게 영원을 주소서. 아멘.[202]

---

201) 여기서 에크하르트는 타울러와 함께 시간과 공간을 넘어서 행해지기 때문에, 수없이 날마다 수행할 수 있는 내적 친교 또는 신과 내적인 일치의 의미를 강조하고 있다. 따라서 여기서 '외적으로 실제로 주님을 받아 모시는 즐거움'은 실제로 성체를 받아 모시는 것을 뜻하고, '정신적 즐거움' 또는 '열망하는 심정에서 정신적으로 주님의 몸과의 정신적 일치'는 내적 친교는 또는 신과의 내적인 일치를 뜻한다.

202) ≪영적 강화≫에서 '정결'이란 말마디가 단 한 번 나온다. 이로부터 우리는 에크하르트가 외적 금욕주의보다는 정신적이고 내적인 자유를 중시하고 있음을 알 수 있다. 역주.

- 21 -
열성에 대하여

만약 우리가 우리 주님의 몸을 받아 모시고자 한다면, 우리는 그다지 큰 거리낌 없이 주님의 식탁으로 들어설 수 있다. 하지만 비록 우리에게 어떠한 양심의 가책도 없다고 하더라도, 단지 고백 성사의 열매를 위해서만이라도 미리 고백하는 것이 합당하고 바람직하다. (275) 만약 누군가가 어떠한 잘못을 범했다고 하더라도, 그가 심적 부담감 때문에 고백 성사를 볼 수 없다고 한다면, 그는 우선 자신의 신께로 나가, 크게 뉘우치며 참회해야 한다. 만약 그가 고백 성사를 볼 수 있는 마음의 여유가 생기게 되면, 그는 마음의 평화를 얻을 것이다. 그렇게 하는 사이에 만약 그에게 죄의식이나 죄로 인한 양심의 가책이 일어난다면, 그는 신께서도 죄들을 잊어버리셨을 것으로 생각해도 무방하다. 우리는 인간에게 참회하기 전에, 우선 먼저 신께 참회해야 한다. 만약 우리가 죄를 지었다면, 신 앞에서 매우 진지하게 참회하고 신 앞에 자신의 죄를 있는 그대로 고해야 한다. (이것이 내적 고백 성사이다-역자). 만약 외적으로 고백 성사를 보았다 해도, 성체를 모시러 나갈 때는 하느님 앞에 내적으로 참회하는 일을 가벼이 여기거나 무시해서는 안 된다.[203] 왜냐하면, 행위를 할 때 우리의 심적 각오만은 올바르고 신적이고 좋아야 하기 때문이다.

일할 때도, 우리는 내적으로 어디에도 매여 있지 않기를 배워야 한

---

[203] 에크하르트는 신에게 참회하는 것은 내적 고백이라 생각하고, 이를 강조하고 있다. 이에 반해 사제 앞에서 하는 고백을 외적 고백으로 보고 있다. 따라서 그는 이곳에서 우리가 비록 외적 고백을 하였다 하더라도, 성체를 모시러 나갈 때는 하느님 앞에서 내적으로 참회하는 일을 게을리해서는 안 된다는 것을 강조하고 있다. 역주.

다.[204] 하지만 여러 사람이나 어떠한 일도 자신을 방해하지 않도록 하는 것 – 이를 위해서는 대단한 열성이 요구된다– (276) 그리고 신이 계속 자신에게 현재(現在)하도록 하고, 신이 끊임없이 전적으로 감추어지지 않은 채, 모든 시간과 여건에서 자신을 비추도록 하는 일은 그런 수행을 하지 않은 사람에게는 익숙하지 않을 수밖에 없다. 이를 위해 대단히 끈질기게 노력하는 게 필요하다. 특히 두 가지 점에서 그러하다. 하나는 우리의 마음이 내 바깥에 있는 상(bilden diu ûzwendic stânt)들로부터 보호받게끔, 우리는 내적인 것(inwendic)을 향해 있어야 한다는 것이다. 그리하여 외부에 있는 상들이 우리 바깥에만 머무르게 하여 부적절하게 우리 자신과 교류하거나 관계하는 일이 없게 하고, 우리 안에 결코 자리 잡을 수 없게 해야 한다는 점이다. 다른 하나는 우리가 그것이 단지 표상들이든, 마음의 고양된 상들이든, 내적인 상이나 외적인 상들로, 또한 무엇이든 간에 우리에게 현재하고 있는 상들로 인해 자신을 분산시키거나 흩트려서는 안 된다는 것이다. 자신을 번잡한 다수로 표출시켜서는 안 된다는 점이다. 우리는 우리의 모든 능력이 이에 익숙해지도록 노력해야 하고, 우리의 모든 능력이 이를 향하도록 해야 한다. 우리는 자신의 내면에 머물러 있어야 한다.

이제 여러분은 만약 우리가 외적인 것과 관계해서 일할 수밖에 없게 된다면, 우리는 여전히 바깥으로 향할 수밖에 없다고 말할 수 있을지도 모른다. 왜냐하면, 일에 적합한 (외적인 것에 대한–역자) 상(생각/bilde)을 배제한다면, 어떤 일도 가능하지 않기 때문이다.

...
204) 에크하르트는 이하에서 우리가 어떤 일을 함에 있어 비우기 위해 노력하고, 수행하는 것이 필요함을 강조하고 있다. 역주.

(277) 이 말은 물론 참된 말이다. 하지만 외적인 상들은 수행하는 사람에게는 절대 외적인 것이 아니다. 왜냐하면, 모든 것이 내적 인간에게는 내적이고, 신적인 존재 방식을 갖기 때문이다.

다음은 무엇보다도 요구되는 것이다. 곧, 우리는 우리의 이성(vernunft)이 올바르고도 완전히 신에게 익숙해지도록 해야 하고, 또 그렇게 되도록 연습해야 한다. 그렇게 한다면, 우리의 내면에 항상 신적인 것이 깃들게 될 것이다. 이성만큼 (우리에게-역자) 고유하고 현재적이고, (우리와-역자) 가까운 것은 없다. 신이 마치 우리에게 그러한 것처럼. 이성은 결코 다른 곳으로 향해서는 안 된다.[205] 비록 폭력이나 불의가 이성에 가해진다고 하더라도, 이성은 피조물들을 향해서는 안 된다. 그럴 때, 이성은 곧장 파괴되고 전도될 것이다. 만약 이성이 젊은 사람이나 그 밖의 사람들에게서 망가지게 되면, 이성은 엄청난 노력을 통해 복원되어야 한다. 그리고 우리는 이성을 다시 회복시켜 본래 상태로 돌아올 수 있도록, 모든 일을 다 하는 데 힘써야 한다. 신이 이성에 너무 고유하고도 자연스럽게 깃들여 있다 하더라도, 이성이 일단 한 번이라도 잘못된 길에 접어들어 피조물에 자리 잡게 되면, 그리고 피조물들에 대한 상들로 뒤덮이게 되어 그것들에 맛들이게 되면, 이성은 이러한 부분(이성의 신적 부분-역자)에서 대단히 약화되고 자기 자신을 더욱 통제할 수 없게 되어, 이성 자신의 고귀한 노력에 장애가 발생한다. (278) 그리하여 우리가 할 수 있는 온갖 노력을 다한다고 하더라도, 노력이 힘을 발휘하지 못하기 때문에,

---

205) 에크하르트가 이곳에서 사용하고 있는 이성은 신적 최종 근원을 인식하는 능력으로 해석해야 될 것 같다. 역주.

자기 자신을 완전히 회복시키기 어렵게 된다. 만약 우리가 자신을 회복시키는 데 모든 노력을 다 바친다고 하더라도, 여전히 지속적인 주의가 필요하다.

자기 자신을 확고하고도 올바르게 갈고 닦아야 한다는 사실을 우리는 무엇보다도 먼저 주목해야 한다. 만약 갈고 닦는 수행을 하지 않은 사람이 마치 수행한 사람처럼 처신하고 행동한다면, 자신을 전적으로 망칠 것이고, 거기서 아무것도 나오지 않을 것이다. 일단 우리가 비로소 모든 것 자체에서 벗어나 그것에서 풀려나게 되면, 우리는 곧장 사려 깊게 자신의 모든 일을 이루어낼 수 있을 것이며, 그 일에 불평 없이 헌신할 수 있거나, 또는 아무런 방해도 없이 그 일을 해치울 수 있을 것이다. 이에 반해 우리가 음식이든, 술이든 또는 무엇이든 간에 어떤 것에 애착을 갖고 그것에 집착하게 되어, 의지적으로 그러한 쾌락을 쫓는다면, 이런 일은 제대로 수행하지 않은 사람의 경우에는, 반드시 해를 입히고서야 사라질 것이다.

우리는 어떠한 것에서도 자신의 것을 추구하여 얻으려고 하지 말고, 오히려 모든 것에서 신을 찾고 파악하도록 하는 데 익숙해져야 한다. 왜냐하면, 신이 우리에게 선물을 주시는 것은 우리가 선물을 소유하고 그것에 머물러 쉬게 하려는 것이 결코 아니기 때문이다. 오히려 신이 하늘과 땅에서 우리에게 모든 선물을 주신 것은 (279) 단지 단 하나의 목적만을 위해서였다. 바로 자기 자신인 단 하나의 선물(éine gâbe … daz was er sellber)을 우리에게 주실 목적으로만, 모든 선물을 우리에게 주셨다. 신은 자신이 베풀어주신 모든 선물을 갖고, 우리가 바로 자기 자신인 선물을 준비하기를 원하신다. 신은 자신이 하늘과 땅에서 행하신 모든 일을 단 하나의 일만을 위해 행하셨다. 곧, 신이 우리를 복되게 하게끔, 자신을 복되게 하는 일을 행하셨다. 그리하여 나는 말한다. 모든 선물과 일에서 우리는 신을 눈여겨볼 수 있도록 해야 한다. 그 밖의 어떤 것에도 탐닉하지 말아야 하며, 그 밖의 어떤 것에도 머물러 있지 않도록 해야 한다. 이 세상에서 우리가 어떠한 방식으로 살든지 간에, 인간에게는 지속적인 것은 없다. 곧, 아무것도 인간을 만족시켜 줄 수 없다. 우리가 비록 성공적으로 살았다고 하더라도, 우리에게 지속적인 것은 결코 없다. 따라서 우리는 무엇보다도 항상 신의 선물로 향해야 하고, 늘 다시 새롭게 그렇게 해야 한다.

나는 우리 주님께 무언가를 대단히 갖고자 원했던 어떤 여인[206]에 대해 간단히 이야기하고자 한다. 나는 그때 그대는 올바르게 준비되어 있지 않다고 그녀에게 말했다. 그래서 만약 신께서 준비되지 않은 상태의 그대에게 선물을 주신다고 해도, 그 선물은 못쓰게 되고 말 것이라고 말이다. 그런데 그대들은 나에게 묻는다. "왜 그녀가 준비되지 않았습니까? 하지만 그녀는 선한 의지를 갖고 있는데요. (280) 당신은 말씀하셨지요. 선한 의지는 어떠한 일도 가능하게 하며, 선한 의지에는 모든 것과 (모든-역자) 완전함이 깃들어 있다고요."

정말 그렇다. 하지만 의지는 두 가지 의미로 구분되어야 한다. 하나는 우연적이고 비본질적인 의지이고, 다른 하나는 결정적이고 창조적이며, 몸에 체득된 의지이다.

그런데 사실, 우리가 신과 (곧장-퀸트) 결합하고자 하는 순간, 우리

---

206) 여기서 에크하르트가 말하는 어떤 사람은 아마도 수녀일 것이다. 역주.

의 마음이 이 현재의 시점에 있어서 버리고 떠나 있는(abegescheiden) 것만으로는 충분치 못하고, 오히려 우리는 제대로 숙련된 '버리고 떠나 있음'(eine wolgeüebete abegescheidenheit)을 가져야만 한다. (이미-퀸트) 있어 왔고, (또한-퀸트) 앞으로도 지속될 '버리고 떠나 있음'을 가져야 한다. 오직 그때에만 우리는 신에게서 커다란 것을 받아들일 수 있을 것이고, 오직 그때에만 우리는 모든 것 안에 계시는 신을 받아들일 수 있을 것이다. 그러나 만약 우리가 준비되어 있지 않다면, 우리는 선물을 그리고 선물과 함께 신을 훼손할 것이다. 신이 우리가 청하는 대로 항상 우리에게 주시지 않는 이유가 바로 이 때문이다. 신에게는 부족함이 없다. 왜냐하면, 그분은 우리가 받는 것보다도 주시는 것을 천 배는 서둘러 하시기 때문이다. (281) 하지만 우리가 준비를 제대로 하지 않아 신의 자연스러운 활동을 방해하게 될 때, 우리는 신에게 폭행을 가하고 불의를 행하는 셈이다.

우리는 모든 선물을 받는 경우, 자신의 자아를 자신에게서 내쫓는 법을 배워야 한다. 이익이든, 쾌락이든, 내면성이든, 달콤함이든, 보상이든, 하늘나라든, 자신의 개인적 의지든 간에, 자신의 것(eigens)을 간직하거나 추구하지 않는 법을 배워야 한다. 신은 자신의 의지가 아닌, 낯선 의지에서는 자신을 내주지 않으셨고, 앞으로도 내주시지 않을 것이다. 단지 자신의 고유한 의지에서(sîn selbes willen)만 신은 자신을 주신다. 신이 자신의 의지를 발견하시는 바로 그곳에서 주신다. 바로 그곳에서 신은 그 자신인 모두를 지니고, (어떤 것에도 매달려 있지 않은-역자) 사람에게 들어오신다. 만약 우리가 우리 것에서 벗어나면 벗어날수록, 우리는 신 안에서 더욱 참되게 될 것이다. 그러므로 우리가 일회적으로 우리 자신과 그리고 우리가 갖고 있고, 가질 수 있는 모든 것을 포기하는 것만으로 충분하지 못하다. 오히려 우리는 자주 우리를 새롭게 해야 하며, 모든 것에서 우리 자신을 단순하고 자유롭게 해야 한다.

우리가 덕들을, 곧 순종, 가난 그리고 그 밖의 덕들을 (단지-퀸트) 마음속에서(in dem gemüete)만 가지는 것에 만족하지 않는 것은 매우 유용한 일이다. 오히려 덕의 행실(werken)과 열매로 자기 자신을 수련하고, 자신을 자주 시험해보아야 한다. (게다가-퀸트) 사람들을 통해 자신이 수련되고 시험되기를 원하고 갈망해야 한다. (282) 그 까닭에 우리가 덕의 행실들을 행하고 순종을 하고, 가난을 받아들이고 자신을 낮추거나, 다른 방식으로 겸손하거나, (모든 것을-역자) 놓아두고 있거나 한다고 해서, 그것만으로 충분한 것은 아니다. 오히려 우리는 덕의 본질과 근저를 체득하기에 이르기까지, 덕을 추구하기를 결코 멈추어서는 안 된다. 우리는 바로 이 점에서 우리가 덕을 갖고 있는가, 그렇지 않은가를 인식할 수 있다. 만약 우리가 무엇보다도 덕에 기울어지는 자신을 발견한다면, 만약 우리가 덕의 행실들을 의지의 특별한 준비 없이도 행할 수 있다면, 올바르고 대단한 일을 하기 위한 특별한 자신의 의도 없이 덕을 행한다면, 오히려 덕 자체를 위하여 또한 덕에 대한 사랑에서 그리고 아무런 이유 없이 덕을 수행한다면, 그때 우리는 덕을 완전하게 갖는 것이고, 그 이전에는 덕을 완전하게 갖는 것이 아니다.

우리가 자기나 자기 것(eigens)인 어떠한 것도 더는 고수하지 않게 될 때까지, 우리는 자신을 버리는 것(lâzen)을 배워야 한다. (283) 우리가 알든 모르든 관계없이, 모든 갈등과 모든 불안은 모조리 다 자기를 고집하는 데서(von eignem willen) 비롯된다. 우리는 의지와 갈망에서 더욱 순수하게 벗어나서 자기 것 모두를 갖고, 곧 우리가 모든 경우에 원하고 갈망할 수 있는 모든 것을 갖고서, 신의 선하고도 가장 사랑스러운 의지로 우리 자신을 옮겨 놓아야 한다.

누군가 이렇게 묻는다. 만약 우리가 달콤한 신적 감정조차도 모두 의지적으로 내버려야 합니까? 달콤한 신적 감정이 사라지는 까닭은 신에 대한 태만과 사랑의 부족에서 비롯되는 것이 아닙니까?

그렇다. 달콤한 신적 감정이 사라지는 까닭은 태만에서 또는 참된 버리고 떠나있음(abegescheidenheit)이나 참된 놓아두고 있음(gelâzenheit)에서 비롯될 수 있기에, 우리가 그 차이를 간과한다면, 그럴 수도 있다. 따라서 우리가 내적으로 완전히 놓아두고 있을 때, 마치 가장 강렬한 (신적-역자) 감정 속에 있을 때처럼, 우리가 과연 신을 충분히 신뢰하고 있는지에 주목해야 한다. (284) 그리고 모든 위로와 도움이 멀리 사라져버렸다고 생각할 때도, 우리가 신을 현전하시는 분으로 (감정적으로-역자) 느낄 때와 똑같이, 그에 못지않게 행동하는지 주목해보아야 한다.

이러한 완전하고 선한 의지 가운데 있는 올바른 사람에게는 어떠한 시간도 결코 짧은 것일 수 없다. 왜냐하면, 이러한 의지를 갖고 있는 사람은 자신이 할 수 있는 모든 것을 전적으로 하고자 원하기 때문이다. 단지 지금뿐만 아니라, 만약 그가 천년을 산다면, 그는 자신이 할 수 있는 모든 것을 하고자 원했을 것이다. 그러한 의지는 우리가 천년 동안 할 수 있는 만큼의 일을 해낼 것이다. 신이 볼 때, 그는 (이미-역자) 그 모든 것을 행했다.

- 22 -
신을 어떻게 따를 것인가? 그리고 좋은 방식에 대하여

(284) 새로운 삶이나 일을 시작하고자 하는 사람은 자신의 신께 나가야 한다. 그는 신으로부터 더 큰 능력과 온전한 신심을 갖고서 자신이 신에게 가장 최선의 것이 되기를, 그리고 신에게 가장 사랑스럽고 가장 소중한 사람이기를 갈망해야 한다. (285) 그리고 그는 여기서 자신의 것(sînen)을 원하지도 추구하지도 말아야 한다. 오히려 그는 가장 사랑스러운 신의 의지 이외에, 어떤 것도 바라지 말아야 한다. 신이 항상 부여해주는 것을 그는 아무런 매개도 없이 직접(âne mittel) 신으로부터 받기를 원해야 한다. 그것을 자신의 최선의 것으로 여겨야 한다. 그리고 그 가운데 전적으로 만족해야 한다.

나중에 그에게 다른 방식이 더 마음에 들는지 모르지만, 그는 신이 이 방식을 그대에게 주었다고 여기고, 이 방식을 자신에게 최상의 것으로 생각해야 한다. 이 점에서 그는 신을 신뢰해야 한다. 그는 모든 좋은 방식을 바로 이 방식에 편입시키고, 어떤 종류의 것이든 이 방식으로, 이 방식에 따라 모든 것을 받아들여야 한다. 왜냐하면, 신이 하나의 방식으로 선한 사람에게 행하고 베푼 것을 우리는 모든 선한 방식들에서도 발견할 수 있기 때문이다. 하나의 방식에서 우리는 모든 좋은 방식을 읽어 내릴 수 있어야 하며, 그 방식의 특이성만 읽어 내려서는 안 된다. 왜냐하면, 우리는 그때그때 하나만을 행할 수 있을 따름이지, 모든 것을 (동시에-역자) 다 행할 수는 없기 때문이다. (286) 그때그때 하나만 있을 수밖에 없다. 이러한 하나에서 우리는 모든 것을 파악해야 한다. 왜냐하면, 만약 우리가 이것저것을 비롯하여 모든 것을 행하고 싶어 한다면, 그리고 자신의 방식은 내버린 채, 자신에게 훨씬 더 나은 것이라고 여겨지는 다른 방식을 취한다면, 실로 커다란 불안을 초래할 것이기 때문이다. 이는 그가 이전에 아무리 거룩한 사람이었다 하더라도, 세상살이에서 하나의 질서에서 다른 질서로 옮겨가고자 하는 사람보다, 오히려 하나의 질서로 들어서고자 하는 사람이 언제나 훨씬 완전한 것과 마찬가지로 그러하다. 하나의 질서에서 다른 질서로 넘어가는 것은 방식의 변화에서 비롯되는 것이다. 우리는 하나의 좋은 방식을 포착해야 한다. 그리고 우리는 항상 거기에 머물러야 하며, 모든 선한 방식을 이 방식으로 가져가야 한다. 그리고 우리는 이 방식을 신에게서 받은 것으로 여기고, 오늘은 이것으로, 내일은 또 다른 것으로 시작하지 말아야 한다. 그리고 하나의 방식으로 무엇을 하는 가운데 혹시 어떤 것을 허비하고 있는 게 아니냐는 걱정을 버려야 한다. (287) 왜냐하면, 신과 더불어 있을 때, 우리는 어떤 것도 허비할 수 없기 때문이다. 신이 어떤 것도 허비할 수 없는 것과 마찬가지로, 우리도 신과 함께 하면 어떤 것도 허비할 수 없다. 그 까닭에 신으로부터 하나를 취하라. 그리고 그 하나로 모든 선한 것을 끌어들여라.

하지만 하나가 다른 것을 받아들이려고 하지 않아서 하나가 다른 하나를 허용하지 않는다면, 이는 이 하나가 신에게서 연유하지 않았다는 확실한 징표이다. 하나의 선함은 다른 선함과 모순되지 않는다. 왜냐하면, 우리 주님께서 "어느 나라든지 자체적으로 갈라져 있으면 망할 수밖에 없다."(루카 11, 17)라고 말씀하셨기 때문이다.[207] 그리고 주님께서 또한 "나

---

207) 참조. "예수님께서는 그들의 생각을 아시고 이렇게 말씀하셨다. '어느 나라든지 서로 갈라서면 망하고 집들도 무너진다.'" 루카 11, 17. 역주.

와 함께 있지 않은 사람은 나를 반대하는 사람이며, 나와 함께 모여들지 않는 사람은 흩어진 사람이다."(루카 11, 23)라고 말씀하셨기 때문이다.[208] 따라서 만약 하나의 선함이 다른 선함이나 더 적게 선한 것을 허용하지 않거나 흩어버린다면, 이 하나의 선함은 신에게서 비롯된 것이 아니라는 확실한 징표일 수밖에 없다. 선함이란 (무언가를-역자) 받아들이는 것이지, 파괴하는 것일 수는 없다.

(288) 여기서 짧게 지적된 사실은 다음과 같다. 신뢰하올 신께서 최선을 다하는 사람을 받아들이신다는 사실에 대해 어떤 의심도 있어서는 안 된다는 사실.

이는 확실히 참이다. 신은 서 있어야 비로소 찾을 수 있을 따름인 그런 사람이 누워있다면, 그를 받아들이지 않으신다. 왜냐하면, 신의 선성은 어떤 일에서나 최선의 것을 눈여겨보시기 때문이다.

이런 질문이 있었다. 신은, 어떤 이들은 (이성적으로-역자) 숙고(bescheidenheit)할 수 있기 이전인, 유아 시절에 죽어 세례의 은총에서 제외될 것을 알면서도, 왜 이런 처지에 놓이게 하시는가. 신은 이들이 죽어 다시는 부활하지 않을 것을 알고 계시지 않는가? 이것이 그들에게 최선의 것일까?

그때 나는 이렇게 말했다. 신은 어떤 선을 파괴하시는 분이 아니라, 오히려 (선을-역자) 완성하시는 분이다. 신은 자연을 파괴하시는 분이 아니라, 오히려 자연을 완성하시는 분이시다. (초자연적인-역자) 은총도 자연을 파괴하는 것이 아니라, (오히려-역자) 자연을 완성시킨다. (289)

• • •
208) 참조. "내 편에 서지 않는 자는 나를 반대하는 자고, 나와 함께 모아들이지 않는 자는 흩어버리는 자다." 루카 11, 23. 역주.

만약 신께서 자연을 이미 시초부터 그런 식으로 파괴하신다면, 자연에 폭력과 불의가 발생할 것이다. 하지만 신은 그렇게 하지 않으신다. 우리 인간은 자유 의지를 갖고 있다. 우리는 자유 의지를 갖고 선악을 선별할 수 있다. 신은 인간에게 악행에 대해서는 죽음을, 올바른 행위에 대해서는 생명이라는 것을 스스로 깨닫고 선택하도록 하셨다. 인간은 자유로울 수밖에 없고, 자신의 행위의 주인일 수밖에 없다. 파괴되거나 강제되지 않고서 말이다. 은총은 자연을 파괴하지 않고, 오히려 은총은 그것을 완성시킨다. (영광스러운 그리스도의-역자) 변용(變容/glôrie)이 은총을 파괴하지 않고, 오히려 은총을 완성시킨다. 왜냐하면, 그분의 변용은 완성된 은총이기 때문이다. 그러므로 어떤 것을 파괴하는 것은 신 안에 전적으로 없다. 오히려 신은 모든 것을 완성시키는 분이다. 따라서 우리도 또한, 우리 안에 자리하고 있는 아무리 하찮은 선이라도 결코 파괴해서는 안 되며, 또한 더 큰 방식을 위해 작은 방식을 파괴해서도 안 되고, 오히려 이런 것을 최상의 것으로 완성시켜 나가야 한다.

이때까지 나는 새로운 삶을 새로이 시작하려는 사람에 관해 언급했다. 나는 인간은 모든 것에서 신을 추구하는 사람, (290) 때와 장소를 막론하고 모든 사람에게서 온갖 방식으로 신을 발견하는 사람이 되어야 한다고 말했다. 이렇게 하는 가운데 우리는 항상 끊임없이 커가고 성장할 수 있을 뿐, 결코 성장이 끝나는 시점에 이를 수 없다.[209]

---

[209] 이 이야기는 항구적이고 지속적인 성장만 있을 뿐, 결코 그 완성점에는 도달할 수 없다는 사상을 언급하고 있다. 성장은 무한한 과정들의 연속이며, 모든 과정들은 성장이 통과하는 통과점들일 따름이다.

- 23 -
내적인 일과 외적인 일에 대하여

만약 어떤 사람이 자신의 내적 능력과 외적 능력, 곧 자신의 모든 능력을 지니고 자기 자신 속으로 침잠하고자 한다면, (더 나아가―역자) 그가 이 상태를, 자신의 내부에서 어떠한 생각(bilde)도 그를 강제하는 어떠한 충동도 없는 방식으로 그리고 내적 활동이든 외적 활동이든, 어떠한 활동도 없이 있을 수 있는 방식으로, 유지할 수 있다면, 이 상태 자체가 바로 하나의 활동으로 전환될 수 있는지를 잘 주목해야 한다. 그러나 어떤 사람이 어떠한 일로 끌리지도 않고, 어떤 것도 착수하고자 하지 않는다면, 내적인 일이든 외적인 일이든, 강제로라도 일을 해야 한다. 왜냐하면, 아무리 좋은 것처럼 보이든 또는 아무리 좋은 것이든 관계없이, 그 사람은 어떠한 것에도 만족하지 말아야 하기 때문이다. (291) 그와 함께 그가 (다른 때에―퀸트) 강박증이나 편집증 아래 처하게 되어, 능동적으로 활동하기보다 수동적으로 활동한다는 인상을 받게 된다면, 그는 자신의 신과 함께 활동하는 법을 배워야 할 것이다. 우리가 우리의 내면에서 빠져나오거나 벗어나야 한다든지, 또는 내면을 거부해야 한다는 등을 말하려는 것은 아니다. 오히려 바로 내면에서, 내면과 함께 또한 내면으로부터 우리는 다음과 같이 활동하기를 배워야 한다. 곧, 우리는 내면이 일로 뒤바뀌도록 그리고 일이 내면으로 들어가 머물게 하기를 배워야 한다. 우리는 어떠한 강박감도 없이 일하는 것에 익숙해져야 한다. 그리하여 우리는 안이 바깥이 되고 바깥이 안이 되는 이러한 내적인 활동에 눈을 돌리고, 마음에서 우러나 무슨 일을 해야 한다. 독서든, 기도든 또는 내게 닥치는 외적인 일이든 관계없이 그렇게 해야 한다. 그러나 만약 외적인 일이 내적인 일을 파괴하려고 하면, 우리는 내적인 일을 따라야 한다. 만약 이 둘이 하나로 성립될 수 있다면, 이것이 우리가 신과 함께 활동하기 위한 최선의 것이다.

(292) 이제 다음과 같은 물음이 제기된다. 성 디오니시우스가 "내적인 충만함으로 가득 차 있을지라도 침묵을 가장 잘 지킬 수 있는 사람이야말로 신에 관해 가장 아름답게 말하는 자이다."라고 말한 것 같이, 우리가 자기 자신과 모든 활동에서 벗어나 있는데도, 그리고 여전히 모든 생각과 활동들, 찬미와 감사 또는 그 밖에 우리가 행할 수도 있는 여러 가지 활동에서 벗어나 있는데도, 우리가 어떻게 신과 함께 활동할 수 있다는 말인가?

답변 : 그런데 우리에게 적절하고 고유하게 올바른 하나의 일이 있다. 그것은 바로 자기 자신을 부정하는 일(vernichten sîn selbes)이다. 하지만 신께서 그 사람에 있어 그것을 완성시켜주지 않으신다면, 자기 자신을 부정하는 일과 자신을 낮추는 일(verkleinen)이 대단한 것이 될 수 없을 것이다. 그 사람에게 계속 결함이 있게 될 것이다. 그리하여 신께서 인간을 통해 인간을 겸손하게 해주실 때, 겸손은 비로소 완성될 것이다. 그럴 때만 인간과 덕도 충분해질 것이며, 그 이전에는 그렇게 될 수 없다.

또 하나의 물음 : 그런데 신이 자기 자신을 통해 인간을 부정하고 있다는 말을 어떻게 알아들어야 하는가? (293) 인간에 대한 이러한 부정은 신에 의한 인간의 고양인 것처럼 보이는데 말이다. 그래서 복음사가가 "자신을 낮추는 사람은 높여질 것이다."(마태오 23, 12; 루카 14, 11)라고 말하지 않았던가?[210]

---

210) 참조. "자신을 높이는 사람은 낮추어지고 자신을 낮추는 사람은 높여질 것입니다." 마태오 23, 12. : "사실 누구든지 자신을 높이는 사람은 낮추어지고 자신을 낮추는 사람은 높여질 것입니다." 루카 14, 11. 역주.

답변: 맞으면서 틀린 말이다. 우리는 자기 자신을 '낮추어야 한다.' 그런데 충분히 그렇게 할 수 없으므로, 신께서 이 일을 해주시는 것이다. 그리고 우리는 '높여져야 한다.' 그런데 낮추고 높이는 일이 다른 일처럼 보이나 그렇지 않다. 오히려 고양의 최고 높은 높이는 겸손의 가장 낮은 깊이에 위치해 있다. 왜냐하면, 겸손의 근저가 깊고 낮을수록, 또한 고양의 그 높이도 측량할 수 없이 높아지기 때문이다. 우물이 깊으면 깊을수록, 동시에 더욱 높아지는 법이다. (294) 높이와 깊이는 하나이다. 따라서 우리가 더욱 자신을 낮출 수 있다면, 우리는 더욱 높아질 것이다. 그래서 우리 주님께서 "최고이고자 하는 사람은 너희 가운데 가장 작은 사람이 되어야 한다."(마르코 9, 34)라고 말씀하셨다.[211] 누구든지 최고이고자 원하는 사람은 가장 작은 사람이 되어야 한다. 최고이고자 하는 사람은 가장 작은 존재가 되어야 한다. 가장 최고인 자는 오직 가장 작은 자로 되는 데서 발견된다. 최고로 작은 자가 된 사람은 참으로 가장 큰 자이다. 가장 작은 자로 된 사람은 이미 가장 최고인 사람이 되어있다. 그리하여 "자신을 낮추는 사람은 높아질 것이다."(마태오 23, 12 : 루카 14, 11)라는 복음사가의 말이 이를 입증하고 충족시키고 있다. 따라서 우리의 온전한 본질적 존재는 다름 아닌 자신이 부정되는 데(in einem niht-werdenne) 있다.

또한, 코린트 전서에 "그대들의 모든 덕이 풍부하게 되었다."라고 씌어 있다.[212] (295) 참으로 우리가 만약 모든 것에서 미리 가난하게 되지 않는

• • •

211) 실제로는 마르코 복음 9장 35절에 나오는 말이다. 그 9장 35절에 다음과 같은 말이 나온다. "누가 첫째가 되고자 하면 모든 이 가운데서 말째가 되어 모든 이를 섬기는 사람이 되어야 합니다." 역주.
212) 참조. "실로 여러분은 그리스도 안에서 어느 면에서나 부유하게 되어 온갖 언어와 온갖 지식도 익히게 되었습니다." 1 코린, 1, 5. 역주.

다면, 이런 일은 결코 일어날 수 없을 것이다. 모든 것을 받아들이고자 하는 사람은 또한 모든 것을 내어주어야만 한다. 이것이 정당한 거래이며, 등가적(等價的) 교환이다. 내가 오래전에 한 번 말했듯이,[213] 신은 자기 자신과 모든 것을 거저 우리에게 주시고자 하시므로, 신은 우리의 모든 소유물을 몽땅 갖고자 하시는 것이다. 그렇다. 정말이지, 신은 눈 속의 티끌만큼도 우리가 소유하는 것을 원하지 않으신다.[214] 왜냐하면, 신이 우리에게 매번 주시는 모든 선물, 곧 은총의 선물뿐만 아니라, 자연의 선물도 우리가 우리 것으로 소유하고자 하지 않아야 한다고 뜻하시는 경우 이외의, 어떤 다른 뜻 가운데서 절대 주지 않으시기 때문이다. (296) 신은 자신의 어머니(마리아-역자)나 어떤 사람에게, 또는 그 밖의 어떤 피조물에도 어떤 것을 자기 것으로 소유하라는 식으로 준 적이 없다. 신께서는 우리를 가르치고, 우리가 모든 것을 거저 갖고 있음을 가르쳐주시기 위해, 가끔 신체적이고 정신적인 재산 양자를 우리에게서 빼앗기도 하신다. 왜냐하면, 명예는 우리의 것일 수 없고, 오로지 그분의 것이기 때문이다. 그러므로 우리는 모든 것이 잠시 우리에게 대여된 것일 뿐이지 우리에게 주어진 것이 아닌 것처럼, 모든 것을 가져야 한다. 몸이든, 영혼

---

213) 참조. 여기 나오는 이야기는 '4. 우리가 내적·외적으로 수행해야 하는 놓아 버리고 있음(lâzenne)의 유용성에 대하여'에서 이미 언급되었다. 거기서 나오는 말은 다음과 같다. "아직 더 많이 놓아 버리고 있어야 한다는 것을 발견하지 못했을 정도로, (모든 것을-역자) 놓아 버리고 떠난 사람은 이 세상에 아직 없었다는 사실을 그대는 알아야 한다. 이러한 사실을 제대로 유념하면서 계속 살아가는 사람은 얼마 없다. 그대가 모든 사물로부터 더 멀리 벗어나면 벗어날수록, 더도 말고 덜도 말고 그대가 벗어난 만큼, 그대가 어떠한 경우에 있어서든지, 그대를 그대의 것으로부터 완전히 비우는(ûzgâst) 한에서, 신은 자신의 모든 것을 갖고 (그대에게로-역자) 들어오신다는 것은 등가적(等價的) 교환이고 정당한 거래이다. 따라서 당신이 수행할 수 있는 모든 것이 당신에게 그 대가가 지불될게끔 시도해 보라. 그러면 그때 당신은 바로 참된 평화가 그 대가로 지불되어 있음을 알게 될 것이다. 그 밖의 어떤 곳에서도, 당신은 참된 평화를 찾을 수 없을 것이다." 역주.
214) 참조. '눈 속의 티끌만큼도'라는 말은 '눈 속에 넣을 수도 있을 만큼의 소유조차도'라는 뜻으로, 실로 '아무것도 아닌 것'을 뜻한다. 역주.

이든, 감각이든, 능력이든, 외적인 재산이든, 명예든, 동무든, 친척이든, 집이든, 뜰이든 그리고 그 어떤 것이든 관계없이, 우리는 어떤 것도 내 것으로 생각해서는 안 된다.

신께서 무슨 의도로 이러한 사실을 그렇게도 강조하시는가?

그 이유는 신께서 전적으로 우리의 것이 되고자 원하시기 때문이다. 신은 이를 원하고 이렇게 하고자 애쓰신다. 신께서는 오로지 우리의 것이어야만 하기를, 그리고 우리의 것이 되고자 하는 것만을 의도하셨다. (297) 그분의 최고의 기쁨과 즐거움이 거기에 있다. 그래서 그분이 더욱 많이 더욱 전적으로 우리의 것일 수 있다면, 그분의 기쁨과 즐거움은 더욱 커질 것이다. 그런데 만약 우리가 모든 사물을 더욱 많이 우리 것으로 하고자 한다면, 우리는 더욱 적게 그분을 갖게 될 것이다. 반면에 우리가 모든 사물에 대한 애착을 더욱 줄일수록, 우리는 그분이 베풀어주실 수 있는 모든 것과 함께 그분을 더욱 많이 갖게 될 것이다. 그 까닭에 우리 주님께서는 모든 지복에 대해 말씀하고자 하셨을 때, 정신의 가난(armout des geistes)을 그 모든 것의 첫머리에 두셨고, 모든 지복과 완전함이 예외 없이 정신의 가난에서 시작된다는 것을 그 첫째가는 징표로 보여주셨다. 정말이지, 모든 선을 세울 수 있는 근거가 있다면, 정신의 가난이야말로 그러한 근거일 것이다.[215]

우리 바깥에 있는 사물들로부터 우리가 자유롭게 머물 수 있다면, 신은 하늘에 있는 모든 것 그리고 모든 자신의 능력과 더불어 하늘을, 그리고 그 자신에게서 흘러나온 모든 것과 천사와 성인들이 갖고 있는 모든

---

215) 가난의 설교인 독일어 설교 52(DW 52)에 나오는 '정신적 가난'은 이미 에크하르트의 초기부터 일관되게 유지되어온 그의 근본 입장이다. 역주.

것을 실로 우리에게 베풀어주실 것이다. 이는 모든 천사와 성인들과 마찬가지로 우리에게도 이런 것을 소유하게끔 해주기 위해서이다. 이는 실로 내가 어떤 것을 갖는 것보다도 측량할 수 없을 정도로 훨씬 높은 수준에서 내가 갖는 것이다. 내가 신을 위해 나 자신에서 나를 비워낸다면, 그에 대해 신은 자신인 모든 것과 자신이 베풀어 줄 수 있는 모든 것을 갖고 전적으로 나의 소유가 될 것이다. 그리하여 더도 덜도 말고 나의 것이 마치 그분의 것처럼 될 것이다. 어떤 사람이 상자 속에 있는 물건을 얻었을 때나, 자기 자신을 얻게 되었을 때보다 수천 배나 신은 나의 것이 될 것이다. 아무도 신 자신이 할 수 있는 것과 신 자신인 바가 나의 것이 된 것 이상으로 소유할 수 없을 것이다.

우리는 이 현세에서 우리 자신의 것을 소유하지 않고, 신이 아닌 어떤 것도 소유하지 않음으로써 이러한 소유를 정당하게 획득해야 한다. (299) 이러한 가난이 더욱더 완전하게 되면 될수록, 그리고 더욱더 철저하게 되면 될수록, 이러한 소유는 더욱더 나에게 귀속될 것이다. 하지만 우리는 이러한 보상을 의도하거나, 그러한 보상을 눈여겨보지 말아야 한다. 마치 우리가 어떤 것을 얻게 되거나 받게 될 것처럼 기대하면서, 한 번이라도 그런 보상에 눈독을 들여서는 안 된다. 우리 눈이 오직 덕에 대한 사랑에 의해서만 움직이게 하라. 왜냐하면, 소유물에 매여 있지 않으면 않을수록, 더욱 많이 갖게 될 것이기 때문이다. 이는 고귀한 바오로가 "우리는 마치 아무것도 갖지 않은 것처럼 가져야 합니다. 하지만 동시에 그때 우리는 모든 것을 갖게 됩니다."(2코린토 6, 10).[216] 아무

---

216) 참조. "슬퍼하는 자 같으나 늘 기뻐합니다. 가난한 자 같으나 많은 이를 부유하게 합니다. 아무것도 갖지 않은 자 같으나 모든 것을 차지하고 있습니다." 2코린토 6, 10. 역주.

것도 자기 것을 갖고 있지 않는 사람은 어떤 것을 갈구하지도 갖고자 하지도 않는다. 자기 자신에 있어서나, 또한 자신의 바깥에 있는 모든 것에 있어서도, 심지어는 신에 있어서조차도 또한 모든 것들에 있어서도 그 사람은 그렇게 한다.

그대들은 참으로 가난한 사람이 어떤 사람인지 알고자 하는가?

(300) 정신이 참으로 가난한 사람은 필요하지 않은 것은 뭐든지 없이도 잘 지낼 수 있는 사람이다. 그래서 큰 통 속에 벌거벗고 앉아 있던 디오게네스가 온 세상을 통 채로 손아귀에 쥐고 있던 알렉산더 대왕에게 다음과 같이 말했다. "나는 그대 이상으로 훨씬 위대한 주인이다. 왜냐하면, 나는 그대가 소유한 것보다도 훨씬 많이 버렸기 때문이다. 그대는 그대가 소유하고 있는 것을 대단한 것으로 여기지만, 내가 볼 때 그것은 너무 적어서 심지어 버릴 수조차 없는 것이다."라고. 모든 것 없이 살 수 있고, 그런 것을 필요로 하지 않는 사람이 자신들의 필요에 따라 모든 것을 소유하고 있는 사람보다도 훨씬 더 행복하다. 자신에게 필요로 하지 않는 것 없이도 살 수 있는 사람이 최상의 사람이다. 그래서 가장 많이 없이 살 수 있고 버릴 수 있는 사람이 가장 많이 그냥 놓아두고 있는(gelâzen) 사람이다. 만약 어떤 사람이 (돈을 갖고 있어서-역자) 신을 위해 수천 마르크의 금화를 기부하고, 자신의 재산으로 수많은 수도자의 방을 짓고, 수도원을 세우고 또한 온갖 가난을 맛본다면, 이는 아마도 대단한 일로 생각될 것이고, 아마 대단한 일일 것이다. 그러나 신을 위해 그만큼을 (처음부터 갖지 않고-역자) 버릴 수 있는 사람이 더욱 행복한 사람일 것이다. (301) 신이 준 것이든, 그렇지 않은 것이든, 신을 위해 모든 것을 포기할 수 있는 사람이 올바르게 하늘나라를 갖게 될 것이다.

이제 그대들은 말한다. "그렇습니다. 선생님, 저 자신이 저의 결함으로 인해, (장애-퀸트) 요인과 장애물인 것이 아닐까요?"

만약 그대에게 결함이 있다면, 그것을 없애 달라고 신께 거듭 기도하라. 자주 청하는 것이 그의 영광을 드높이고 그의 마음에 드는 것이 아니겠는가. 그분 없이는 그대는 아무것도 할 수 없기 때문이다. 만약 그분이 결함들을 그대에게서 제거해주신다면, 그분께 감사하라. 하지만 만약 그렇게 해주지 않으신다면, 신을 위해 그것을 참고 견뎌야 한다. 하지만 (더는-퀸트) 죄의 결함으로가 아니라, 커다란 수련으로 여기면서 그렇게 해야 한다. 이러한 수련으로 그대가 보상을 받을 수 있게 되어야 한다. 또한, 이러한 수련으로 인내심을 단련해야만 한다. 그대는 신께서 선물을 주시든, 주시지 않든, 만족해야 한다.

(302) 신께서는 각자에게 무엇이 최선이고 적합한지에 따라 주신다. 만약 어떤 사람이 누군가에게 웃옷을 맞추어 주려고 한다면, 그의 치수에 따라 웃옷을 만들어 주어야 한다. 그래서 특정한 사람에게 맞는 상의가 다른 사람에게는 전혀 맞지 않을 수도 있다. 우리는 각자에게 꼭 맞는 각기 다른 치수를 갖고 있다. 그래서 또한 신께서도 최선의 것이 각자에게 가장 잘 들어맞는 것이라는 인식에 따라 각자에게 최선을 주신다. 참으로, 이러한 사실에 신을 전적으로 신뢰하는 사람은 가장 적은 것에서도 가장 큰 것에서만큼이나 많이 받고, 많이 소유하게 될 것이다. 만약 신께서 성 바오로에게 주신 것을 나에게 주시고자 하신다면, 만약 신께서 이를 바라신다면, 나는 그것을 기꺼이 받을 것이다. 하지만 만약 신께서 그것을 나에게 주시고자 하지 않으신다면, (303) – 이 세상에서 (성 바오로처럼-역자) 지혜에 도달한 아주 소수의 사람에게만 신께서 그렇게 하고

자 하시기 때문이다. ― 그래서 만약 신께서 나에게 주지 않으신다면, 그 또한 신께서 나를 사랑하시기 때문이다. 따라서 나는 신께 받은 거나 다름없이 크게 고마워해야 한다. 나에게 그것을 준 경우와 마찬가지로, 나에게 주시지 않았기 때문에 완전히 만족해야 한다. 주지 않으신 것에 대해서도 주신 거나 다름없이 만족해야 한다. 나에게 주실 때와 마찬가지로 신은 나를 사랑하고 계신다. 비록 다른 방식이긴 하지만, 신은 내 주변에 항상 머물러 계신다. 참으로 우리는 신의 의지에 만족해야만 한다. 신이 작용하시거나 주시고자 하는 모든 경우에, 나는 신의 의지를 사랑해야 한다. 신의 의지를 소중하게 여겨야만 한다. 그래서 신이 나에게 선물을 주고자 하시거나, 내 안에서 어떤 작용을 하고자 하실 때보다, 그렇게 하시지 않을 때가 의미가 덜하다고 생각하지 않도록 해야 한다. 만약 신의 선물과 신의 작용 모두가 나의 것이라면, 비록 모든 피조물이 내 것을 빼앗기 위해 자신의 최선 또는 최악을 나의 것에 가한다고 하더라도, (304) 나의 것을 빼앗아 갈 수 없을 것이다. 그렇다면, 모든 사람의 선물이 나에게 고유하게 속하는 것이 아니라고 해서, 어떻게 내가 슬퍼할 수 있겠는가? 참으로, 신이 내게 행하고 주시거나, 또는 주시지 않거나 간에, 신이 하시는 모든 일에 나는 진정으로 만족해야 한다. 그래서 거기에 대해 셈조차 하려고 해서는 안 될 것이다. 최선의 삶을 살 수 있기 위해, 내가 구상할 수 있는 것이 바로 이런 것이다.

이제 그대들은 말한다. "저는 그렇게 살려고 충분히 노력하지도 않고, 제가 할 수 있는 만큼 줄기차게 노력하지도 않은 것 같습니다."

이는 참으로 유감스러운 일이지만, 인내하며 참고 견뎌라. 이를 수련으로 여기고 받아들여라. 그리고 만족하라. 신은 자신을 사랑하고 자신에게 속하는 평화를 자신 안에 갖기 위해, 고통과 수고를 기꺼이 견뎌내시고, 예배와 찬미 없이 기꺼이 지내시고자 하신다. (305) 그러므로 신이 우리에게 주시는 것이 무엇이든, 우리가 없이 지내는 것이 무엇이든, 우리가 왜 평화롭게 지내지 못한단 말인가? 우리 주님께서는 의로운 일을 위해 고통받는 사람은 복되다(마태오 5, 10)고 말씀하셨고, 또 그렇게 씌어 있다.[217] 정말이지, 어떤 사람이 도둑질한 대가로 교수형을 당하려고 하고 있거나, 또는 어떤 사람이 살인을 저질렀기에 법의 이름으로 사지가 찢기는 죽임을 당하려고 하고 있다고 하자. 그런데 이 두 사람이 자신 속에서 다음과 같은 통찰에 도달할 수도 있다. 보라, 우리는 의로움 때문에 이러한 고통을 감수하고자 한다. 왜냐하면, 우리에게 이런 일이 일어나는 것이 지당하기 때문이다. 이럴 수 있는 사람은 더할 나위 없이 행복하다. 참으로, 우리가 아무리 의롭지 못하다 할지라도, 신이 우리에게 주시는 것이나 주시지 않고자 하는 것을 신에게서 받아들이자. 그리고 그분의 관점에서 곧장 의로움을 위해 고통을 참아내자. 그럴 때 우리는 행복할 것이다. 따라서 우리는 불평하거나, 슬퍼하지 말아야 한다. 오히려 우리는 아직 불평하고 슬퍼하며 만족해하지 못하는 것에 대해 슬퍼하고 불평해야 한다. (306) 우리가 (여전히-퀸트) 너무 많이 갖고 있다는 것에만 오직 불평하고 슬퍼해야 한다. 왜냐하면, 올바르게 생각하는 사람이라면, 소유와 마찬가지로 궁핍도 받아들여야 하기 때문이다.

이제 그대는 말한다. "보십시오, 신은 수많은 사람 안에서 큰일을 하십니다. 이 사람들은 신적 존재를 갖고 그들의 꼴이 바뀌었고, 그들이 아니

---

217) 참조. "복되어라, 의로움 때문에 박해를 받는 사람들! 하늘나라가 그들의 것이니." 마태오 5, 10. 역주.

라, 신이 바로 그들 안에서 작용하시는 분입니다."

 그 때문에 그들 안에 계시는 신께 감사드려라. 만약 신이 그대에게 무엇을 주시면, 신의 이름으로 받아들여라. 하지만 신이 무엇을 주시지 않으면, 그것 없이도 잘 지내야 한다. 그분만을 마음에 모셔야 한다. 그리고 과연 신이 그대의 일에 작용하시는지, 아니면 그대가 그 일에 작용하고 있는지에 마음 쓰지 말아야 한다. 왜냐하면, 신이 원하든, 원하지 않든, 그대가 그분만을 마음에 모시고 있다면, 신은 반드시 그 일에 작용하시기 때문이다.

 또한, 신이 모든 사람에게 어떠한 본질(wesens)과 어떠한 방식(wise)을 주시는가에 마음 쓰지 말아야 한다. 만약 나를 성인의 반열에 올려야 될 정도로 내가 선하고 거룩하다면, (307) 사람들은 과연 이러한 일이 (초자연적인) 은총에 관계하는 것인지 자연에 관계하는 것인지 이야기하면서, 다시 의아해할 것이다. 그리고 이런 문제에 대해 헷갈릴 것이다. 하지만 이런 것에 신경 쓰는 사람은 올바르지 못하다. 신이 그대 안에서 작용하도록 하고, 그대가 하는 모든 일이 신에게 속하도록 하라. 신께서 자연적 방식으로, 또는 초자연적 방식으로 작용하시는지, 그렇지 않은지에 마음을 써서는 안 된다. 자연과 은총 둘 다 그분의 것이다. 무엇으로 작용하시는 것이 신께 가장 적합한 것인지, 또는 그분이 그대나 다른 사람에게 어떤 작용을 하시는지가 그대에게 무슨 상관이 있단 말인가? 그분은 어떻게, 어디서, 어떤 방식으로 작용하시든지 간에, 자신에게 가장 적합한 곳에서, 가장 적합한 방식으로 작용하시는 분이시다.

 샘물을 자신의 정원으로 끌어오고 싶어 하는 사람이 다음과 같이 말했다. "물만 얻을 수 있다면, 물을 보내줄 물꼬가 어떤 방식인지에 관해 전혀 신경 쓰지 않을 것이다. 그것이 쇠로 된 것이든, 나무로 된 것이든, 뼈다귀로 된 것이든, 또는 녹이 슨 것이든, 오직 물만 나에게 주어진다면 전혀 신경 쓰지 않을 것이다. (308) 그것이 자연이든 은총이든, 신이 무엇을 통해 자신의 일을 그대에게서 하고 계시는가 하는 문제에 마음 쓰는 사람은 위의 사람과 정반대의 일을 하고 있다. 그대는 신이 작용하시도록 그냥 내버려 두고, 평화만을 얻으면 된다."

왜냐하면, 신 가운데 머무는 만큼 그대는 평화 속에 머물 것이고, 신 바깥에 머무는 만큼 그대는 평화 바깥에 머물 것이기 때문이다. 만약 어떤 것이 오직 신 가운데 머물러 있다면, 그것은 평화를 가질 것이고, 신 안에 머물러 있는 만큼 평화 속에 머물러 있을 것이다. 그대가 얼마만큼 신 가운데 머물고 있는지, 그리고 또한 얼마만큼 그렇지 못한지를 잘 알아야 한다. 또한, 그대가 과연 평화를 갖고 있는지, 갖고 있지 못한지를 잘 알아야 한다. 왜냐하면, 그대가 평화롭지 않으면, 분명 평화로움을 갖지 못할 것이기 때문이다. 그 까닭은 평화롭지 못함은 신에게서 비롯하는 것이 아니라, 피조물로부터 비롯하는 것이기 때문이다. 신 안에 머물러 있지 않는 것을 두려워해야 할 것이다. (309) 신 안에 머물러 있는 것만을 사랑해야 할 것이다. 마찬가지로 또한 신 가운데 있지 않는 것은 신뢰하지 말아야 할 것이다.

자신의 완전한 의지와 자신의 바람을 갖는 사람은 기쁨을 갖는다. 하지만 그 의지가 신의 의지와 완전히 하나 되지 않으면 기쁨을 가질 수 없다. 신이시여, 이러한 하나 됨을 우리에게 주소서. 아멘.

논고 Ⅲ (TRAKTAT Ⅲ)[218]
버리고 떠나 있음에 관하여
(VON ABEGESCHEIDENHEIT)

---

219) Pf, Nr. IX 483-493쪽, Schaefer, Vom Abegescheidenheit.

버리고 떠나 있음
(Von abegescheidenheit)[219]

나는 이교도 스승들의 저서와 예언자들의 저서들 그리고 신약·구약 성경도 많이 읽어 왔다. 그리고 그를 통해 인간이 가장 잘 그리고 최고로 신과 결합 되게끔 하고, (401) 또한, 은총에 의해 신적 본성을 지닐 수 있게도 해주는, 그리고 그를 통해 신이 피조물을 창조하시기 이전에, 인간 자신과 신 사이에 어떠한 차이도 없이, 신 가운데 있었던 그때의 원상(bil-

- - -

219) '버리고 떠나 있음'(abegescheidenheit)이란 말마디는 중세 고지 독일어와 중세 저지(低地) 독일어 그리고 중세 네덜란드어 사전 등의 논의에 따르면, 신비주의 시대 이전에는 등장하지 않는다. 특이한 신비주의적인 의미를 띠고 있는 이 말마디는 에크하르트를 통해 비로소 그 의미가 확정되어, 그의 학파들이 사용한 말마디로 보인다. J. 호프마이스터는 자신의 철학 개념 사전(Wörterbuch der Philosophischen Begriffe, 1955, 3쪽)에서 "중세 고지 독일어로는 abegescheidenheit인 Abgeschiedenheit는 마이스터 에크하르트가 다듬은 표현이다. 그 뜻은 인간과 세계로부터 돌아선 영혼이 온전히 자기 자신에 머무르고, 자기 자신과 하나 된 상태(Insichselbstruhen, Mitsichselbsteinssein)를 의미한다."라고 말한다. 에크하르트는 '버리고 떠나 있음'에 대한 논의를 광범위하게 개진하고 있다. 이 말마디는 그의 신비적인 논의의 거점을 이루고 있다. '버리고 떠나 있음'은 피조물과 나로부터(from) '풀려난다.' '돌아선다.' '벗어난다.'라는 소극적인 의미뿐만 아니라, 신으로(into) '돌아선다.' 신으로 '향한다.'라는 적극적인 의미도 가지고 있다. 따라서 이 말마디는 신비적 일치(unio mystica)의 근본적인 조건을 뜻한다.

de)과 인간을 가장 최고로 일치하게 해주는, 그러한 최고의 그리고 최상의 덕이 과연 무엇인가를 온 열성을 다해 진지하게 나는 추구해왔다. 내 이성(vernunft)이 이를 수행하고 그것을 인식할 수 있는 한에서, 내가 모든 저서를 철저하게 파헤쳤을 때, 나는 순수한 '버리고 떠나 있음'(lûteriu abegescheidenheit)이 모든 것을 넘어서 있다는 것 이외에 그 어떠한 것도 더 이상 발견하지 못했다. 왜냐하면, 모든 덕은 어떤 것이든 피조물을 목적으로 하는 반면에, '버리고 떠나 있음'은 모든 피조물에서부터 벗어나 있기(ledic) 때문이다. 그 때문에 우리 주님께서 마르타에게 "필요한 것은 한 가지뿐이다."(루카 10, 42)라고 말씀하신 것이다.[220] 그런데 이는 "마르타야, 흐려 있지 않고 순수하게 있고자 하는 사람은 반드시 하나를 가져야 한다. 그런데 그것이 바로 '버리고 떠나 있음'이다."라는 말씀을 바로 뜻하는 것이다.

"내가 비록 무엇을 행한다고 하더라도, 사랑이 없으면 나는 아무것도 아니다."[221]라고 말한 성 바오로가 그러했듯이, 스승들은 사랑을 특히 찬양했다. 거기에 반해 나는 어떠한 사랑보다도 앞서, '버리고 떠나 있음'을 찬양한다. 그 이유는 다음과 같다. 첫째, 사랑 가운데 있는 최상의 것은 내가 신을 사랑하도록 사랑이 나를 (신께로-역자) 이끄는 반면, 버리고 떠나 있음은 신이 나를 사랑하도록 신을 (나에게로-역자) 이끈다는

• • •
220) 참조. "마르타, 마르타, 당신은 많은 일 때문에 걱정하며 부산을 떨지만, 필요한 것은 한 가지뿐입니다. 사실 마리아는 그 좋은 몫을 택했고 그것을 빼앗기지 않을 것입니다" 루카 10, 41-42. 역주.
221) 참조. "내가 인간의 여러 언어와 천사의 언어로 말한다고 하여도, 나에게 사랑이 없으면 나는 요란한 징이나 소란한 꽹과리에 지나지 않습니다. 내가 예언하는 능력이 있고 모든 신비와 모든 지식을 깨닫고 산을 옮길 수 있는 큰 믿음이 있다고 하여도, 나에게 사랑이 없으면 나는 아무것도 아닙니다. 내가 모든 재산을 나누어 주고 내 몸까지 자랑스레 넘겨준다고 하여도, 나에게 사랑이 없으면 나에게는 아무 소용이 없습니다." 1코린토 13, 1절 이하. 역주.

것이다. 내가 나를 신으로 이끄는 것보다도, 내가 신을 나에게로 다가오도록 하는 것이 훨씬 더 나은 것이다. 그 까닭은 바로 내가 나를 신과 결합하게 할 수 있도록 하는 것보다, 신이 나와 결합할 수 있게 하는 것이 훨씬 더 밀도가 높을 뿐만 아니라, 일치의 정도도 훨씬 탁월하기 때문이다. (403) '버리고 떠나 있음'이 신을 나에게 다가오도록 한다는 사실을 '나는 모든 것은 그 본성에 맞는 고유한 자리에 기꺼이 머문다.'[222]는 것으로 증명하고자 한다. 신의 자연적 본성에 맞는 고유한 자리는 하나임과 순수성(einicheit und lûterkeit)이다. 이 하나임과 순수성은 바로 '버리고 떠나 있음'으로부터 온다. 따라서 신은 버리고 떠나 있는 심정에 자기 자신을 반드시 내어줄 수밖에 없다. 두 번째, 나는 다음과 같은 이유에서 사랑보다도 '버리고 떠나 있음'을 찬양한다. 곧, 사랑은 내가 모든 것을 신을 위하여 참고 견디어 내도록 하는 것으로 나를 이끄는 반면에, '버리고 떠나 있음'은 내가 신을 받아들이는 것 이외에 그 어떠한 것도 받아들이지 않도록 하는 것으로 나를 이끌기 때문이다. 신을 위하여 모든 것을 참고 견디는 것보다도, 신 이외에 그 어떠한 것도 받아들이지 않는 것이 훨씬 더 가치 있는 일이다. 왜냐하면, 참고 견디는 고통 가운데는 인간에게 고통을 주는 피조물에 어떤 방식으로든지 눈을 돌릴 수밖에 없는 반면에, '버리고 떠나 있음'은 모든 피조물로부터 전적으로 벗어나 있기(ledic) 때문이다. (404) '버리고 떠나 있음'은 신 이외에 어떠한 것도 받아들이지 않는다는 것을 '받아 들여야만 하는 것은 어떠한 것 속으로 받아들여질 수밖에 없다.'라는 말로 나는 증명하고자 한다. '버리

---

222) 참조. Aristoteles, Physics, IV t 46(Ac 5212b17-22). 사물이 자리하는 자연적 장소에 대한 아리스토텔레스의 유명한 논의.

고 떠나 있음'은 그 어떤 것도 그보다 더는 미세할 수 없을 만큼, 거의 무(無)에 가깝다. 따라서 '버리고 떠나 있음' 가운데 신 이외에 어떤 것도 머물 수 없다. 신만이 버리고 떠나 있는 심정에 충분히 머물 수 있을 만큼, 단순하고 미세하신 분이다. 따라서 '버리고 떠나 있음'은 신 이외에 어떠한 것도 받아들일 수 없다.

또한, 스승들은 다른 많은 덕목보다 겸손을 찬양한다. 그러나 나는 어떠한 겸손보다도 '버리고 떠나 있음'을 더 높이 평가한다. 그 이유는 실로 다음과 같다. (405)

첫째, 겸손은 '버리고 떠나 있음' 없이도 성립할 수 있지만, 완전한 '버리고 떠나 있음'은 완전한 겸손 없이는 성립할 수 없기 때문이다. 왜냐하면, 완전한 겸손은 자신의 자아를 없애는 것으로 나아가는 것이기 때문이다. 그런데 완전한 '버리고 떠나 있음'과 무 사이에는 어떤 것도 끼어들 수 없을 만큼, '버리고 떠나 있음'은 거의 무에 가까이 닿아 있는 것이다. 그러므로 완전한 '버리고 떠나 있음'은 겸손 없이는 존재할 수 없다. 언제나 두 가지 덕목들이 단 하나의 덕목보다도 더 나은 법이다.[223] 내가 '버리고 떠나 있음'을 겸손보다도 더 높이 보는 두 번째 이유는 완전한 겸손은 자기 자신을 모든 피조물 아래로 낮춘다는 것이다. 이렇게 자신을 낮추는 가운데서 우리는 자기 자신에서부터 나와서 피조물 쪽으로 향하게 된다. 그러나 반면에 '버리고 떠나 있음'은 자기 자신에 머물러 있다. 바깥으로 향하는 것은 결코 고귀할 것일 수 없다. 자기 자신 가운데 머무는 것이

---

223) 에크하르트는 여기서 '버리고 떠나 있음'이 겸손보다도 더 높은 덕목임을 강조하고 있다. 곧, 겸손은 '버리고 떠나 있음' 덕분에 그 자신의 고유한 가치를 갖는다는 것이다. 이런 의미에서 '버리고 떠나 있음'은 겸손의 '가장 확고한 토대'(DWV. 433쪽, 6행 이하)이게 된다.

훨씬 더 고귀한 것이다. (406) 그래서 예언자 다윗이 "Omnis gloria eius filiae regis ab intus"라고 말한 것이다. 이 말은 "왕의 딸은 자신의 모든 영광을 안으로부터 갖는다."(시편 44, 14)는 뜻이다. 완전한 '버리고 떠나 있음'은 어떠한 피조물이든 다른 피조물 아래로 자신을 어떤 방식으로 낮추든, 결코 낮춤을 의도하지 않는다. 또한, 어떠한 피조물이든 피조물을 넘어서고자 하지도 않는다. 완전한 '버리고 떠나 있음'은 피조물 아래에도 피조물 위에도 있고자 하지 않는다. 완전한 '버리고 떠나 있음'은 자기 자신으로부터만 서 있고자 한다. 누구도 완전한 '버리고 떠나 있음'을 사랑이나 고통으로 내몰지 못한다. 그리고 완전한 '버리고 떠나 있음'은 어떠한 피조물과도 동일성이나 이질성을 갖고자 하지 않으며, '이것이나 저것'을 갖고자 하지도 않는다. 완전한 '버리고 떠나 있음'은 그냥 존재하는 것 이외에 그 어떤 것도 원하지 않는다. 완전한 '버리고 떠나 있음'은 자신이 '이것 또는 저것'이고자 함을 원하지 않는다. 왜냐하면, '이것이나 저것'이고자 원하는 사람은 어떤 것이고자 원하는 사람이기 때문이다. 반면에 '버리고 떠나 있음'은 결코 어떤 것이고자 원하지 않는다. 따라서 모든 사물은 '버리고 떠나 있음'에 의해 시달리지 않고 풀려나 자유로울 수 있게 된다.

(407) 이제 누군가가 다음과 같이 말할 수 있을 것이다. 우리의 동정녀 마리아에게 완전한 방식으로 온갖 덕이 갖추어져 있었다. 만약 그렇다면, 그녀가 완전한 '버리고 떠나 있음' 가운데 있어야만 했을 것이다. (그런데 그렇지 못했다 – 역자) 그런데도 과연 '버리고 떠나 있음'이 겸손보다도 더 높은 덕이란 말인가? 우리의 동정녀 마리아는 그녀의 '버리고 떠나 있음' 때문이 아니라, 그녀의 겸손 때문에 유명했던 것이 아닌가. 이는

그녀가 "Quia respexit dominus humilitatem ancillae suae"라고 말했을 때를 보면 그러하다. 이 말은 "주님께서 자신의 여종의 겸손을 눈 여겨보셨다."라는 뜻이다(루카 1, 48).[224] 그녀는 "주께서 자신의 여종의 '버리고 떠나 있음'을 눈 여겨보셨다."라고 말하지 않고 있다. 이에 대해 나는 "우리가 만약 신에 대해 덕을 말할 수 있다고 한다면,[225] 신 안에 '버리고 떠나 있음'과 겸손이 함께 있다."라는 말로써 답변하고자 한다. 이제 그대는 "사랑이 스며든 겸손은 신이 자신을 인간적 본성으로까지 낮추시도록 하는 데까지, 신을 가져간 반면에, (408) 신의 '버리고 떠나 있음'은 확고부동하게 자기 자신 가운데서 머무르고 있었다."라는 것을 알아야 한다. 신의 '버리고 떠나 있음'은 신이 인간이 되었을 때도, 자기 가운데 확고부동하게 머물고 있었다. 또한, 신이 하늘과 땅을 창조했을 때도 '버리고 떠나 있음'은 마찬가지로 확고부동하게 자신 가운데 머무르고 있었다. 이런 논의에 대해 또한 앞으로 다시 이야기하겠다. 그리고 우리 주님께서 인간이 되고자 하셨을 때, 자신의 '버리고 떠나 있음' 가운데 확고부동하게 머무셨기 때문에, 우리의 동정녀 마리아도 "주님께서 동일한 것('버리고 떠나 있음' 가운데 확고하게 머무는 것-역자)을 그녀에게 원하신다는 것과 그리고 주님께서 이러한 사정 아래서 그녀의 '버리고 떠나 있음'이 아니라, 그녀의 겸손을 눈여겨보셨다."라는 것을 충분히 알고 있었다. 그러므로 비록 그녀가 자신의 '버리고 떠나 있음' 때문이 아니라, 자신의 겸손 때

---

224) 참조. "그분께서 당신 종의 비천함을 굽어보셨기 때문입니다. 이제부터 과연 모든 세대가 나를 행복하다 하리니." 루카 1, 48. 역주.
225) 선하다, 참되다, 선이다, 진리이다 등과 같은 말마디들을 신에 대해서 적절하게 사용할 방도가 없다. 신은 인간의 사유나 개념을 아득히 넘어서기 때문이다. 역주.

문에 유명하다고 할지라도, 그녀는 자신의 '버리고 떠나 있음' 가운데 확고부동하게 머물러 있었다. 만약 그녀가 자신의 '버리고 떠나 있음'에 관해 단 한 마디라도 생각했다면, 그래서 그녀가 만약 "그분께서 나의 '버리고 떠나 있음'을 눈여겨보셨다."라고 말했다면, 그와 함께 '버리고 떠나 있음'은 흐려져서 더는 완전하지도 완벽하지도 못했을 것이다. 왜냐하면, 이런 경우 (자기-자신으로부터-벗어나-역자) 바깥으로 나감(ûzgang)이 일어나기 때문이다. 여기서 '버리고 떠나 있음'이 어떠한 허물도 없이 머물 수 있기 위해서, 어떠한 바깥으로 나감도 결코 사소한 것으로 치부될 수 없다.[226] (409) 이로써 당신은 왜 우리의 동정녀 마리아가 자신의 '버리고 떠나 있음' 때문이 아니라, 자신의 겸손 때문에 유명하게 되었는지에 대한 이유를 알게 되었을 것이다. 그러므로 예언자가 "Audiam quid loquatur in me dominus deus"(시편 84, 9)라고 말했다. 이 말은 "나의 신이, 나의 주님이 내 안으로 말씀하시고자 하는 것을 나는 침묵하여 듣고자 한다."라는 뜻이다. 마치 그 예언자가 "신께서 나에게 말씀하시고자 하신다면, 당신께서 나에게로 들어오시기 바랍니다. 나는 바깥으로 나가지 않겠나이다."라고 말했을 것과 마찬가지로.

나는 또한 '버리고 떠나 있음'을 자선보다 더 높이 본다. 왜냐하면, 자선은 우리가 자기 자신에서부터 나와(ûz im selber), 동료 인간의 결함으로 나아가는 것에 불과한 까닭에, (410) 우리의 심정이 흐려지기 때문이

---

226) '버리고 떠나 있음'은 자신 속에 머물러 있음이다. 그런데 마리아가 '버리고 떠나 있음'에 대해 한 마디라도 말했다면 그리고 생각했다면, 이는 자신에서 벗어나 바깥으로 나가는 것이다. 따라서 버리고 떠나 있는 사람은 자신이 버리고 떠나 있다는 것을 생각하고 말한다면, 이미 버리고 떠나 있는 사람이 아니게 될 것이다. 따라서 '버리고 떠나 있음'은 생각이나 말의 대상이 아니다. 역주

다. 버리고 떠나 있음은 (마음이-역자) 텅 비어 있는 채로(ledic), 자기 자신 가운데 머물러 있다. 그러한 까닭에, 어떤 것에 의해서도 흐려지지 않는다. 왜냐하면, 어떠한 것이라도 인간을 흐리게 할 수 있는 한, 그것은 그에게 옳지 않기 때문이다. 지금까지 한 이야기를 한마디로 하면, 다음과 같다. 곧, 내가 모든 덕을 눈여겨 살펴보았지만, '버리고 떠나 있음'만큼 결함이 없는 그러한 덕은 보지 못했다는 것이다. 또한 '버리고 떠나 있음'만큼 그렇게 신과 결합되어 있는 그러한 덕은 보지 못했다는 것이다.

아비첸나라는 스승은 버리고 떠나 있는 정신, 그것의 고결함은 너무나 위대하여 그 정신이 직관하는 것은 무엇이든지 참이며, 그것이 원하는 것은 무엇이든지 다 이루어지고, 또한 사람들은 그 정신이 명하는 모든 것에 복종할 수밖에 없다고 말했다.[227] (411) 그대는 곧, 만약 자유로운 정신이 올바른 '버리고 떠나 있음' 속에 있다면, 그 정신은 신을 자신의 존재로 강제할 수 있고, 그 정신은 어떠한 정식도, 어떠한 우연적 성질도 없이 (formelôsiclich und âne alle zuovelle) 서 있을 수 있으며, 그래서 그 정신은 신의 고유한 존재를 받아들일 수 있을 것이라는 사실을 참으로 알아야 한다.[228] 신은 자신의 고유한 존재를 자기 자신 이외에는 그 누구에게도 부여할 수 없다. 따라서 신은 버리고 떠나 있는 정신에 그 자신이 자기 자신에게 부여하는 것 이상으로 더 줄 수는 없다. 완전한 '버리고 떠나

---

227) 참조. Avicenna, Liber sextus Nat. Pars 4 c. 4 Ed. Veneta 1508f.20vb.
228) "어떠한 정식도, 어떠한 우연적 성질도 없이"라는 말 가운데 '어떠한 정식도 없다.'라는 말은 결코 언어로 정의할 수 없다는 뜻이다. 그리고 '어떠한 우연적 성질도 없다.'라는 말은 모든 사물이 가지는 그러한 성질을 넘어선다는 말이다. 따라서 이 말의 뜻은 버리고 떠나 있게 되면, 마치 신처럼 언어로 정의할 수도 없게 되며, 피조물들이 갖는 성질들도 넘어선다는 뜻이다. 에크하르트는 이런 용법을 여러 군데에서 자주 사용하고 있다. 역주.

있음' 가운데 머물러 있는 사람은 영원 속으로 몰입한다. 그래서 소멸하는 어떤 것도 더는 그에게 영향을 미칠 수 없다. 또한, 그는 (이 지상의-역자) 유형적인 어떤 것도 더는 느끼지 않기에, 그는 세상에 대해 죽었다고 말해진다. 왜냐하면, 그에게서는 지상적인 어떤 것도 냄새 맡을 수 없기 때문이다. 성 바오로가 "나는 살아 있지만, 살아 있지 않습니다. 그리스도께서 내 안에 살고 있습니다."(갈라티아 2, 20)[229] 라고 말했을 때, 바로 이를 뜻한 것이다.

이제 그대는 '버리고 떠나 있음'이 그 자체에 있어 그다지도 고결한 것이라면, '버리고 떠나 있음'이 도대체 무엇이란 말인가 하고 물을 수도 있다. 여기에 대해 그대는 올바른 '버리고 떠나 있음'은, 마치 납으로 된 산이 약한 바람에는 까딱하지 않고, 확고부동하게 서 있는 것과 마찬가지로, 정신이 모든 엄습하는 사랑과 고통, 명예, 손실, 모욕 등에 대항하여 확고부동하게 서 있는 것과 다름이 없다는 것임을 알아야 한다. 이러한 부동의 '버리고 떠나 있음'은 우리를 신과 최대한 같게 한다. 왜냐하면, 신이 신인 것을, 신은 자신의 확고부동한 '버리고 떠나 있음'으로부터 갖기 때문이다. 신은 '버리고 떠나 있음'으로부터 자신의 순수성, 단순성, 불변성을 갖기 때문이다. 그러므로 피조물이 신과의 동일성을 가질 수도 있는 한, 인간이 신과 같아지고자 한다면, 이런 일은 '버리고 떠나 있음'을 통해 일어날 수밖에 없다. '버리고 떠나 있음'은 인간을 순수성으로 이끌어가며, 또한 순수성(lûterkeit)에서 단순성(einvalticheit)으로, 단순성으로부

---

229) 참조. "이제는 내가 사는 것이 아니라 그리스도께서 내 안에 사시는 것입니다. 내가 지금 육신 안에서 사는 것은 나를 사랑하시고 나를 위하여 당신 자신을 바치신 하느님의 아드님에 대한 믿음으로 사는 것입니다." 갈라티아 2, 20. 역주.

터 불변성(unwandelbaerkeit)으로 이끌어간다. 그리하여 마침내 '버리고 떠나 있음'은 신과 인간 사이의 동일성(glîcheit)을 산출한다. (413) 하지만 이러한 동일성은 은총 가운데 발생한다. 왜냐하면, 은총은 우리를 모든 시간적 사물들로부터 멀어지게 하며, 모든 소멸하는 사물들로부터 우리를 순화시켜 주기 때문이다. 따라서 당신들은 다음을 마땅히 알아야 한다. 당신들은 모든 피조물로부터 비어 있는 것은 신으로 가득 차 있는 것이고, 또한 모든 피조물로부터 가득 차 있는 것은 신으로부터 비어 있는 것이라는 것을.

이제 그대는 다음을 마땅히 알아야 한다. 신이 이러한 확고부동한 '버리고 떠나 있음' 가운데 영원으로부터 서 있었으며, 여전히 그렇게 서 있음을. 또한, 당신은 다음도 마땅히 알아야 한다. 신이 하늘과 땅 그리고 모든 피조물을 창조했을 때, (414) 이러한 창조 활동조차도 그분의 확고부동함을 전혀 손상하지 못했다는 것을. 마치 어떠한 피조물도 절대 창조되었던 적이 없는 것처럼, 그렇게 그분의 확고부동함은 지속하였다는 것을. 더 나아가(mêr) 나는 또한 우리가 시간 가운데서 수행할 수 있는 모든 기도와 선행으로 인해 신의 '버리고 떠나 있음'이 움직여지는 일은 전혀 없다고 말한다. 또한, 마치 기도나 선행이 시간 가운데 행해진 적이 절대 없었던 것처럼, 신의 '버리고 떠나 있음'은 전혀 동요하지 않는다고 말한다. 나는 또한 더 나아가(mêr) 나는 신은 시간 가운데 행해진 우리들의 기도나 선행 때문에 우리를 은혜롭게 대하거나, 우리에게 더욱더 가까워지거나 하지 않는다고 말한다. 마치 신은 우리가 결코 기도나 선행을 한 적이 없는 것처럼, 우리를 대하신다고 말한다. 더 나아가(mêr) 나는 신성 가운데 머물고 있었던 아들이 인간이 되기를 원했고, 그래서 인간이 되고 수난을 당했을 때조차도, 이러한 사태가 신의 확고부동한 '버리고 떠나 있음'을 움직이게 하지 못했으며, 마치 아들이 결코 인간이 된 적이 없었던 것처럼, 전혀 요동이 없었다고 말한다.[230] 이제 그대는 다음과 같이 말할 수도 있을 것이다. 누군가가 기도와 선행을 통해 신을 움직일 수 있다고 생각한다면, 신은 그것을 받아들이지 않을 것이기 때문에, 모든 기도와 모든 선행은 아무런 소용이 없다는 것을 나도 충분히 잘 알고 있다고. 하지만 사람들은 여전히 신은 모든 것을 부탁받기를 원한다고. (415) 여기서 그대는 다음과 같은 나의 이야기를 충분히 귀담아들어 가능한 한, 제대로 이해를 해야 한다. 신은 자신의 최초의 영원한 순간에 – 만약 여기서 우리가 최초의 순간을 가정할 수 있다면 – 모든 것들을 알고 계셨다. 그것들이 어떻게 생성될 것인지와 같은 모든 것을 꿰뚫어 알고 계셨다. 신은 이 동일한 순간에 자신이 피조물들을 언제 어떻게 지어내실 것인지를, 그리고 아들이 언제 인간이 되고자 하는지를, 또한 언제 고통을 당해야만 하는지를 다 꿰뚫어 알고 계셨다. 그분은 또한 누군가가 수행할 수도 있을 가장 적은 기도와 가장 적은 선행조차도 꿰뚫어 보고 계셨다. 그리고 그분은 어떠한 기도와 어떠한 신심 깊은 헌신에 귀 기울이고자 하는지와 귀 기울여야만 하는지를 미리 꿰뚫고 계셨다. 그분은 그대가 내일 그분을 간절하게 불러 애타게 간청하고자 할 것을 이미 알고 계셨다. 신은 이러한 부르짖음과 기도를 내일 (비로소–퀸트) 귀 기울이지 않으신다. 왜냐하면, 그분은 그대가 미처 인간이 되기도 전에, 그러한 부르짖음과 기도를 이미 자신의 영원 가운데서 귀 기울여 들으셨기 때문이다.

• • •
230) mêr … mêr는 점증하고 비상하는 에크하르트의 감정의 상승을 나타내고 있다. 역주.

(416) 만약 당신의 기도가 간절하지도, 진지하지도 않은 기도라고 해도, 신이 지금에 와서 (비로소-퀸트) 당신을 거부하는 것은 아닐 것이다. 왜냐하면, 그분은 실로 자신의 영원성 가운데서 당신을 (이미-퀸트) 거부하셨기 때문이다. 그러므로 신은 자신의 최초의 영원한 순간에 모든 것을 꿰뚫어 보신 것이다. 신은 어떠한 것도 새롭게 작동하지 않으신다. 왜냐하면, 모든 것이 미리 다 작동되어 있기 때문이다. 따라서 신은 항상 자신의 확고부동한 '버리고 떠나 있음' 가운데 머물러 계신다. 그 때문에, 사람들의 기도와 선행은 아무런 쓸모가 없는 것이 아니다. 왜냐하면, 좋은 일을 하는 사람에게는 또한 좋은 상급이 있을 것이고, 나쁜 일을 하는 사람에게는 또한 그에 따른 대가가 있을 것이기 때문이다.

또한, 성 아우구스티누스『삼위일체론(De trinitate)』5권의 마지막 절[231]에서 이러한 생각을 언급하고 있다. 그는 '또한 신은'(Deus autem)으로 시작되는 글귀에서 다음과 같이 말하고 있다. "만약 사람들이 신은 시간적 방식으로 모든 사람을 사랑한다고 말한다면, 신이여, 이를 막아 주소서. 왜냐하면, 당신께는 어떠한 것도 이미 지나간 과거일 수 없으며, 또한 어떤 것도 다가올 미래일 수 없기 때문입니다. (417) 신께서는 이미 세계가 지어지기 이전에, 모든 성인을 사랑하셨나이다. 그분은 성인들을 미리 다 헤아려 보았습니다. 그리고 이 세상에 시간이 생기게 되었을 때, 그분은 자신이 (이미-퀸트) 영원 가운데서 꿰뚫어 보신 것을 시간 가운데서 눈에 보이게 하셨나이다. 그런데도 사람들은 신이 자신들에게 새로운 사랑을 베풀어주신 것처럼 억측하고 있나이다. 그러므로 만약 그분이

---

231) 참조. 아우구스티누스,『삼위일체론(De trinitate)』V, c 16 n.17, PL 42, 924쪽.

화를 내시거나 어떤 좋은 것을 베풀어주신다면, 우리는 변할 것이지만, 그분은 변하지 않고 있다. 이는 마치 햇빛이 아픈 눈에는 고통스럽지만 건강한 눈에는 그렇지 않으면서도, 여전히 햇빛은 자기 자신 가운데 변화하지 않고 머물러 있는 것과 같다."라고. 또한, 아우구스티누스는 이와 똑같은 생각을 『삼위일체론』12권 4장[232]에서 "Nam deus non ad tempus videt, nec aliquid fit novi in eius visione"라고 말한다. 이 말은 "신은 시간적 방식으로 보지 않으시며, 또한 자신 가운데 어떠한 새로운 봄도 생겨나지 않는다."라는 뜻이다. (418) 이시도루스는 『최고선에 관하여』[233]라는 자신의 책에서 이러한 생각을 언급하고 있다. 그는 그곳에서 다음과 같이 말하고 있다. "많은 사람이 묻는다. 신은 하늘과 땅을 창조하기 이전에, 무엇을 하였는가?"라고. 또는 그들은 "피조물들을 지어내고자 했던 새로운 의지가 어디서부터 신에게 왔는가?"라고 묻는다. 그리고 그는 다음과 같이 답한다. "신 안에는 어떠한 새로운 의지도 절대 생겨나지 않았다. 왜냐하면, 비록 피조물 자체들이 지금 있는 방식으로는 (여전히-퀸트) 성립하지 않았다고 하더라도, 이 피조물들은 여전히 영원으로부터 신과 신의 이성(vernunft) 가운데서 존재했기 때문이다."라고. 신은 마치 우리가 지나가고 소멸하는 시간적 방식에 따라 "이것이나 저것이 이루어져라!"라고 말하는 것과 같은 방식으로, 하늘과 땅을 창조하지 않았다. 왜냐하면, 모든 피조물은 (이미-퀸트) 영원한 말씀 가운데 (그리고 영원한 말씀과 함께-역자) 발설되는 것이기 때문이다. 모세가 우리 주님께 (419) "주여, 만약 파라오가 너는 누구인가?라고 나에게 따져 묻는다

---

232) 참조. 아우구스티누스, 『삼위일체론(De trinitate)』 XII c 7 n. 10, PL 42, 1004쪽.
233) 참조. Isidorus Hispalensis Sent. l c 8 n.4, PL83,549.

면, 내가 그에게 어떻게 답변해야겠습니까?"라고 우리 주님께 물었을 때, 주님께서 모세에게 말한 것을 우리는 여기다가 덧붙일 수도 있다. 그때, 우리 주님께서는 말씀하셨다. "이렇게 말하라. 여기 있는 분이 나를 보냈다."라고(탈출기 3, 13 이하)[234]. 이 말은 자기 자신에 있어서 변화 없이 여기 있는 분이 나를 보냈다는 것을 뜻한다.

이제 누군가가 다음과 같이 말할 수도 있을 것이다. 그리스도가 "나의 영혼이 죽음에 이르기까지 심란하다."(마태오 26, 38 : 마르코 14, 34)라고 말했을 때도,[235] 그분은 확고부동한 '버리고 떠나 있음'을 가지고 있었단 말인가? 라고. 또한, 마리아가 십자가 아래 서 있었을 때도, 그녀가 확고부동한 '버리고 떠나 있음'을 가지고 있었단 말인가? 라고. 사람들이 십자가 아래 서 있는 그녀의 비통함에 대해 우리에게 아주 많이 전해주고 있음에도, 그렇다는 말인가? 여기서 당신들은 모든 사람 가운데 두 가지의 종류의 인간이 존재한다고 스승들이 말한 것을 잘 새겨들어야 한다. 한 가지 종류는 외적 인간이다. 곧, 감각적 인간(sinnelicheit)이다. 5개의 감각 기관이 이 사람(외적 인간들-역자)에게 사용된다. 하지만 외적 인간도 (감각 기관을 활성화하는-역자) 영혼의 덕분에 작동된다. 또 다른 인간은 내적 인간이다. 곧, 내면적 인간(innerkeit)이다. 이제 당신들은 다음을 마땅히 알아야 한다. 신을 사랑하는 정신적 인간에게도 (420) 오

---

234) 참조. "모세가 하느님께 아뢰었다. '제가 이스라엘 백성에게 가서 너희 조상들의 하느님께서 나를 너희에게 보내셨다'하고 말하면 그들이 '그 하느님의 이름이 무엇이냐?' 하고 물을 터인데 '제가 어떻게 대답해야 하겠습니까?' 하느님께서는 모세에게 '나는 곧 나다.'하고 대답하시고, 이어서 말씀하셨다. '너는 나를 너희에게 보내신 분은 나다-라고 하시는 그분이다'하고 이스라엘 백성에게 일러라." 탈출기 3, 13-14. 역주.
235) 참조. 예수께서 근심과 번민에 싸여 그들에게 "지금 내 마음이 괴로워 죽을 지경이니 너희는 여기 남아서 나와 같이 깨어있어라."마태오 26, 38 : "내 마음이 괴로워 죽을 지경이니 너희는 여기 남아서 깨어 있어라." 마르 14, 34. 역주

관은 반드시 필요로 하지만, 그렇다고 이러한 정신적 인간은 영혼의 (최상위의-역자) 능력들(이성과 의지, 그리고 기억-역자)을 외적 인간이 사용하는 방식으로 사용하는 일이 더는 없다는 것을. 내적 인간은 바로 자신이 오관을 주도하고 인도할 때만, 오관으로 향할 따름이다. 그리고 내적 인간은 동물들이 오관의 대상에 빠지듯이, 오관의 대상에 함몰되지 않기 위해, 오관을 경계한다. 그런데 어떤 사람들은 오관의 대상에 함몰된다. 이들은 이성이 없는 동물들이 그렇게 하듯이, 자신들의 신체적 욕구에 따라 사는 사람들이다. 이들은 인간이라기보다는, 오히려 동물이라 불러야 할 것이다. 영혼은 오관에 부여하는 능력을 넘어선 능력들(이성, 의지, 기억-역자)을 가진다. 영혼은 이러한 능력들을 모든 내적 인간에게 부여한다. 이러한 내적 인간이 어떤 드높고 고귀한 것으로 향하게 되면, 영혼은 오관에 부여했던 모든 능력을 자신으로 끌어모으게 된다. 그럴 때 내적 인간은 감각으로부터 해방되어 탈아(脫我)의 황홀경을 맛보게 된다(sinnelôs und verzücket). (421) 그리하여 이들이 마주하는 대상(gegenwurf)은 이성적인 상(vernünftic bilde)이거나, 아니면 상이 없는 이성적인 어떤 것(etwaz vernünftiges âne bilde)이게 된다. 하지만 신은 모든 정신적 사람들이 신이신 당신을 영혼의 모든 능력을 갖고 사랑하기를 그들에게 기대하고 있음을 알아야 한다. 그러므로 신은 다음과 같이 말했다. "너의 하느님을 네 마음을 다하여 사랑하라."라고(마르코 12, 30 : 루카, 10, 27).[236] 그런데 외적 인간 가운데서 영혼의 능력들을 전적

---

236) 참조. "네 마음을 다하고 목숨을 다하고 생각을 다하고 힘을 다하여 주님이신 너의 하느님을 사랑하라." 마르코 12, 30 : "'네 마음을 다하고 네 목숨을 다하고 네 힘을 다하고 네 생각을 다하여 주님이신 네 하느님을 사랑하라. 그리고 네 이웃을 네 몸같이 사랑하라.'라고 하였습니다." 루카 10. 27. 역주.

으로 그리고 매우 그릇되게 사용하고 있는 사람들이 있다. 이들은 자신의 감각들과 이성을 소멸하고 마는 재물로 향하게 하는 바로 그런 사람들이다. 이들은 내적 인간에 대해 아무것도 모른다. 이제 당신들은 외적 인간은 바쁜 일들 가운데 자리 잡을 수밖에 없는 반면, 내적 인간은 거기로부터 전적으로 자유롭고 확고부동하게 머문다는 것을 마땅히 알아야 한다. (422) 그리스도 속에도 외적 인간과 함께 또한 내적 인간도 있었다. 이러한 사정은 우리 부인 마리아에서도 마찬가지이다. 그리스도와 우리 부인(성모 마리아-역자)이 자신들의 외적 정황에 대해 이따금 말했던 것은 그들의 외적 인간에 따른 것이었다. 하지만 그런 가운데서도 내적 인간은 확고부동한 버리고 떠나 있음 가운데 서 있었다. 그리하여 그리스도가 "나의 영혼이 죽음에 이르기까지 심란하다."(마태오 26, 38 : 마르코 14, 34)고 말했을 때도, 외적 인간에 따라 그렇게 언급한 것이다. 우리 부인이 탄식하거나, 또는 그 밖의 무엇을 어떻게 말하든, 그녀의 내면은 여전히 항상 확고부동한 버리고 떠나 있음 가운데 있었다.[237] 이를 설명하기 위해 다음의 비유를 들어본다. 곧, 문은 하나의 돌쩌귀 덕분에 열리고 닫힌다. 이제 나는 문의 외적 널빤지를 외적 인간과 비유하고, 돌쩌귀를 내적 인간과 같이 놓고자 한다. 만약 지금 문이 열리고 닫힌다면, 외적 널빤지는 이리저리 움직일 것이다. 하지만 돌쩌귀는 자신의 자리에서 움직이지 않고 머무는 까닭에, 돌쩌귀는 결코 변동이 없을 것이다. 만약 당신이 나의 이야기를 제대로 이해한다면, 내가 여태껏 이야기한 것도 이와 똑같

---

[237] 내적 인간, 곧 최상위의 영혼(이성, 의지, 기억)의 능력은 외적 인간, 곧 하위의 영혼의 능력(감각, 감각적 표상)이 행하는 외적인 일에 몰두함을 통해 흔들리지 않고, 확고부동하게 머물 수 있다는 에크하르트의 생각을 우리는 그의 설교 곳곳에서 찾아볼 수 있다. 역주.

버리고 떠나 있음에 관하여(VON ABEGESCHEIDENHEIT)

은 사정임을 알 것이다.

(423) 여기서 나는 이제 순수한 '버리고 떠나 있음'의 대상이 무엇인 가? (도대체 무엇을 버리고 떠나야 한다는 말인가?-역자) 라고 묻는다. 여기에 대해 이것도 또한 저것도 순수한 '버리고 떠나 있음'의 대상이 아니라고 답하겠다. 순수한 '버리고 떠나 있음'은 순수한 무 위에(ûf einem blôzen nihte) 자리 잡고 있다. 나는 그것이 왜 그러한가를 다음과 같이 말하고자 한다. 순수한 '버리고 떠나 있음'은 최고의 것(최상위의 이성= 순수 수동적 이성-역자)에 자리 잡고 있으며, 그리고 최고의 것에 자리 잡고 있는 사람 가운데서 신은 자신의 온전한 의지에 따라 작용할 수 있기 때문이라고. 비록 신은 전능하신 분이지만, 그렇다고 모든 (인간의-역자) 마음 가운데서 자신의 온전한 의지에 따라 작용하실 수는 없다. 따라서 신은 우리가 준비되어 있을 경우나, 또는 그 자신이 우리를 준비시키거나 하는 경우에만, 작용하실 수 있다. 여기서 내가 '또는 그 자신이 우리를 준비시키거나 하는 경우'라고 방금 말한 것은 성 바오로의 경우 때문이다. (425) 왜냐하면, 신은 바오로가 어떠한 준비도 하고 있지 않음을 알았지만, 은총을 쏟아부음으로써 그를 준비시켰기 때문이다. 따라서 나는 신은 우리가 준비하는 데에 따라, 작용하신다고 말한다. 신의 작용은 돌에 작용하는 것과 다르게 인간 속에 작용하신다. 우리는 자연에서 이에 대한 비유를 찾아볼 수 있다. 곧, 누군가가 빵 굽는 가마를 데워, 그 안에 귀리 반죽과 보리 반죽 그리고 호밀 반죽과 밀가루 반죽을 집어넣고, 이제 가마에 열 이외 어떤 것도 가하지 않아도, 열은 반죽에 똑같은 방식으로 작용하지 않는다. 그 까닭에 어떤 반죽은 예쁜 빵이 되고, 또 다른 반죽은 거친 빵이 되며, 그 셋째 반죽은 더욱더 거친 빵이 된다. 이는

열의 탓이 아니라, 오히려 재료가 같지 않은 탓이다. 이와 마찬가지로 신은 모든 마음에 똑같은 방식으로 작용하지 않으시고, 오히려 우리가 그분을 받아들일 준비가 되어 있는 정도에 따라 작용하신다. 어떤 마음 가운데 이것이나 저것이 있다면, (425) 이러한 '이것이나 저것' 속에는 신이 최고로 작용할 수 없게 하는 무언가가 있기 마련이다. 그러므로 마음은 지고하게 높은 신분을 받아들일 준비를 해야 한다. 따라서 마음은 최고의 순수한 무에 자리 잡아야 한다. 순수한 무 가운데, 있을 수 있는 가장 큰 가능성이 자리하고 있다. 버리고 떠나 있는 마음이 최고의 것(최상위의 이성=순수 수동적 이성-역자)에 자리 잡고 있다면, 그 마음이 무에 자리 잡고 있음이 틀림없다. 왜냐하면, 그 마음에 바로 최고의 수용성이 있기 때문이다. 자연 속에서 이에 대한 비유를 들어보자. 나는 밀랍 칠판 위에 글을 쓰고자 한다. 그런데 아무것도 나를 방해하지는 않지만, 그 칠판에 쓰여 있는 것이 너무나 고귀한 것이어서, 도저히 지울 수가 없다. 그 까닭에 나는 그 칠판 위에 어떤 것도 쓸 수 없게 된다. 하지만 여전히 내가 쓰고자 한다면, 나는 밀랍 칠판에 쓰여 있는 모든 것을 깡그리 지워내지 않으면 안 된다. 밀랍 칠판에 어떤 것도 쓰여있지 않을 때가 아니면, 그 칠판은 결코 나에게 쓰기를 허용하지 않을 것이다.[238] 전적으로 이와 마찬가지로 신이 가장 잘 나의 마음에 (무엇을-역자) 써넣기 위해, 이것과 저것이라고 불릴 수 있는 모든 것이 마음으로부터 깡그리 비워져야 한다. 곧, 나의 마음이 전적으로 버리고 떠나 있는 마음이어야 한다. 이럴 때, 신은 내 마음 가운데 가장 잘 그리고 자신의 가장 높은 뜻에 따라 내 마음

---

238) 참조. 영혼을 백지 또는 텅 비어 있는 것으로 보는 아리스토텔레스의 생각을 떠올린다. 아리스토텔레스, 『De Anima』 Ⅲ, t 14(Γ c. 4 430 a 1).

안에 작용하실 수 있다. 그 까닭에 버리고 떠나 있는 마음의 대상은 이것도 저것도 아니다.

이제 나는 버리고 떠나 있는 마음이 행하는 기도는 무엇인지 다시 묻는다. 이 물음에 대해 버리고 떠나 있는 순수한 마음(abegescheideniu lûterkeit)은 기도할 수 없다고 답하겠다. 왜냐하면, 기도하는 사람은 자신에게 무엇인가 주어졌으면 하고, 바라는 어떤 것을 신으로부터 갈구하기 때문이다. 아니면 신이 자신으로부터 제거해주었으면 하고, 바라는 어떤 것을 신에게 갈망하기 때문이다.[239] 버리고 떠나 있는 마음은 그 어떤 것도 바라지 않는다. (427) 또한, 그 마음은 꼭 비웠으면 하는, 그런 것도 전혀 갖고 있지 않다. 그러므로 버리고 떠나 있는 마음은 어떠한 기도도 없이(ledic) 있다. 그 기도는 바로 신과 하나 되는 것 이외에, 아무 것도 아니다. 이것이 그의 기도 전부이다. 여기다 우리는 성 디오니시우스가 성 바오로의 말이라고 밝힌, 다음의 말을 덧붙일 수 있다. "당신들 중 많은 사람이 모두 월계관을 향하여 달립니다. 하지만 오직 한 사람 이외에는 누구에게도 주어지지 않습니다."라는.[240] - 영혼의 능력들 모두가 월계관을 향해 달리지만, 월계관은 단 하나의 존재(최상위의 순수 수동 이성-역자)에만 주어집니다. - 디오니시우스는 또한 말한다. 달린다는 것은 곧장 모든 피조물로부터 돌아서서 창조되지 않은 것으로 되돌아가, 그것과 자신을 하나로 결합시키는 것이라고.[241] (428) 만약 영혼이 여

---

239) '버리고 떠나 있음'은 이것이나 저것으로 전혀 향하지 않고, 전적으로 자신에게만 머물면서 무(無)인 신과 하나 된다. 따라서 이것 또는 저것을 위한 기도를 알지 못한다. 역주.
240) 참조. "경기장에서 달음질하는 사람들이 다 같이 달리지만, 상을 받는 사람은 하나뿐이라는 것을 여러분은 모르십니까? 여러분도 힘껏 달려서 상을 받도록 하십시오." 1코린토 9. 24. 역주.
241) 참조. Dionysius Areopagita, De divina nomine(신명론), c. 4 § 9 또한 c. 13 § 3. 여기서 창조되지 않은 것은 신을 가리키는 말마디이다. 역주.

기에 도달하면, 영혼은 자신의 이름을 잃어버린다. 신이 영혼을 자신 안으로 끌어당기기 때문에, 영혼 그 자체는 없어져 버린다. 이는 마치 태양이 아침놀을 자신에게로 끌어당기기 때문에, 아침놀이 없어져 버리는 것과 같다. 순수한 '버리고 떠나 있음' 이외에, 그 어떤 것도 인간을 이리로 데려가지 못한다. 또한, 우리는 여기다가 아우구스티누스가 말한 다음의 말을 끌어 붙일 수 있다. "모든 것이 영혼에 아무것도 아닌 것으로 무화될 때, 영혼은 신적 본성으로 들어설 수 있는 은밀한 출구를 갖게 된다." 이 출구가 바로 우리가 사는 지상에서는 순수한 '버리고 떠나 있음' 이외에 그 어떤 것도 아니다. 만약 '버리고 떠나 있음'이 최고의 높이에 도달하면, 영혼은 인식에 관해서는 인식이 없게 되고, 사랑에 관해서는 사랑이 없게 되고, 빛에 관해 어둡게 된다. 여기다가 우리는 또한 "정신이 가난한 사람은 마치 우리가 (아직-퀸트) 있지 않았을 때, 신이 모든 것을 가지고 있었던 것처럼, 이 모든 것을 신께 되돌려 준 사람이다."라고 한 스승의 다음 말을 덧붙일 수 있다.[242] 순수하게 버리고 떠나 있는 마음을 가진 사람 이외에 누구도 이를 행할 수 없다. 신은 그 어느 마음들에서보다 바로 버리고 떠나 있는 마음 가운데서 더 기꺼이 자리하실 것이다. (429) 이를 우리는 다음의 말들에서 제대로 알 수 있을 것이다. 당신들은 "신은 모든 것 가운데서 무엇을 찾는가?"라고 나에게 묻는다. 나는 지혜서를 통해 당신들에게 답하겠다. 거기서 신께서 "모든 것 가운데서 나는 휴식(rouwe)을 찾는다."(집회서 24, 11)라고 말씀하신다.[243] 하지만 유일하게

---

242) "우리가 (아직-퀸트) 있지 않았을 때, 신이 모든 것을 가지고 있었던"이라는 말은 모든 것이 이념으로 신의 정신 가운데 있었을 때를 말한다. 역주.
243) 참조. "주님은 사랑하시는 이 도읍에 나의 안식처를 마련하셨고, 예루살렘을 다스리는 권한을 주셨다." 집회서 24, 11. 역주.

버리고 떠나 있는 마음 이외에는, 그 어디에서도 완전한 편안함은 있을 수 없다. 따라서 신은 어떤 다른 덕목이나 (그 밖의–퀸트) 어떠한 것에서보다도, 버리고 떠나 있는 마음 가운데 보다 기꺼이 거주하신다. 또한, 당신들은 인간이 신적 영향을 받아들일 수 있게 되도록 노력하면 노력할수록, 더욱더 행복하게 된다는 것과 신적 영향(götlîchen înfluzzes)을 받아들이기 위해, 최고의 준비로 이행할 수 있는 사람은 또한 최고의 행복 가운데 머물러 있으리라는 것도 당연히 알아야 할 것이다. 이제 아무도 신과 하나 되는 것을 통하지 않고서는, 신적 영향을 받아들일 수 없다. 왜냐하면, 모든 사람 각각이 신과 하나 되면 될수록, 그들은 신적 영향을 그만큼 더 받아들일 수 있기 때문이다. 그런데 신과 하나 되는 것은 우리가 신에게 우리 자신을 투신하는 것에서 도래한다. (430) 우리가 피조물에 우리 자신을 투신하면 할수록, 우리는 그만큼 신과 적게 하나 될 수밖에 없다. 이제 순수하게 버리고 떠나 있는 마음은 모든 피조물로부터 깡그리 벗어나(ledic), 그것들 없이 있다. 그러므로 마음은 완전히 자신을 신께 투신함으로써 신과 최고로 하나 되는 동시에, 신적 영향을 가장 잘 받아들일 수 있게 된다. 성 바오로가 "예수 그리스도를 입어라."라고 말했을 때, 바로 이를 뜻한 것이다(로마 13, 14).[244] 그는 그리스도와 하나 됨을 통해, 그렇게 하라는 말을 하고자 했을 것이다. 그분을 입는다는 것은 오로지 그리스도와 하나 됨을 통해서만, 일어날 수 있는 일이기 때문이다. 그리고 그리스도가 인간이 되었을 때, 그분이 자신 속에 한 사람의 개별적 인간을 받아들인 것이 아니라, (보편적–역자) 인간성(menschlîche natûre)

· · ·

244) 참조. "그 대신에 주 예수 그리스도를 입으십시오. 그리고 욕망을 채우려고 육신을 돌보는 일을 하지 마십시오." 로마 13, 14. 역주.

을 자신에게 받아들였다는 것을 당신들은 알아야 한다. 따라서 여러분들이 모든 것을 비운다면, 그리스도 자신이 받아들인 것(보편적 인간성-역자)만이 남게 될 것이다. 그때 그대들은 그리스도를 입게 될 것이다.

완전한 '버리고 떠나 있음'의 고귀성과 유익성에 대해 알기를 원하는 사람은 그리스도가 제자들에게 자신의 (보편적-역자) 인간성에 대해 말한 다음의 말에 귀를 기울여야 한다. (431) "내가 너희들로부터 떠나는 것이 너희들에게 더 유익하다. 만약 내가 너희들로부터 떠나가지 않는다면, 성령이 너희들에게 깃들 수 없을 것이다."라는(요한 16, 7) 말처럼 그러하다.[245] 아마 그분은 이 말로 너희들이 현존하는 나의 (개별적-역자) 모습(bilde)에 너무나 만족해 왔기 때문에, 성령의 완전한 기쁨이 너희들에게 깃들 수 없을 것이라고 말하고자 했을 것이다. 그 까닭에 여러분은 눈에 보이는 상인 (나의-역자) 겉모습(bilde)을 벗어나서, 형태 없는 존재((formelôsem wesene/ 성령-역자)와 하나 되어야 한다. 왜냐하면, 신의 정신적 위로는 아주 미세한 종류의 것이기 때문이다. 따라서 신의 정신적 위로는 신체적 위로를 물리치는 사람 이외의, 그 어떠한 사람들에게도 절대 주어지지 않을 것이다.

이성적인 모든 사람이여, 다음을 주목하라! 누구도 최대의 '버리고 떠나 있음' 가운데 서 있는 자보다도 더는 행복한 사람은 있을 수 없다는 것을. 신체적이고 육체적인 위로는 결코 정신적 피해 없이는 있을 수 없다. 왜냐하면, '육체는 정신에 반하여 탐하고, 정신 또한 육체에 반하여 열망

---

245) 참조. "그러나 사실은 내가 떠나가는 것이 너희에게는 더 유익하다. 내가 떠나가지 않으면 그 협조자가 너희에게 오시지 않을 것이다. 그러나 내가 가면 그분을 보내겠다." 요한 16, 7. 역주.

하는 것'이기 때문이다(갈라티아 5, 17).²⁴⁶⁾ 그러므로 욕정에 빠져 항상 무분별한 사랑의 씨앗을 뿌리고 다니는 자는 영원한 죽음을 거둘 것이다. (432) 반면에 정신적 삶 가운데서 항상 올바른 사랑의 씨를 뿌리는 사람은 이 정신으로 인하여 영원한 생명을 얻을 것이다. 그러므로 우리가 피조물로부터 빠르게 달아날수록, 그만큼 빨리 창조주가 그에게로 달려갈 것이다. 이성적인 모든 이들이여! 여기서 다음을 주목하라. 우리가 그리스도의 신체적 이미지에서 느낄 수도 있는 만족이 우리가 성령을 받아들이는 것을 방해한다고 이미 말했다. 그렇다면 우리가 소멸하고 마는 위로를 추구하여 얻는, 신에 반하는 고삐 풀린 쾌락이야말로 (우리가 성령을 받아들이는 데-역자) 얼마나 우리를 방해하겠는가! 그러므로 '버리고 떠나 있음'이 최상의 것이다. 왜냐하면, '버리고 떠나 있음'은 영혼을 깨끗하게 하고 양심을 순수하게 하며, 마음에 불을 붙여 뜨겁게 하며, 정신을 일깨우며, 동경하는 것을 빨리 얻게 하며, 신을 인식하게 하며, 그리고 피조물에서부터 벗어나게 해, 신과 하나 되게 하는 것이기 때문이다.

(433) 이성적인 모든 이들이여! 다음을 주목하라! 당신들을 이러한 완전성으로 옮겨다 줄 수 있는 가장 빠른 동물이 바로 고통이라는 것을. 왜냐하면, 그리스도와 함께 최대의 (수난의-역자) 비통함 속에 있는 자 이외에, 그 누구도 더는 영원한 달콤함을 맛볼 수 없기 때문이다. 고통(lîden)보다 더 쓰라린 것은 없다. 하지만 고통당한 것(geliten-hân)보다 더 달콤한 것도 없다. 고통만큼이나 사람들 앞에서 신체를 일그러뜨리게

---

246) 참조. "육체의 욕망은 성령을 거스르고, 성령께서 원하시는 것은 욕정을 거스릅니다. 이 둘은 서로 반대되는 것이기 때문에 여러분은 자기가 원하는 일을 할 수 없게 됩니다." 갈라티아 5, 17. 역주.

하는 것은 더는 없다. 반면에 고통당한 것보다 신 앞에서 영혼을 더 아름답게 꾸미는 것도 없다.[247] 이러한 완전성이 서 있을 수 있는 가장 확고한 토대는 바로 겸손이다. 왜냐하면, 겸손의 본성은 여기서 가장 깊은 낮음 가운데 웅크리고 있기에, 그 정신이 신성(gotheit)의 최고 높이로 솟아 날아오를 수 있기 때문이다. 그 까닭에 사랑은 고통을 가져다주고, 고통은 사랑을 가져다준다. (434) 그러므로 완전한 '버리고 떠나 있음'에 도달하고자 갈망하는 사람은 완전한 겸손에 도달하도록 노력하라. 그럴 때, 그 사람은 신성 가까이로 다가설 수 있을 것이다. 최고의 '버리고 떠나 있음' 자체이신 신이시여, 이 모든 것이 우리에게 일어날 수 있도록 우리를 도우소서. 아멘.

---

247) 일반적 경험에 따르면, 고통만큼 쓰라린 것은 없지만, 고통당한 것보다 더 달콤한 것은 없다는 이야기로 추정된다. 곧, 고통의 쓰라림은 영원한 달콤함으로 이끈다는 것이다. 따라서 고통 자체가 부정되거나, 가치 폄하되거나 극복되어야만 대상이 아니다. 한마디로 고통의 가치와 필요성에 대한 논의이다. 역주.

- 역자 후기 -

　M. 에크하르트의 『중세 고지 독일어 작품집』은 총 5권으로 되어 있다. 1권은 『M. 에크하르트의 설교 1-24』, 2권은 『M. 에크하르트의 설교 25-59』, 3권은 『M. 에크하르트의 설교 60-86』(이상은 J. 퀸트Quint가 편집하고 현대독일어로 번역), 4-1권은 『M. 에크하르트의 설교 87-105』, 4-2권은 『M. 에크하르트의 설교 106-117』(이상 J. 슈티어Steer가 편집하고 현대독일어로 번역), 5권은 J. 퀸트가 편집하고 현대독일어로 번역한 『마이스터 에크하르트의 논고』이다.
　이들 1-4권까지의 설교들은 산발적인 수고들을 오랫동안 고증하고 비교하여 비평적으로 정리한 것이긴 하지만, 그렇다고 이 작품들에 수록된 설교들이 연대별로 나열되어있는 것은 아니다. J. 퀸트는 설교의 장소와 교회력에 따라 이들 설교을 연대별로 정리하려고 노력하고 있지만, 아직은 시작 단계인 것 같다.
　에크하르트의 『중세 고지 작품집 Ⅰ/ 설교 1-24』은 올해 10월에 이미 출간되었다. 이번에 출간되는 번역서는 에크하르트의 『중세 고지 독일어 작품집 5권/ 논고들』이다. 이어서 그의 중세 고지 독일어 작품집이 계속 번역될 것이다.

　에크하르트의 『중세 고지 독일어 작품집 5권/ 논고들』에 나오는 《논고들》은 다음과 같다.

※ 논고 Ⅰ : 복된 책(Liber "Benedictus")
  1. 신적 위로의 책(Daz buoch der goetlîchen troestunge)
  2. 고귀한 사람(Von dem edeln menschen)

※ 논고 Ⅱ : 영적 강화(Die rede der underscheidunge)

※ 논고 Ⅲ : 버리고 떠나 있음에 관하여(Von abegescheidenheit)

이하는 이 세 편의 논고에 대한 해설이다.

논고 Ⅰ :《복된 책》

1. 〈신적인 위로의 책〉[1)]

1308년 5월 합스부르크가의 왕 알브레히트 1세가 조카 슈바벤의 요한에 의해 암살되었다. 그 후 왕후 엘리사벳(1313)과 딸 아녜스(1281-1364, 헝가리의 왕 안드레아스 3세의 왕후)는 쾨니히스펠덴에 교회와 프란치스코회 수도원 그리고 글라라회 수녀원을 세웠다. 아녜스는 수녀원 담 밖에 살면서 거의 반세기에 걸쳐 수녀원을 돌보아 주었다. 에크하르트는 이 부인을 위해 〈신적 위로의 책〉을 썼다. 또한, 읽는 설교(Lesepredigt)인 〈고

---
1) 이 논고에 대한 해제의 주요 줄거리 일부분은 정달용신부의 "마이스터 에크하르트의 생애와 저서", (『중세철학』 창간호, 1995, 분도출판사)에 도움을 받았다.

귀한 사람〉도 이 저서에 속한다. 에크하르트는 이 설교를 〈신적 위로의 책〉과 함께 심부름꾼을 통해 아녜스에게 전달했을 것이다. 하지만 〈신적 위로의 책〉과 〈고귀한 사람〉의 저술 동기는 아녜스의 고통과 시련을 위로하려 했다기보다는, 고통과 시련을 일반적으로 문제 삼기 위한 것이었다. 저술 연대는 불확실하지만, 왕후 엘리사벳이 죽은 해(1313)를 훨씬 지나서일 것이다. 아녜스가 어머니의 유해를 쾨니히스펠덴에 이장하고 나서, 글라라회 수녀원 옆에 살기 시작한 해(1318)에 저술되었을 것으로 추정된다.

에크하르트는 〈신적 위로의 책〉을 세 부분으로 나누고 있다. 첫째 부분은 고통과 시련 속에서도 참으로 그리고 온전히 위로받을 수 있다는 진리를 설명하고 있다. 둘째 부분은 그에 대한 약 서른 개의 근거를 제시하고 있다. 셋째 부분은 현명한 사람들이 고통 중에 남긴 말과 행위를 모범으로 제시하고 있다. 하지만 그 중심점은 첫째 부분에 놓여 있다. 에크하르트는 『삼부작』에서 비로소 작업해 낸 '하나 형이상학'(Einheitmetaphysik)을 고통 중에 있는 사람을 위로할 수 있는 토대로 제시하고 있다. 그는 여기서 마치 신학적 논고를 다루듯 시작하고 있다. 그는 "우리는 무엇보다도 … 먼저 알아야 한다."로 말로 글을 시작하고 있다. 이것은 일반적인 설교의 어투가 아닌 강의할 때 쓰는 말투이다.

"우리는 무엇보다도 지혜로운 사람(der wîse)과 지혜(wîsheit), 참된 사람(wâre)과 참(wâhrheit), 의로운 사람(gerechte)과 의로움(gerechticheit), 선한 사람(goute)과 선(güete)이 서로 얽혀 있으며, 서로 연결되어 관계를 맺고 있음을 먼저 알아야 한다. 곧, 선은 창조된 것도 만들어진 것도 아니고, 낳아진 것(geboren)도 아니다. 오히려 선은 낳으면서 선한 사람을 낳는다(gebirt). 그리고 선한 사람도, 그가 선한 사람인 한에서, 만들어진 것도 창조된 것도 아니다. 그는 선으로부터 낳아진 아이이며, 선의 아들이다. 선은 선한 사람 안에 자신을 낳고, 선인 모든 것을 낳는다. 곧, 선은 존재, 지식, 사랑과 선한 행실 등을 항상 선한 사람 안에 쏟아붓는다. 그리고 선한 사람은 선의 가장 깊은 내면으로부터, 그리고 오로지 선에 의해서만 자신의 전적인 존재, 지식, 사랑과 좋은 행실 등을 받아들인다. 따라서 선한 사람과 선은 하나의 선 이외 다름 아니다. 곧, 한편에서 낳는 것(gebern), 그리고 다른 한편에서는 낳아지게 된 것(geboren-werden)이라는 사실을 제외한다면, 선한 사람과 선은 모든 점에 있어서 완전히 하나이다. 그런 한에서, 선이 낳는 것과 선한 사람들 가운데 낳아지게-된 것은 완전한 하나의 존재, 하나의 생명이다. 선한 사람은 선한 것에 속하는 모든 것을 선 안에서 그리고 선으로부터 넘겨받았다. 선한 사람은 거기(선-역자)에 존재하고 살며, 거기에 거주한다. 선한 사람은 거기서 자기 자신을 인식하며, 거기서 그가 인식하는 모든 것을 인식한다. 그리고 거기서 그는 자신이 사랑하는 모든 것을 사랑한다. 그리고 그는 거기서 선 속에 있는 선을 갖고서 활동한다. 그리하여 "아버지께서 내 안에 머물러 살면서 일하고 계십니다."(요한 14, 10)라고 한 아들의 말씀대로 선은 선한 사람을 갖고서, 그리고 선한 사람 안에서 자신의 모든 일을 하고 있다. "내 아버지께서 여태까지 일하고 계시니, 나도 일하는 것입니다."(요한 5, 17). "나의 것은 모두 아버지의 것이며, 아버지의 것은 모두 나의 것입니다. 곧, 아버지의 것은 베푸는 것이며, 나의 것은 받은 것입니다."(요한 17, 10).(DW Ⅴ, 9쪽)

여기서 아버지-신과 아들-신 사이의 동명동의적 일의성(同名同義的 一義性)이 표현되고 있다. 에크하르트는 초월 개념인 지혜, 참, 의로움, 선, 하나, 생명 등을 단서로 아버지-신과 아들-신 사이의 삼위 일체적 관계를 표현하고 있다. 존재, 하나, 참, 선 등의 초월 개념은 전통적 스콜라 철학에 따르면, 신과 같다. 제1 원인인 신은 창조되지도 않았고 만들어지지도 않았고, 낳아지지도 않았다. 하지만 그는 낳는 것, 자기를 쏟아붓는 것이어서, 그가 바로 그인 바인 모든 것을 아들에게 쏟아붓는다. 선한 사람인 아들은 신적 본질인 선을 통째로 자기 속에 받아들인다. 물론 그가 선한 한에서 그러하다. 그리하여 아들은 그러한 한, 창조된 것이 아니라, '선의 낳아진 아이이며 아들'이다. 아버지와 아들은 '낳는다'와 '낳아졌다'라는 표현을 통해서만 차이를 갖는다. 그러나 동시에 아버지와 아들은 '낳는 것' '낳아지게 된 것'과 이라는 사실만 제외한다면, "하나의 선 이외 다름이 아니다."

선한 사람과 선은 전적으로 하나이다. 하나의 존재, 하나의 생명이다. 여기서 아버지와 아들은 전적으로 하나이다. 여기서 에크하르트의 '동명동의적 일의성'의 의미가 분명하게 드러나고 있다. 에크하르트는 이를 요한복음에 근거하고 있다. 요한복음은 아버지와 아들의 동일성에 대해 말하고 있다. 아버지와 아들의 삼위일체적 관계가 선과 선한 사람의 동일성으로 말해지고 있다.

그러나 하나, 존재, 참, 선, 의로움, 생명 등의 초월 개념은 신에만 귀속되는 것이다. 인간을 비롯한 피조물은 진정한 의미에서 존재, 참, 선, 하나, 의로움, 생명이 아니다. 그저 이러한 초월 개념을 지시하고 있을 뿐이다. 이것이 바로 귀속적(歸屬的) 유비이다. 아무런 술도 지니지 않는, 술집 앞의 월계수 간판이 술을 지시하는 것처럼. 아들-신이 그러한 것처럼, 인간도 완전히 피조물적인 것, 시간적인 것, 공간적인 것에 매달려 사는 자신을 벗어나 풀려날 수 있다면, 오직 신에만 귀속되는 존재, 참, 선, 하나, 의로움, 생명 등을 깡그리 받아들일 수 있을 것이다. 이런 의미에서 인간도 아들-신이 그러한 것처럼, 똑같은 아들일 수 있다는 것이 M. 에크하르트 사유의 근본 특징이다. 인간도 아버지와 동명동의적 일의성에 도달할 수 있다는 것이 그의 근본 사유 지평이다.

그는 피조물적인 것이나 자아에서 완전히 벗어난 사람을 선한 사람, 참된 사람, 의로운 사람, 지혜로운 사람이라고 말하고 있다. 그리고 선한 사람이 '선한 사람인 한'이라는 단서를 붙이는 것은 선한 사람에 수반될 수 있는 모든 조건을 다 부정하는 말이다. 곧, 칸트 말로 하면, 가언 명법이 아니라, 정언 명법에 해당한다. 따라서 '선한 사람이 선한 사람인 한'이라는 말은 단적으로 선한 사람을 가리키는 M. 에크하르트 특유의 언어 사용법이다.

그래서 인간은 "자기 자신을 벗어나(entbildet), 오직 신 가운데서 기존의 자신을 넘어 (새롭게-역자) 신의 꼴로 바뀌어야 한다(überbildet). 오직 신만이 아버지일 수 있기 위해, 또한 인간이 신의 아들이고 신으로부터 태어난 아들이기 위해, 신 안에서 그리고 신으로부터 (다시-역자) 태어나야 한다."(DW V. 11쪽) 그리고 난 후에 비로소 인간은 신과 똑같게 된다. 여기서 다시 동명동의적 일의성이 등장하고 있다.

인간이 신 속에서 그리고 신으로부터 다시 태어나기 위해 자기 자신을 벗어나, 신 가운데 새롭게 꼴을 바꾸어야 한다. 그럴 때, 신은 인간과 더불어 고통과 시련을 겪는다. 이러한 진리를 통해 온갖 고통과 시련 속에서도 위로를 받을 수 있다고 하는 것이 〈신적 위로의 책〉의 둘째 부분의 가르침이다. 위로의 책의 이 부분은 '모든 피조물적인 것에서부터 벗어나는 것'이 주제로 되어 있는 『영적강화』와 연결되어 있다.[2]

후에 쾰른의 형사들이 에크하르트의 이러한 가르침을 이단으로 취급한다. 피조물과 신은 존재라는 측면에서 일정 부분 닮아있다는 토마스의 '존재 유비' 개념을 척도로 삼고 있는 검열관들에게 인간과 피조물은 신을 떠나서는 그 자체로 온전히 무(無)라는 그의 주장이 당황스러웠을 것이다. 이러한 가르침이 수도원 안에 살고 있던 수녀들에게 혼란을 야기할 수도 있었을 것이다. 당시 고행의 실천을 주로 강조하고 있던 다른 수도회의 성직자들이 외적 행위보다 내적 마음을 중시하는 에크하르트를 비판하기 시작했을 것이다.

쾰른의 형사들은 고차원의 가르침을 배우지 못한 사람들 앞에서 가르쳤다고 에크하르트를 비난했다. 그는 이에 대해 배우지 못한 사람을 가르치기 위해 그리고 바로 그 때문에 책을 쓰는 것이라고 응수했다. 어쨌든 〈신적 위로의 책〉은 에크하르트의 이단 심문의 도화선이 된다.

2. 〈고귀한 사람〉[3]

〈고귀한 사람〉은 루카 복음 19, 12에 대한 설교이다. 곧, "한 고귀한 사람이 한 왕국을 얻기 위해 먼 곳으로 떠났다. 그리고 되돌아 왔다."(루카 12, 12)라는 성경 구절에 대한 설교이다. 왕후 아녜스는 1318년 어머니인

• • •
2) K Ruh, Meister Eckhart, 121쪽.
3) 이 논고에 대한 해제의 주요 줄거리의 일부는 다음 논문에서 가져왔다. 정달용, "마이스터 에크하르트의 생애와 저서", 『중세철학』 창간호, 1995, 분도출판사.

왕후 엘리사벳의 유해를 쾨니히스펠덴으로 이장한다. 그리고 이때부터 그녀는 수도원 근처에서 생활하기 시작한다. 설교 〈고귀한 사람〉은 이러한 사건을 암시하고 있다. 즉, 한 고귀한 사람·왕후 아녜스와 모든 사람이 먼 곳으로 가서 거기서 왕국을 얻고 돌아왔다는 것이다. 〈신적 위로의 책〉이 추상적인 이론의 영역에서 시작하여 실천의 영역으로 내려오는 하강의 길을 걷는 데 반해, 〈고귀한 사람〉은 구체적 실천에서 시작하여 신적인 것과 하나 되는 상승의 길을 가고 있다.

에크하르트는 이 설교에서 우선 인간을 외적 인간과 내적 인간으로 구분한다. 외적 인간이 낡은 인간, 지상의 인간, 적, 예속적 인간인 반면에, 내적 인간은 새로운 인간, 천상의 인간, 젊은 인간, 동무 그리고 고귀한 인간이다. 이러한 내적 인간이 신께 이르는 길을 에크하르트는 아우구스티누스를 따라 여섯 단계로 제시하고 있다.

①첫 번째 단계는 좋고 성스러운 사람의 모범에 따라 산다고 하더라도, 여전히 미숙한 단계이다. ②두 번째 단계는 인간성에 등을 돌리고 신에게 얼굴을 향하는 때이다. 그리고 어머니 품에서 벗어나 하늘에 계신 아버지를 보고 웃는 때이다. ③세 번째 단계는 근심에서 벗어나 공포를 집어던지고, 불타는 노력으로 신과 사랑으로 결합 되어 있는 때이다. ④네 번째 단계는 신에 대한 사랑이 더욱더 증대하고 뿌리를 두게 될 때이다. 그리하여 그는 모든 비난, 시련, 지겨운 일, 고통 등을 기꺼이 참아내고 즐겁게, 흔쾌히 그리고 기쁜 마음으로 받아들일 준비가 되어 있게 된다. ⑤다섯 번째 단계는 그가 어디서나 자기 자신 가운데서 기쁘게 살 때이다. 그리고 말로 표현할 수 없는 최고의 지혜가 풍부하게 흘러넘치는 가운데 조용히 머물러 쉴 때이다. ⑥여섯 번째 단계는 이전의 자신을 벗

어나(entbildet) 신의 영원성에 의해 자신을 넘어서 새롭게 꼴이 바뀌는(überbildet) 때이다. 그리고 그가 소멸하는 것과 시간적인 생명을 완전히 망각하는 데에 도달하고, 신의 상(ein götlich bilde)으로 이끌려 거기로 전환되는 때이다. 한마디로 그가 신의 아들이 되는 때이다. 이 단계를 넘어서는 더 높은 단계는 없다. 거기에는 영원한 안식과 지복이 있다.

에크하르트에 따르면 고귀한 사람은 신의 상이어서, 아무리 가려져 있고 빛이 바래져 있다 하더라도 신의 아들이다. 고귀한 사람이 먼 곳으로 떠난다는 것은 모든 상들(생각들)과 자기 자신에서 떠난다는 것이다. 참으로 고귀한 사람이 되려면, 곧 참으로 신의 아들이 되려면, 그것들에서 아주 멀리 떠나야만 한다. 그때 고귀한 사람은 존재와 생명 그리고 지복을 오로지 신으로부터만 또한 신에 의해서만 그리고 신 속에서만 고스란히 받아들일 수 있다. 이것이 바로 〈고귀한 사람〉의 주제이다. 그는 끝으로 '하나'를 열정적으로 강조하면서 설교를 마친다. "하나와 함께 하나를, 하나로부터 하나를, 하나 가운데서 하나를, 그리고 하나의 하나 가운데서 영원히. 아멘."(DW V 119쪽)

논고 Ⅱ : 《영적 강화》[4]

M. 에크하르트의 최초의 글은 《Die rede der underscheidunge(영적

---

4) 이 논고에 대한 해제는 다음 논문의 서론과 결론에서 힘입고 있다. 이부현, "마이스터 에크하르트와 수도자 영성, M. 에크하르트의 Die rede der underscheidunge에 대한 재구성", 『대동철학』 제28집, 2004. 12, 대동철학회.

강화, 靈的 講話)》이다. 정확하게 연대를 알 수 있는 그의 생애는 1294년 부터이다. 그해 4월 18일 부활절에 파리 대학의 명제집 강사였던 도미니크회 수사 에크하르트는 부활절 설교를 맡게 된다. 따라서 이전의 그의 생애는 이 연대를 거슬러 올라가 다시 계산된 것이다.[5] 특히 《영적 강화》의 첫머리에 "다음은 튀링겐 관구의 관구장 대리이며 에어푸르트 수도원 원장이며 설교 수도회 수사인 에크하르트가 젊은 수사들과 나눈 대화이다. 젊은 수사들은 저녁의 강화 때(collationibus), 나란히 앉아서 에크하르트에게 많은 것을 물어보았다."라고 기록되어 있다(DW Ⅴ, 185쪽). 그런데 그는 1294년 4월 18일 부활절에 파리에서 설교를 했다. 따라서 그가 튀링겐 관구의 관구장 대리와 에어푸르트 수도원장직을 겸직한 것은 적어도 1294년 4월 이후임이 틀림없다. 또한, 1298년의 도미니코회 총회에서 수도원장직과 관구장 대리직을 금지하는 규정을 결정했다. 따라서 1298년에 그는 수도원장직을 그만두고 튀링겐 관구의 관구장 대리직만 수행했을 것으로 짐작된다. 이런 전후 사정을 고려한다면, 《영적 강화》는 1294년 이후 그리고 1298년 이전에 쓰인 것일 수밖에 없다.[6]

underscheidunge이라는 말마디는 '분별할 수 있는 능력' 또는 '삶의 영위 과정에서의 현명함' 등을 뜻하는 라틴어 discretio에 상응한다. 따라서 《Die rede der underscheidunge》은 수도원과 세상살이에서의 '올바른 삶의 지침에 대한 영적 강화(가르침의 대화)'로 풀이할 수 있다.[7] 여기서

---

[5] K. Ruh, Meister Eckhart, Theologe·Prediger·Mystiker, München, 1985(überarbeitete Auflage 1989), 19-20쪽 참조. * 앞으로는 K. Ruh, Meister Eckhart로 줄임.
[6] K Ruh, Meister Eckhart, 21쪽 참조.
[7] K. Ruh, Die Mystik des deutschen Predigerordens und ihre Grundlegung durch die Hochscholastik, in Geschichte der abendländischen Mystik, Band Ⅲ, München, 1996. 258쪽 참조.

는 그냥 《영적 강화》로 줄인다. 또한, 현대 독일어로는 통상적으로 《Die Reden der Unterweisung》으로 번역된다.[8] 영적 강화를 행하는 것은 에어푸르트 수도원의 원장이 행하는 주요 업무 중의 하나이다. 수도원장은 자신에게 맡겨진 새파란 수련자들까지 포함한 젊은 수도자들이 질문을 하고 자신이 답변함으로써, 가르치는 대화를 행한다. 가르치는 대화 내용은 전적으로 그러한 것은 아니지만, 주로 수도원 생활과 관련된 이야기들이다. 수도원 생활은 힘든 생활이었다. 더구나 설교 수도사와 탁발 수도사에게는 더욱더 그러했다. 이들은 수도원 담장 안에서 평화와 안정감을 누리면서 머물 수 없었다. 그들은 끊임없이 움직여야 했다. 삶의 방식인 가난을 어렵게 실천해야 했다. 게다가 수도원 서약은 그 서약을 잘 인지하고 인정하는 사람들만 수행할 수 있는 무거운 짐이기도 했다. 에크하르트의 《영적 강화》는 이러한 상황을 염두에 두고 말해지고 있다.[9]

그렇다고 이 논고가 단순히 수도자의 영성만을 염두에 두고 쓰인 것만은 아니다. 아마도 이미 파리 대학의 강사를 지낸 수도원장이 자신의 답변과 대화 내용을 수도자 이외의 사람들을 위해서 양피지에 옮겨 적어 놓았을 것이다. 이 책의 전승이 이를 확정해준다. 《영적 강화》는 다른 독일어 논고들이나 설교들과는 달리 단지 신비주의적 저작의 묶음 가운데서만 전승되어오지 않는다. 또한, 이 책은 학문적 요소나 대학의 정신적 세

---

8) 『Die rede der underscheidunge』이란 제목은 약간의 수고들에만 나타나는 이름일 뿐, 본래의 제목은 아니다. 완전한 이름은 "다음은 튀링겐 관구의 관구장 대리이며 에어푸르트 수도원 원장이며 설교 수도회 수사인 에크하르트가 젊은 수사들과 나눈 대화이다. 젊은 수사들은 저녁의 강화 때, 나란히 앉아서 에크하르트에게 많은 것을 물어보았다."(DW. V 185쪽)이다. 여기서 우리는 글의 형식, 내용 그리고 글의 목적을 잘 알 수 있다.
9) K Ruh, Meister Eckhart, 33쪽. 참조.

계를 완전히 결하고 있다. 이로 미루어 볼 때,《영적 강화》의 용도가 설교들과 나머지 독일어 논고들의 용도와 다른 것 같다.《영적 강화》의 용도는 신비주의적 고양(Erbauung)과 관계한다기보다는, 오히려 수도자와 그리스도인의 삶의 방식 일반에 관계한다고 보아야 한다. 따라서《영적 강화》는 젊은 수도자를 위한 목적으로 행해진 것이기는 하지만, 동시에 그것을 넘어서 그리스도교적 삶의 지침서이기도 하다. 좋은 뜻을 가진 모든 사람이 수용해 실현해야 하는 그리스도교적 삶의 지침서이기도 하다. 실제로 그는 자주 '사람들'이라는 용어를 사용하고 있다. 단적으로 그의 사상은 특정의 공동체만 아니라, 그의 말을 듣고 실천하고자 하는 모든 사람에게 향해져 있다.[10]

이 논고가 비록 실천적인 목적으로 쓰인 에크하르트의 청년기의 작품이기는 하지만, 후에 전개될 신비 사상 씨앗을 손쉽게 엿볼 수 있다는 점에서 이 책의 중요성은 재론의 여지가 없다. 이 책은 23장으로 구성되어 있다. 에크하르트는 약간의 예외를 제외하면 하나의 장이 끝나면, 해당 장의 끝머리에서 뒤따르는 장에서 거론되는 새로운 논의를 간략하게 소개하는 방식으로 장들을 연결하고 있다. 이 책은 초지일관한 체계가 있는 것도 아니고, 없는 것도 아니다. 서로서로 맞물리는 3부로 대충 구별할 수 있기 때문이다. 곧 1-8장까지를 제1부로, 9-17장까지를 제2부로, 그리고 18-23장까지를 제3부로 나눌 수 있기 때문이다.

제1부는 신이 그 자리에 들어서기 위해 '자신을 버리고 떠나기'가 주된 주제를 이루고 있다. 제2부는 올바른 의지, 죄, 참회, 고백, 신뢰, 보속과

---

10) K Ruh, Meister Eckhart, 32-33쪽. 참조.

행복 등 삶의 올바른 방식에 대한 질문에 답하고 있다. 하지만 2부의 일관된 주제는 어디까지나 죄이다. 가장 길뿐만 아니라, 수많은 물음으로 이루어진 제3부는 하나의 통일된 이름을 붙이기가 곤란하다. 부분적으로는 제1부의 주된 주제를 다시 반복하기도 하고, 또 부분적으로는 제2부의 물음이 다시 폭넓게 논의되기도 하고, 그리고 부분적으로는 새로운 물음들(일단 선택한 삶의 방식을 고수하기 등)에 대한 답변이 제시되기도 한다. 아마도 제3부에서는 에크하르트가 젊은 수도자들이 마음대로 질문하도록 허용한 것 같다. 그리고 그에 따라 에크하르트가 남김없이 답변하고자 했던 것 같다. 하지만 3부의 기본적 색조는 '자기를 버리기'와 '그리스도를 따라 살기'이다. 이에 따라 우리는 제1부를 '자신을 버리고 떠나기'로, 제2부를 '죄·올바른 삶의 방식'으로, 제3부를 '그리스도를 따라 살기'로 이름 붙이고자 한다.

수도원의 영적 강화는 흔히 라틴어로 행해지는데, 이 논고는 중세 독일어로 쓰였다. 어떤 사람은 먼저 라틴어로 강화를 하고, 그다음에 라틴어를 알지 못하는 독자들을 위해 독일어로 옮겨 썼다고 추정하기도 한다. 하지만 라틴어로 된 《영적 강화》가 있었다는 언급은 어디에도 없다. 그렇다면 아마 내면으로부터 우러나는 말을 뱉어내는 데(ein geworten von innen) 학문적인 라틴어보다 민족 언어가 더 적합했기 때문에, 그렇게 했을 것이다. 민족 언어의 영성적 가치가 바로 에크하르트로 하여금 독일어로 강화하고 독일어로 글을 쓰게 했을 것이다.[11]

이 논고는 본격적인 의미에서 학문적이고 신비주의적인 저서는 아니

---

11) K Ruh, Meister Eckhart, 43-45쪽 참조. 이곳에서 K. Ruh는 신비주의와 민족 언어의 문제를 대단히 중요한 문제로 부각시키고 있다.

다. 그의 본격적인 학문적 입장은 42살에서 44살까지의 첫 번째 파리 대학교수 시절의《파리 질문집(Pariser Questionen)》Ⅰ-Ⅲ, 그리고 그로부터 10년 후인 51살에서 53살까지의 두 번째 파리 대학 교수 시절의『삼부작(Opus tripartitum』에서 비롯된다. 그리고 심화된 그의 신비주의적 저서들은 53세부터 68세까지의 슈트라스부르크 시기와 쾰른 시기의 논고들과 설교들에서 본격화 된다.

에크하르트의《영적 강화》는 올바른 삶을 살고자 노력하는 그리스도인에 대한 메시지이긴 하지만, 금욕주의적 엄격성은 더는 찾아볼 수 없다. 지옥, 마귀 그리고 영벌(永罰)에 대한 관념도 완전히 배제되어 있다. 죄가 더는 인간을 파괴하지 않는다. 고통은 신을 수반한다. 신은 항상 우리 가까이에 있다. 그리고 순결이나 감각적인 것에 대한 억압도 자기 뜻을 버리는 가운데 이미 지양되어 있다고 여긴다.

이러한 논의들은 제도와 교회법으로 고정되어있는 13세기의 그리스도교적 세계 가운데서는 놀라운 이야기이기만 했을 것이다. 에크하르트는 인간이 자기 자신이 아니라 신에만 속하고자 하는 한에서, 인간은 불안에서 벗어나 자신의 본래 모습으로 되돌아갈 수 있었다고 믿었던 듯하다. 그래서 그는 "그대가 신 가운데 머무는 그 만큼 그대는 평화 가운데 머물 것이다"라고 말했을 것이다. 그는 전적으로 내적 정신으로부터 규정된 그리스도교, 곧 순수성 속에 자리 잡고 있는 그리스도교를 우리에게 드러내 주고 있다.

《영적 강화》는 그 목적에 따라 볼 것 같으면, 신비적 관상에로의 입문서는 아니다. 오히려 여전히 확고하게 되지 못한 수도자의 삶의 방식을 전진시키는 강화이다. 서약을 충실히 지키고, 유혹과 죄를 멀리하고, 그리스도를 따라 살라는 실천적 가르침이다. 그것도 능동적이고 자발적인 내면의 변화로부터 시작하여 그렇게 살라는 가르침이다. 또한, 이 실천적 가르침은 특정의 공동체만 아니라, 모든 그리스도인에게도 열려 있는 가르침이기도 하다.

하지만 《영적 강화》에는 후에 전개될 그의 고유한 신비주의적 사상의 실마리가 이미 제시되고 있다. 마음을 비워라. 네 뜻을 버려라. 풀려나 있어라. 버리고 떠나 있어라. 이런 말 등은 번잡한 외적 삶, 피상적인 삶으로부터 풀려나서 참다운 존재로 귀환하라는 것이다. 가장 내적인 자신의 핵심으로 귀환하라는 것이다. 가장 순화된 존재의 근저로부터 나의 행위는 거룩하게 된다는 말이다. 나의 뜻을 버리고 온전히 신에 헌신하라는 것이다. 그러면 신이 그 자리에 들어선다는 것이다. 내 영혼의 근저로 신이 들어선다는 것이다. 이러한 그의 주장은 지속적으로 심화 되어 가는 그의 신비주의 사상의 항구적이고 결정적인 모티브들이다.[12]

논고 Ⅲ : 《버리고 떠나 있음에 관하여》[13]

이 작은 논고는 비교적 널리 알려져 있지만, 에크하르트의 작품이라는 증거가 희박하다. 이 작품이 에크하르트의 작품인지의 여부를 둘러싼 논쟁은 계속되었다. 하지만 퀸트는 이 작품을 에크하르트 전집 가운데 넣었

---

12) Alois Dempf, Meister Eckhart, Eine Einführung in sein Werk, Bonn/RH, 1936, 111-113쪽 참조.
13) 이 논고에 대한 해제는 다음 논문에 힘입고 있다. 이부현, "마이스터 에크하르트의 독일어 설교들에 나타난 주요 주제-버리고 떠나 있음을 중심으로"『중세철학』제 5집, 1999, 중세철학회.

다(DWV, 377-468). 이는 하나의 선택에 지나지 않을 뿐, 이 논고가 에크하르트의 것이라는 것을 엄밀하게 입증하는 것은 아니다. 따라서 우리는 제한적으로만 이 논고가 그의 것이라고 말할 수밖에 없다. 곧, 한편에서는 이 작품에서 '버리고 떠나 있음'이 최고의 덕목이고 또한 신의 존재 방식이라고 하는 측면에서는 그의 것이라고 추정되지만, 다른 한편에 용어나 정식들에 있어서 낯선 것들도 있다.[14] 그래서 우리는 다음과 같이 가정한다. 에크하르트가 '버리고 떠나 있음'에 대한 주제들을 나름대로 정리했다. 그런데 아마도 이 논고에 관심 있는 사람이 자신의 글을 부가하여 이 글을 완성했을 것이라고. 이 가정은 에크하르트가 스스로 더는 자신의 기획을 수행할 수 있는 처지에 있지 못했다는 것을 전제한다. 그리하여 자신의 기획을 유고로 남길 수밖에 없었다고 가정한다. 실제 이 논고는 에크하르트의 말년에 속해 있다.[15]

이 논고는 내용에 따라 다음과 같이 4개 주제로 나눌 수 있다.

1) '버리고 떠나 있음'은 최고의 덕목이다. 따라서 '버리고 떠나 있음'은 ①사랑(minne)보다 드높다. ②겸손(démiüeticheit)보다 드높다. ③자비(barmherzicheit)보다 드높다.

왜냐하면, 다른 모든 덕목처럼 이 덕목들은 "어떠한 피조물적인 외양

• • •
14) 예를 들면 다음과 같다. 곧 "만약 자유로운 정신이 올바른 '버리고 떠나 있음' 가운데 서 있다면, 그 정신은 신을 자신의 존재로 강제할 수 있다."(DWV. 11, 1 이하)라는 말이 이 논고에 나온다. 그런데 에크하르트는 수사들과 수녀들과 함께 이 자유 정신(Freie Geist)의 구성원에 의해 감금된 적이 있다. 그런데도 그가 어떻게 '자유 정신'이라는 말마디를 사용할 수 있다는 말인가? K. Ruh, Meister Eckhart,165쪽. 참조.
15) K Ruh, Meister Eckhart, 153쪽 이하 참조.

을 지니고 있지만, '버리고 떠나 있음'은 모든 피조물에서부터 벗어나 있기" 때문이다(DWV, 400-410쪽).

2) '버리고 떠나 있음'은 신의 속성과 하나이게끔 한다. 그 까닭은 다음과 같다. ①"이러한 부동적(不動的)인 버리고 떠나 있음은 인간을 신과 최고의 동일성으로 가져가기" 때문이다. 그 이유는 신적 존재 자체가 자신의 '부동적인 버리고 떠나 있음'에 머물기 때문이다. ②이러한 신의 '부동적인 버리고 떠나 있음'은 영원으로부터 성립되었으며, 영원히 성립하기 때문이다. 이러한 신의 '부동적인 버리고 떠나 있음'은 창조를 통해서도, 아들의 사람됨을 통해서도 그리고 또한 인간의 기도와 선행을 통해서도 결코 변경되지 않는다. "신은 어떤 것도 결코 새롭게 만들지 않으신다. 왜냐하면, 모든 것이 미리 만들어져 있기 때문이다." 또한, 신 가운데서는 '새로운 사랑'도 절대 성립하지 않는다. 그리고 또한 신은 시간적 방식으로 보지 않기 때문에, 신 가운데서는 어떠한 '새로운 봄'도 결코 생겨나지 않는다. 그리고 또한 신 가운데서는 '어떠한 새로운 의지'도 절대 생겨나지 않는다. ③그리스도가 "나의 영혼이 죽음에 이르기까지 근심스럽나이다."라고 말했을 때도 그리고 마리아가 십자가 밑에 서 있었을 때의 고통스러운 모습을 사람들은 보고하고 있음에도 "그리스도와 그의 어머니 마리아가 부동적인 버리고 떠나 있음을 갖고 있었는가?" "어떻게 이런 일련의 모든 일이 부동적인 버리고 떠나 있음과 함께 성립될 수 있을까?"하고 의문을 던진다. 그러나 에크하르트는 그리스도와 그의 어머니 마리아에서도 '부동적인 버리고 떠나 있음'이 고통과 그 밖의 인간적 활동을 통하여 손상을 입은 것은 아니라고 주장한다. 그는 이런 자신의 주장

을 '외적 인간'과 '내적 인간'을 구별함으로써 정당화하고 있다. 그는 그리스도와 마리아에 있어서 '외적 인간'의 행위에 의해, '버리고 떠나 있음' 가운데 있는 '내적 인간'이 손상당하지 않았다고 한다. 그리고 그는 이를 비유를 들어 설명하고 있다. 곧, "문은 돌쩌귀에 있어서 열리고 닫힌다. 이제 나는 외적인 문의 판자를 외적 인간에 비유한다. 그리고 돌쩌귀를 내적 인간과 비교한다. 만약 문이 열린다면, 외적 판자는 이리저리 운동한다. 하지만 돌쩌귀는 부동적으로 자신의 자리에 머문다. 그리고 그 때문에 결코 변경되지 않는다."(DWV, 410-422쪽)

3) '순수한 버리고 떠나 있음'은 무엇을 그 대상으로 하는가? ①이것도 저것도 아니다. 오히려 순수한 무이다. 왜냐하면, 신의 '버리고 떠나 있음'의 영향을 최고로 잘 수용할 수 있기 위하여, 모든 것을 버리고 떠나야 하기 때문이다. ②기도도 또한 아니다. 왜냐하면 '버리고 떠나 있음'은 어떤 것을 위해서도 빌 수 없기 때문이다. 오히려 '버리고 떠나 있음'은 신의 '버리고 떠나 있음'과 하나 되기만 바랄 뿐이다. 이는 '모든 피조물로부터 떠나는 것'이다. 그리고 완전히 참회하는 것이다. 동시에 신적 영향을 가장 잘 수용하는 것이다. ③또한, 그리스도의 인간적인 겉모습이 아니라, 그리스도와 하나 되는 것이다. 그리스도는 하나의 인간을 취한 것이 아니라, '인간성' 곧, 인간 본성을 취했다. 그리고 그는 자신 가운데서 신성의 '버리고 떠나 있음'과 결합했다. 그러므로 그리스도와 하나 되기 위해 모든 사물로부터의 완전한 '버리고 떠나 있음'이 요구된다. 특히 인간적인 그리스도의 인격에 대상 표상적 생각으로부터 깡그리 벗어나야 한다.(이상의 논의는 DW V 423-432쪽)

4) '버리고 떠나 있음'으로의 최단 거리는 그리스도의 모범을 따라 고통을 거쳐 가는 것이다. 그것도 겸손을 거점으로 삼아 그렇게 하는 것이다. 이는 겸손이 '버리고 떠나 있음'의 가장 확고한 토대이기 때문이다.

다음의 기도로 이 글은 끝난다. 곧, "최고의 버리고 떠나 있음 자체이신 신이시여, 이 모든 것이 우리에게 일어날 수 있도록 우리를 도우소서. 아멘."(이상의 논의는 DWV, 433-434쪽)

역자 후기를 마치면서

에크하르트의 글들은 대담하고 날카로우면서 비상하는 듯한 언어들로 구성되어 있다. 그에게 신학은 곧 철학이었다. 그 역도 마찬가지였다. 그는 삼위일체, 육화, 창조 등 그리스도교 계시 전체를 통하여 철학적 진리를 찾았다. 하지만 이런 그의 신학적 철학 또는 철학적 신학은 모든 언어를 넘어서는 그의 근본 경험(Grunderfahrung)에 바탕을 두고 있다. 그래서 그는 설교 52에서 "이 강론을 이해하지 못하는 사람은 그 때문에 신경을 쓰지 마라. 왜냐하면, 인간이 이러한 진리와 같아지지 않는 한, 그는 이 말들을 알아듣지 못할 것이기 때문이다. 이 진리는 신의 마음으로부터 매개 없이(âne mittel) 도래하는 감추어지지 않고 드러나 있는 진리이다."라고 말한다.(DW. Ⅱ. 506쪽. 1-3행) 그는 신의 마음으로부터 매개 없이 도래하는 감추어지지 않고 드러나 있는 진리와 같아졌다. 신성을 아무런 매개 없이 경험했다. 그렇다면 그의 철학적 신학 또는 신학적 철학 언어들은 언어를 넘어선 그의 경험을 우리에게 전달하기 위한 하나의 개 짖는 소리에 지나지 않을 것이다. 존재자들과 확연하게 다르게 존재하는 셸링이 말하는 '사유 이전의 것'(das Unvordenkliches), 곧 '확고부동한 버리고 떠나 있음 자체' 또는 하이데거가 말하는 '존재'를 우리에게 전달하려는 몸부림이었을 것이다. 그는 용수의 『중론』의 논의처럼 근원적 현실과 언어와의 괴리를 너무나 잘 알고 있었다.[16] 에크하르트에게 근원적 현실은 끊임없는 현재하는 생성이었다. 이런 의미에서 그의 사상은 철저하게 이성적으로만 현실을 설명하고자 했던 전통 형이상학과의 단절이라 말할 수 있다. 이성보다는 근본 경험이 우선이 아니겠는가. 하이데거의 말에 따르면, 뿌리보다 뿌리가 뿌리박고 있는 땅(Grund)이 우선이지 않겠는가.[17]

　철학 이전의 근본 경험을 지칭하는 땅에 뿌리박고 있는 그의 신비주의 철학은 이론적 틀에 있어서가 아니라, 실존적 삶의 문제에 있어 불교, 특히 선불교와 닮아있다. 그래서 나는 그의 철학 이론을 통해 성경도, 용수도 금강경도 다시 이해할 발판을 얻게 되었다. 플라톤도, 아리스토텔레스도, 플로티노스도, 니체도, 하이데거도 또다시 관심을 갖게 되었다. 이들 철학 흐름은 이성을 넘어서 있는 진리를 직접 우리가 경험할 수 있다는 지평에서 전개된다. 철학은 낭만주의자들의 주장처럼 진리로 나가는 길목에(unterwegs)만 자리하는 것은 아니다. 철학자는 뱃사공이다. 이 뱃사공은 단지 강 중간에만 있는 자가 아니라, 강의 이편과 저편, 곧 신의

---

16) 참조. 梶山雄一, 『空の思想』, 東京, 人文書院, 1993, 17-46쪽.
17) M Heidegger, Was ist Metaphsik, Siebte Auflage, Frankfurt am Main, Vittorio Klostermann, 1955. 1-12쪽 참조.

편과 인간의 편을 왔다 갔다 하면서, 신의 것을 인간에게 인간의 것을 신에게 전달하고 해석해주는 사람이다. 이런 맥락에서 에크하르트를 읽었으면 한다.

참고

인용 문헌 줄임표

- 인용 문헌 줄임표 -

Arch. II	= Archiv für Literatur- und Kirchengeschichte des Mittelalters, hsg. von Heinrich Denifle und Franz Ehrle, Bd. II, 1886
Bange	= Wilhelm Bange, Meister Eckeharts Lehre vom göttlichen und geschöpflichen Sein, dargestellt mit besonderer Berücksichtigung der lateinischen Schriften, 1937
Beuken	= J. H. A. Beuken, Rondom een middelnederlandsche Eckehart-Tekst (Ons geestelijk erf, Jg. 1934, S. 310-337)
BGPhMA	= Beiträge zur Geschichte der Philosophie des Mittelalters, hsg. von Clemens Baeumker
BgT	= Meister Eckharts Buch der göttlichen Tröstung und Von dem edlen Menschen (Liber Benedictus), hsg. von Philipp Strauch (Kleine Texte für Vorlesungen und Übungen, hsg. von Hans Lietzmann, Nr. 55) Neudruck 1933
BgT (Quint)	= Dass., unter Benutzung bisher unbekannter Handschriften neu hsg. von Josef Quint (Kl. Texte ..., hsg. von Kurt Aland, Nr. 55) 1952
von Bracken	= Ernst von Bracken, Meister Eckhart und Fichte, 1943
BvgA	= Das Buch von geistlicher Armuth, bisher bekannt als Johann Taulers Nachfolgung des armen Lebens Christi, hsg. von Heinrich Denifle, 1877
Brethauer, AfdA 53	= Karl Brethauer über Josef Quint, Die Überlieferung der deutschen Predigten Meister Eckeharts, AfdA 53 (1934) S. 48-54

Brethauer, ZfdA 69	= Ders., Neue Eckharttexte und Mystikerhandschriften, ZfdA 69 (1932) S. 241-276
Brethauer, ZfdA 71	= Ders., Zu Meister Eckhart, ZfdA 71 (1934) S. 267
Brethauer, Diss.	= Ders., Die Sprache Meister Eckharts im „Buch der göttlichen Tröstung". Diss. Göttingen 1931
Bulle	= Bulle Johanns XXII. „In agro dominico" vom 27. März 1329, hsg. von Heinrich Denifle, Arch. II S. 636-640
Büttner	= Meister Eckeharts Schriften und Predigten aus dem Mittelhochdeutschen übersetzt und hsg. von Herman Büttner, 2 Bde., 1917 - Volksausgabe in 1 Bd., 1934. Ich zitiere nach der zweibändigen Ausgabe, deren Text unverändert in die Volksausgabe übernommen wurde
CSEL	= Corpus Scriptorum Ecclesiasticorum Latinorum, hsg. von der Wiener Akademie der Wissenschaften
Daniels	= Augustinus Daniels, Eine lateinische Rechtfertigungsschrift des Meister Eckehart (Beiträge zur Geschichte der Philosophie des Mittelalters Bd. XXXIII H. 5, 1923)
Deniflc, Arch. II	= Heinrich Denifle, Meister Eckeharts lateinische Schriften und die Grundanschauung seiner Lehre, Arch. II (1886) S. 417-615 Ders., Das Cusanische Exemplar lateinischer Schriften Eckeharts in Cues, ebenda S. 673-687 Ders., Acten zum Prozesse Meister Eckeharts, ebenda S. 616-640
Deniflc, QF 36	= Taulers Bekehrung, kritisch untersucht von Heinrich Denifle (QF 36) 1879. Im Anhang I

	S. 137-143 hat D. den Traktat „*Von den drin fragen in dien beslossen ist anpahent zûnement und volkomen leben*" herausgegeben. Dieser Traktat wird zitiert als: Traktat *Von den drin fragen*
Diederichs, Diss.	= Ernst Diederichs, Meister Eckharts „Reden der Unterscheidung", Diss. Halle 1912
Dolch	= Walther Dolch, Die Verbreitung oberländischer Mystikerwerke im Niederländischen, Diss. Leipzig 1909
DTM	= Deutsche Texte des Mittelalters, hsg. von der Preußischen Akademie der Wissenschaften
DW	= Meister Eckhart, Die deutschen und lateinischen Werke, hsg. im Auftrage der Deutschen Forschungsgemeinschaft. Die deutschen Werke, hsg. von Josef Quint (mit beigefügter Bandzahl)
Ebeling	= Heinrich Ebeling, Meister Eckharts Mystik, Studien zu den Geisteskämpfen um die Wende des 13. Jahrhunderts (Forschungen zur Kirchen- und Geistesgeschichte, hsg. von Erich Seeberg, Wilhelm Weber, Robert Holtzmann, 21. Bd.) 1941
Expos. cont. s. Matth. (Marc., Luc., Ioh.)	= Expositio continua super evangelium sec. Matthaeum (Marcum, Lucam, Iohannem)
Fahrner	= Rudolf Fahrner, Wortsinn und Wortschöpfung bei Meister Eckehart(Beiträge zur deutschen Literaturwissenschaft, hsg. von Ernst Elster, Nr. 31) 1929
St. Georgener Prediger	= Der St. Georgener Prediger aus der Freiburger und der Karlsruher Handschrift

	hsg. von Karl Rieder (DTM X) 1908
Greith	= C. Greith, Die deutsche Mystik im Predigerorden, 1861
„Gutachten"	= Franz Pelster, Ein Gutachten aus dem Eckehart-Prozeß in Avignon(Aus der Geisteswelt des Mittelalters, Studien und Texte, Martin Grabmann zur Vollendung des 60. Lebensjahres von Freunden und Schülern gewidmet, 1933, S. 1099-1124)
HavE	= Die Postille des Hartung von Erfurt, zitiert aus den von Adolf Spamer, Diss. S. 137-236, 3. Spalte angegebenen Hss.
HevE	= Die Postille des Heinrich von Erfurt, zitiert aus den von A. Spamer, Diss. S. 137-236, 1. Spalte angegebenen Hss.
Hs.	= Handschrift
In Eccli.	= (Eckhart) Sermones et Lectiones super Ecclesiastici cap. 24
In Exod.	= (Eckhart) Expositio Libri Exodi
In Gen. I	= (Eckhart) Expositio Libri Genesis
In Gen. II	= (Eckhart) Liber parabolarum Genesis
In Ioh.	= (Eckhart) In Iohannis (evangelium)
In Sap.	= (Eckhart) Expositio Libri Sapientiac
Jostes	= Meister Eckhart und seine Jünger, Ungedruckte Texte zur Geschichte der deutschen Mystik, hsg. von Franz Jostes (Collectanea Friburgensia Fasc. IV) 1895
Jundt	= Auguste Jundt, Histoire du panthéisme populaire au moyen âge et au seizième siècle, Paris 1875- Anhang II, S. 231-280: Sermons et pièces diverses de Maître Eckhart.

Karrer, Das Göttliche	= Otto Karrer, Das Göttliche in der Seele bei Meister Eckhart (Abhandlungen zur Philosophie und Psychologie der Religion, Heft 19) 1928
Karrer, M. E.	= Ders., Meister Eckehart, Das System seiner religiösen Lehre und Lebensweisheit, 1926
Karrer/Piesch	= Meister Eckeharts Rechtfertigungsschrift vom Jahre 1926, Einleitungen, Übersetzung und Anmerkungen von Otto Karrer und Herma Piesch (Deutscher Geist I. Bd.) 1927
Kopper	= Joachim Kopper, Die Metaphysik Meister Eckharts, eingeleitet durch eine Erörterung der Interpretation (Schriften der Universität des Saarlandes) 1955
Langenberg	= Rudolf Langenberg, Quellen und Forschungen zur Geschichte der deutschen Mystik, 1902
Lasson	= Adolf Lasson, Meister Eckhart, 1868 S. VII–XVI
Lasson ZfdPh 9	= Ders., Zum Text des Meister Eckhart, ZfdPh 9 (1878) S. 16–29
Lehmann	= Walter Lehmann, Meister Eckehart (Die Klassiker der Religion, hsg. von G. Pfannmüller 14. und 15. Bd.) 1919
Lexer	= Matthias Lexer, Mittelhochdeutsches Handwörterbuch, 3 Bände, 1872, 1876, 1878
v. d. Leyen, ZfdPh 38	= Friedrich v. d. Leyen, Über einige bisher unbekannte lateinische Fassungen von Predigten Meister Eckeharts, ZfdPh 38 (1906) S. 177 bis 197, 334–358
Lieftinck	= G. I. Lieftinck, De Middelnederlandsche Tauler-Handschriften, 1936
Lotze	= Alfred Lotze, Kritische Beiträge zu Meister

	Eckhart, Diss. Halle 1907
Lücker	= Maria Alberta Lücker, Meister Eckhart und die Devotio moderna(Studien und Texte zur Geistesgeschichte des Mittelalters, hsg. von Josef Koch, Bd. 1) 1950
LW (oder: Lat. W.)	= Meister Eckhart, Die deutschen u. lateinischen Werke, hsg. im Auftrage der Deutschen Forschungsgemeinschaft. Die lateinischen Werke(mit beigefügter Bandzahl)
MSB	= Sitzungsberichte der bayerischen Akademie der Wissenschaften
NvL	= Nicolaus von Landau
Pahncke, Diss.	= Max Pahncke, Untersuchungen zu den deutschen Predigten Meister Eckharts, Diss. Halle 1905
Pahncke, E. St.	= Ders., Eckehartstudien (Beilage zum 38. Jahresbericht des Gymnasiums zu Neuhaldensleben) 1913
Pahncke, Kl. B.	= Ders., Kleine Beiträge zur Eckhartphilologie (34. Jahresbericht des Gymnasiums zu Neuhaldensleben, 1909, S. 1-23)
Pahncke, ZfdA 49	= Ders., Zwei ungedruckte deutsche Mystikerreden ZfdA 49 (1908) S. 395-404
Par. an.	= Paradisus anime intelligentis, hsg. von Philipp Strauch (Deutsche Texte des Mittelalters Bd. XXX) 1919
PBB	= Beiträge zur Geschichte der deutschen Sprache und Literatur
Peters	= Barthold Peters, Der Gottesbegriff Meister Eckharts, 1936
Pf.	= Meister Eckhart, hsg. von Franz Pfeiffer, 4.

	unveränderte Auflage(Deutsche Mystiker des 14. Jahrhunderts, Bd. II) 1924
Pf. I	= Hermann von Fritslar, Nicolaus von Straßburg, David von Augsburg, zum erstenmal herausgegeben von Franz Pfeiffer (Deutsche Mystiker des 14. Jahrhunderts, Bd. I) 1845
Pfeiffer, ZfdA 8	= Franz Pfeiffer, Predigten und Sprüche deutscher Mystiker, ZfdA 8 (1851) S. 209-258 Ders., Predigten und Traktate deutscher Mystiker, ebenda S. 422-464
PG	= Migne, Patrologia Graeca
PL	= Migne, Patrologia Latina
Preger I, II, III	= Wilhelm Preger, Geschichte der deutschen Mystik im Mittelalter, 3 Bde., 1874, 1881, 1893
Preger ZfhTh 1864	= Ders., Ein neuer Traktat Meister Eckharts und die Grundzüge der Eckhartischen Theosophie, ZfhTh 34 (1864) S. 163-204
Preger ZfhTh 1866	= Ders., Kritische Studien zu Meister Eckhart, ZfhTh 36 (1866) S. 453-517
Prol. gener.	= (Eckhart) Prologus generalis in opus tripartitum
Prol. op. expos.	= (Eckhart) Prologus in opus expositionum
Prol. op. prop.	= (Eckhart) Prologus in opus propositionum
QF	= Quellen und Forschungen zur Sprach- und Culturgeschichte der germanischen Völker
Quint	= Josef Quint, Die Überlieferung der deutschen Predigten Meister Eckeharts, 1932
Quint Handschriftenfunde	= Ders., Neue Handschriftenfunde zur Überlieferung der deutschen Werke Meister Eckharts und seiner Schule (Meister Eckhart. Die deutschen und lat. Werke, hsg. im Auftrage der Deutschen Forschungsgemein-

	schaft. Untersuchungen 1. Bd.) 1940
Quint Mystikertexte	= Ders., Deutsche Mystikertexte I, 1929
Quint Textbuch	= Ders., Textbuch zur Mystik des deutschen Mittelalters. Meister Eckhart. Johannes Tauler. Heinrich Seuse, 1952, 2. Aufl. 1957
Quint Übersetzung	= Meister Eckehart, Deutsche Predigten und Traktate, hsg. und übersetzt von Josef Quint, o. J. (1955)
Quint ZfdPh 60	= Ders., Eine unbekannte echte Predigt Meister Eckeharts, ZfdPh 60 (1935) S. 173-190
RdU	= Meister Eckharts Reden der Unterscheidung, hsg. von Ernst Dicderichs (Kleine Texte für Vorlesungen und Übungen, hsg. von Hans Lietzmann, Nr. 117) 1913
„Rechtfertigungsschrift"	= Gabriel Théry, Edition critique des pièces relatives au procès d'Eckhart contenues dans le manuscrit 33 b de la bibliothèque de Soest (Archives d'Histoire Doctrinale et Littéraire du Moyen Age t. I, 1926, p. 129-268), abgekürzt zitiert als: RS.
RS.	= „Rechtfertigungsschrift" (sieh oben)
Rv.	= Rückverweis
Schulze-Maizier	= Meister Eckharts deutsche Predigten und Traktate, ausgewählt, übertragen und eingeleitet von Friedrich Schulze-Maizier, 1927
Schulze-Maizier [2]	= Dass., 2. Auflage, o.J. (1934)
Seitz	= Josy Seitz, Der Traktat des „Unbekannten deutschen Mystikers" bei Greith, 1936
Serm.	= (Eckhart) Sermones
Seuse	= Heinrich Seuse, Deutsche Schriften, hsg. von Karl Bihlmeyer, 1907

Sievers, ZfdA 15	= Eduard Sievers, Predigten von Meister Eckart, ZfdA 15 (1872) S. 373-439
Simon	= Otto Simon, Überlieferung und Handschriftenverhältnis des Traktates „Schwester Katrei". Ein Beitrag zur Geschichte der deutschen Mystik. Diss. Halle 1906
Skutella, PBB 54	= Martin Skutella, Zur philologischen Eckhartforschung, PBB 54 (1930) S. 457-476
Skutella, ZfdA 66	= Ders., Eine Eckehartpredigt, ZfdA 66 (1929) S. 147-148
Skutella, ZfdA 67	= Ders., Beiträge zum Eckharttext, ZfdA 67 (1930) S. 97-107
Skutella, ZfdA 68	= Ders., Beiträge zur kritischen Ausgabe deutscher Predigten Meister Eckharts, ZfdA 68 (1931) S. 69-78
Skutella, ZfdA 71	= Ders., Beiträge zur handschriftlichen Überlieferung Meister Eckharts ZfdA 71 (1934) S. 65-79
Spamer, Diss.	= Adolf Spamer, Über die Zersetzung und Vererbung in den deutschen Mystikertexten. Diss. Gießen 1910
Spamer, Texte	= Ders., Texte aus der deutschen Mystik des 14. u. 15. Jahrh., 1912
Spamer, PBB 34	= Ders., Zur Überlieferung der Pfeifferschen Eckeharttexte, PBB 34 (1909) S. 307-420
Strauch, ZfdPh 54	= Philipp Strauch, Handschriftliches zur deutschen Mystik, ZfdA 54 (1929) S. 283-296
Strauch, PBB 49, 50	= Ders., Zur Überlieferung Meister Eckharts I, PBB 49 (1925) S. 355 bis 402; II, PBB 50 (1927) S. 214-241
Tauler	= Die Predigten Taulers, hsg. von Ferdinand

Theologia Deutsch	Vetter (Deutsche Texte des Mittelalters Bd. XI) 1910 = Der Franckforter („Eyn Deutsch Theologia"), hsg. von Willo Uhl(Kleine Texte für Vorlesungen und Übungen, hsg. von Hans Lietzmann, Nr. 96) 1912
Théry	= sieh „Rechtfertigungsschrift"
VeM	= Liber „Benedictus" II: Von dem edeln menschen (DW 5, S. 106–136)
Wackernagel, Altd. Pred.	= Altdeutsche Predigten und Gebete, gesammelt und zur Herausgabe vorbereitet von Wilhelm Wackernagel, 1876
Wackernagel, Altd. Leseb.	= Wilhelm Wackernagel, Altdeutsches Lesebuch, 5. Auflage, 1873
ZfdA	= Zeitschrift für deutsches Altertum
ZfdPh	= Zeitschrift für deutsche Philologie
ZfhTh	= Zeitschrift für die historische Theologie, hsg. von Christian Wilhelm Niedner
Zuchhold	= Hans Zuchhold, Des Nikolaus von Landau Sermone als Quelle für die Predigt Meister Eckharts und seines Kreises (Hermaea II) 1905

마이스터 에크하르트의
중세 고지高地 독일어 작품집Ⅴ(논고들 Traktate)

발　행 | 2023년 12월 29일 초판 1쇄 발행
저　자 | M.에크하르트
역　자 | 이부현
대　표 | 정현정
편　집 | 이재현 권서웅 정현정 정수빈
총　무 | 최재연
재　무 | 최현정
홍　보 | 김평봉
마케팅 | 정현석
디자인/사진 | 정현영
펴낸곳 | 메타노이아
　　　　경남 거제시 하청면 유계3길 36-5
　　　　T. 010-2717-2539
편집·디자인 | 디자인앤 T. 051)852-0786 E. trendup@hanmail.net

ISBN 979-11-958827-7-9(93160)
정 가 / 26,000원

※ 이 책의 무단전재 및 복제행위는 저작권법에 의거, 처벌의 대상이 됩니다.